中国政治科学年度评论
2015~2016

陈周旺　耿　曙　唐朗诗　主编

復旦大學出版社

前　言

《中国政治科学年度评论》首辑问世并在学界引起热烈反响，距今已逾三年之久，以至于很多读者怀疑这项工作会无疾而终。事实上，这段时间我们并不敢有丝毫懈怠。我们是在等待更多的中国政治科学佳作发表，以供我们筛选和整理。本辑终告付梓，正是我们长期坚持的结果。我们希望借此传递一个强烈的讯息：无论遇到多大的困难，我们的工作仍将持续，我们为中国政治科学研究确立学术标准的努力不会终止。

与前一辑初试牛刀相比，我们的工作更有经验，工作规程也更规范、合理。更令人欣喜的是，近三年以中文发表的政治科学论文无论数量还是质量都有长足的进步。从本辑录用的论文看就不难发现，由政治学者所发表的"纯粹"政治学论文比例增加了，我们也因此有了更大的挑选余地。三年前，我们尚不得不求助于其他学科尤其是经济学、社会学学者撰写的政治学论文，而今天我们则有足够的底气，尽量将非政治学学者、非典型政治科学的论文排除。

这说明什么？说明短短的三年时间，中国政治科学从培养、研究到发表诸环节，都有了长足的进步，并且逐渐连接起来，形成了一个良性的循环。政治学的博士生开始接受严格的方法论训练，并且按照科学方法开展研究，学术出版物也越来越倾向于发表高质量的科学研究论文，为之提供发表场地。这是中国政治学学者共同努力取得的成果。

诚然，社会科学的研究方法迄今大多是舶来品，其中一些自我标榜的"科学"标准，本身也不一定客观，其实都隐含意识形态立场。但是，正所谓不破不立，只有在认识、掌握、运用这些方法的过程中，我们才能形成真正有效的反思，建立自己的思维体系。今天我们所做的工作，不是简单推动使用已有方法来研究中国政治现象，而是通过对中国经验的认真检审和探索，去修正那些既有理论模式的偏误，并在研究方法上推陈出新，最终确立基于中国经验的理论范式。在这方面，我们所能做到的，也许不够完美，还不能完全符合预期，但是世间万物，都贵在坚持。

本辑所选取的论文，大致都是在这个方向上的努力。朱旭峰、张友浪合作的《创新与扩散：新型行政审批制度在中国城市的兴起》聚焦于中国地方政府设立行政审批中心这一创新行为是如何在全国范围内扩散的，旨在通过数据分析来解释中国独特的政府变革经验。黄冬娅、陈川慜的《县级人大代表履职：谁更积极？》是近年来众多讨论人大代表履职问题中颇具代表性的一篇论文，该文有一些有趣的发现，包括党员更倾向于投反对票，专职代表比干部代表在提案的准备和提交上更为积极，以及积极提交提案者反而不那么倾向于投反对票等等。这些都是中国的代表制度下的极致细微之处，值得玩味。曾庆捷的《干部交流、政治动员与反腐败》讨论的是干部交流是否有利于反腐败的问题，针对官僚治理中长期存在的"土流之争"，以扎实的经验研究来挑战政策实践，研究成果具有较强的实际意义。对于地方财政决策，公民到底有没有发挥影响力呢？孟天广、杨平、苏政合作的论文《转型中国的公民意见与地方财政决策：基于对地方政府的调查实验》试图回答这个问题。这篇论文更重要的意义是在研究方法上，即以"调查实验"来开展对政府决策"黑箱"的研究。黄荣贵、郑雯、桂勇合作的《多渠道强干预、框架与抗争结果：对40个拆迁抗争案例的模糊集定性比较分析》是本辑为数不多的来自非政治学学者的研究成果，但作者长期与政治学学者合作，有极强的政治学问题意识，本文可以视为在小样本条件下将模糊集定性比较分析用于中国案例的典范之作。中国政治学学者一直试图将博弈论方法用于中国上下级政府之间博弈行为的分析,但是这种博弈并不具备策略性互动所要求的条件。张践祚、刘世定、李贵才的《行政区划调整中上下级间的协商博弈及策略特征:以SS镇为例》以"协商性博弈"来修正博弈论的假设,试图使之更切合中国实践,不啻是一次大胆的学术尝试。左才的《政治学研究中的因果关系:四种不同的理解视角》和过勇、宋伟的《腐败测量:基于腐败、反腐败与风险的视角》则是我们从近年发表论文中筛选出来的专门讨论研究方法的代表作,在征得作者同意之后一并录入,以飨读者。

最后不得不道出我们的遗憾。其一,初步入选乃至被最终录用的论文中,量化研究基本一统天下。能够作为榜样的定性研究,近年来都不多见。这就给人一种错觉,以为只有量化研究才是政治科学,在两者之间简单画等号。这并不是我们的本意。我们希望有更多好的定性研究作品问世,希望中国政治学研究者在这方面能够贡献更多的努力。其二,即便是量化研究,也不是简单的统计分析,而应具备更强的政治学问题意识,否则政治学就等同于统计学了。由于在统计上着墨过多,有些政治科学研究反而不那么容易让读者领会其要旨,有舍本逐末之嫌。这些缺憾,随着中国政治科学的发展,相信可以逐一得到弥补。

我们的编辑工作没有停息,各位的推荐也不拘时节。若有发现上乘佳作,属于2017年与2018年发表(期刊出书或其他公开发表的形式)者,烦请给我们推荐,来信请寄:上海市邯郸路220号复旦大学国际关系与公共事务学院陈周旺(邮编:200433)或电子邮箱:Chen_zw@fudan.edu.cn。

我们将继续追随中国政治科学发展的脚步,下一辑再见。

《中国政治科学年度评论》编者谨启
2018年8月

目　录

前言 …………………………………………………………………… 1

Ⅰ　定量分析范例

创新与扩散：新型行政审批制度在中国城市的兴起
　………………………………………… 朱旭峰　张友浪　3
中国地方政府创新扩散的政治逻辑——评《创新与扩散：新型
　行政审批制度在中国城市的兴起》 ………… 唐朗诗　40
县级人大代表履职：谁更积极？ ………… 黄冬娅　陈川慜　47
　评《县级人大代表履职：谁更积极？》 ……… 张钧智　75
干部交流、政治动员与反腐败 ………………………… 曾庆捷　77
　腐败与反腐败制度建设——评《干部交流、政治动员与反腐败》
　………………………………………………… 庞保庆　105

Ⅱ　超越传统定量

转型中国的公民意见与地方财政决策——基于对地方
　政府的调查实验 ………… 孟天广　杨　平　苏　政　111
评《转型中国的公民意见与地方财政决策——基于对地方
　政府的调查实验》 ……………………………… 李　辉　141

多渠道强干预、框架与抗争结果——对40个拆迁抗争案例的
模糊集定性比较分析 …………… 黄荣贵　郑　雯　桂　勇　145
因果机制的建立与完善——评《多渠道强干预、框架与抗争
结果》 ……………………………………………… 孙小逸　176

Ⅲ　定性研究范例

行政区划调整中上下级间的协商博弈及策略特征
　　——以SS镇为例 …………… 张践祚　刘世定　李贵才　181
评《行政区划调整中上下级间的协商博弈及策略特征》
　　……………………………………………………… 席天扬　211

Ⅳ　研究方法探析

政治学研究中的因果关系：四种不同的理解视角 …… 左　才　217
腐败测量：基于腐败、反腐败与风险的视角
　　………………………………………………… 过　勇　宋　伟　230

定量分析范例

创新与扩散：新型行政审批制度在中国城市的兴起

　　　　　　　　朱旭峰　张友浪

　　　　　　　　　[评论人：唐朗诗]

县级人大代表履职：谁更积极？

　　　　　　　　黄冬娅　陈川慜

　　　　　　　　　[评论人：张钧智]

干部交流、政治动员与反腐败

　　　　　　　　　　　曾庆捷

　　　　　　　　　[评论人：庞保庆]

创新与扩散：新型行政审批制度在中国城市的兴起

朱旭峰　张友浪*

内容摘要：行政审批制度改革是转变政府职能并调节政府与市场关系的突破口。从 1997 年首家市级行政审批中心成立至今的十多年间，全国已有 260 多座城市陆续建立了行政审批中心。如此大规模的地方政府组织再造运动和扩散过程到底是如何发生的？有哪些因素决定着城市行政审批中心的建立？本文以地方政府创新与扩散为视角，揭示了新型行政审批制度在中国城市的全面兴起过程。作者建立了全国 281 个地级和副省级城市在 1997～2012 年间的城市经济社会状况、行政审批中心和地方官员职业生涯数据库。基于离散时间和时间序列两种事件史分析（EHA）模型，本文提出并验证了本地经济条件与行政因素、纵向横向扩散机制和地方领导的政治流动对地方行政审批中心建设的影响。本研究有助于揭示学界长期以来推崇的，以鼓励地方创新为特点的"中国经验"的内在机理。

关键词：地方政府　创新扩散　行政审批　政治流动

一、引　　言

研究行政审批制度改革是理解中国政府与市场关系的重要线索。从 20 世纪 80 年代的"计划经济为主、市场调节为辅"，到党的十八届三

---

* 朱旭峰，清华大学公共管理学院；张友浪，美国得州农工大学（Texas A & M University）政治系博士研究生。

中全会最新提出的"市场在资源配置中起决定性作用",行政审批制度改革始终被政府作为转变政府职能并调节政府与市场关系的突破口。自2001年中央政府正式启动行政审批制度改革以来,大量相关研究成果得到发表[1]。然而,既有的研究往往是规范性地讨论政府"应该"做什么,或者只是对既有实践经验的个案总结,并未探讨这项制度改革在中国全面铺开背后的原因与机制。特别地,行政审批中心作为行政审批制度改革的核心载体,自20世纪90年代末在东南沿海城市首先建立以来,如今已遍布全国。但如此大规模的组织再造运动和扩散过程,至今没有被系统地研究过。因而,本文试图以行政审批中心为切入点,全面地审视新型行政审批制度在中国的兴起历程。

地方政府创新及其"以点带面"的扩散,长期以来被认为是中国政府经济腾飞并适应改革开放复杂的内外部环境变化的关键因素。在很多情况下,地方政府的创新实验作为中央政府决策过程的一个重要部分,会得到中央政府的协调、指导、保护和资助,这与以地方政府创新为特征的"中国经验"相呼应[2]。然而,大量研究都只是将地方政府创新作为解释中国经济奇迹和政治适应性发展的原因[3],很少有学者去深究地方政府创新和扩散过程本身的规律及背后的因果机制。与此同

---

[1] 徐湘林:《行政审批制度改革的体制制约与制度创新》,《国家行政学院学报》2002年第6期;徐晓林:《试论中国行政审批制度改革》,《中国行政管理》2002年第6期;赵定涛、卢正刚:《我国行政服务中心存在的问题及其对策研究》,《行政论坛》2004年第2期;吴爱明、孙垂江:《我国公共行政服务中心的困境与发展》,《中国行政管理》2004年第9期;张康之:《行政审批制度改革:政府从管制走向服务》,《理论与改革》2003年第6期;郭济:《深化行政改革转变政府角色》,《中国行政管理》2003年第4期。

[2] S. Heilmann, "From Local Experiments to National Policy: The Origins of China's Distinctive Policy Process", *The China Journal*, 2008, 59, pp. 1–30; G. Montinola, Y. Qian, B. R. Weingast, "Federalism, Chinese style: The Political Basis for Economic Success in China", *World Politics*, 1995, 48, pp. 50–81; C. Xu, "The Fundamental Institutions of China's Reforms and Development", *Journal of Economic Literature*, 2011, 49, pp. 1076–1151.

[3] S. Heilmann, "Policy Experimentation in China's Economic Rise", *Studies in Comparative International Development*, 2008, 43, pp. 1–26; S. Wang, "Adapting by Learning: The Evolution of China's Rural Health Care Financing", *Modern China*, 2009, 35, pp. 370–404; J. Y. Lin, F. Cai, Z. Li, *The China Miracle: Development Strategy and Economic Reform*, Hong Kong: Chinese University Press, 2003.

时,西方的政治学和公共管理学家们也已经意识到创新扩散研究不应只停留在传统的(西方的)联邦民主制度的体系下[1]。中国政治体系中拥有许多不同于西方国家的制度安排,因此,大多数在西方国家被普遍认同的流行理论假设需要在中国这样的非西方体制中经受实证上的检验。

本研究对我们理解中国地方政府创新扩散的规律和帮助政府进一步推动行政体制改革具有重要意义。在理论上,本文着重突出了以建设行政审批中心为标志的新型行政审批制度在中国的扩散过程,有助于学界总结中国地方政府特有的创新扩散模式。本研究将中国官员政治流动特征纳入创新扩散理论模型中。特别是本文在既有的干部制度研究的基础上发展出了新的解释变量。在实践上,本研究能够帮助中央政府深刻理解地方采纳创新的动力和阻力,并有助于中央政府更加有效地推进下一步行政体制改革。

二、地方政府创新扩散理论

地方政府的创新扩散研究肇始于沃克尔(Jack Walker)在1969年发表的文章《美国各州的创新扩散》。在这篇开山之作中,沃克尔将政策创新(policy innovation)定义为一个政府首次采纳的政策或项目,无论这个政策或项目已出现多久,也无论其他政府是否已经采纳它[2]。在对地方政府创新扩散的早期研究中,学者们一般采用罗杰斯(Everett Rogers)对扩散的定义,即一项创新传播的过程就是扩散,它包括一种新思想随着时间在社会系统中的交流[3]。但是今天来

---

[1] F. Berry, W. Berry, "Innovation and diffusion Models in Policy Research", *Theories of the Policy Process*, Boulder, CO: West view Press, 1999, pp.169-199; R. M. Walker, C. N. Avellaneda, F. S. Berry, "Exploring the Diffusion of Innovation among High and Low Innovative Localities: A Test of the Berry and Berry Model", *Public Management Review*, 2011, 13, pp.95-125.

[2] J. L. Walker, "The Diffusion of Innovations Among the American States", *American Political Science Review*, 1969, 63, pp.880-899.

[3] E. M. Rogers, *Diffusion of Innovations*, New York: Free Press, 1962.

看，在最一般的意义上，政策扩散（policy diffusion）可以被定义为一个政府的政策选择被其他政府的选择所影响①。某地方政府 A 的一项政策创新被扩散到地方政府 B 的过程，也就是地方政府 B 采纳了一项政策创新的过程，因而政策创新和政策扩散在很多情况下其实是站在不同角度对同一个政府过程的观察②。

政府对创新的采纳主要由它的内部因素和外部传播机制所决定③。内部因素是指某一辖区的社会、经济与政治特征，具体则涉及人口结构、居民收入水平、产业结构和官员选举制度等④。外部扩散机制包括两类经常被提及的创新扩散机制：纵向与横向机制。纵向机制通常包括：来自更高级政府（自上而下）的强制指令（mandate）⑤以及自下

---

① C. R. Shipan, C. Volden, "Policy Diffusion: Seven Lessons for Scholars and Practitioners", *Public Administration Review*, 2012, 72, pp. 788-796.

② Y. Zhu, "Mandate Versus Championship: Vertical Government Intervention and Diffusion of Innovation in Public Services in Authoritarian China", *Public Management Review*, 2014, 16, pp. 117-139.

③ P. S. Tolbert, L. G. Zucker, "Institutional Sources of Change in the Formal Structure of Organizations: The Diffusion of Civil Service Reform", *Administrative Science Quarterly*, 1983, 28, pp.22-39; F. Damanpour, "The Adoption of Technological, Administrative and Ancillary Innovations: Impact of Organizational Factors", *Journal of Management*, 1987, 13, pp. 675-688; F. Damanpour, "Organizational Complexity and Innovation: Developing and Testing Multiple Contingency Models", *Management Science*, 1996, 42, pp. 693-716; F. Berry, W. Berry, "State Lottery Adoptions as Policy Innovations: An Event History Analysis", *The American Political Science Review*, 1990, 84, pp. 395-415; R. M. Walker, "Internal and External Antecedents of Process Innovation: A Review and Extension", *Public Management Review*, 2014, 16, pp. 21-44.

④ F. Berry, W. Berry, "State Lottery Adoptions as Policy Innovations: An Event History Analysis", *The American Political Science Review*, 1990, 84, pp. 395-415; F. Berry, W. Berry, "Tax Innovation in the States: Capitalizing on Political Opportunity", *American Journal of Political Science*, 1992, 36, pp. 715-742.

⑤ F. Berry, W. Berry, "Innovation and diffusion Models in Policy Research", *Theories of the Policy Process*, Boulder, CO: West view Press, 1999, pp.169-199; R. M. Walker, C. N. Avellaneda, F. S. Berry, "Exploring the Diffusion of Innovation among High and Low Innovative Localities: A Test of the Berry and Berry Model", *Public Management Review*, 2011, 13, pp. 95-125.

而上的联邦主义扩散效应①。横向机制一般包括模仿、学习和竞争。其中后二者得到的讨论最为充分,因为相互学习和经济竞争是横向扩散最常见的原因②。但是,不同的创新扩散机制往往会相互重叠③。

一些学者已经开始针对中国地方政策实践与实验开展研究。例如,韩博天(Sebastian Heilmann)将中国的政策实验概括为三种形式:(1)实验性规制(临时性条例);(2)"试点"(在特定政策领域中开展的典型示范和试点工程);(3)"实验区"(拥有广泛自主权的地方辖区),并将中国政策试验解释为中国经济奇迹的原因。④ 王绍光辨析了"政策实践"与"政策实验"这两个概念。前者是指一些地方政府在上级政府既定政策目标下自发寻找政策工具的过程,后者是指中央通过控制性实验来发现有效的政策工具的过程。⑤ 这些地方政策创新过程可以被概括为中国执政者通过学习来适应复杂环境变化的能力。⑥

关于中国具体政策的创新扩散的实证研究也不断增多。例如,有许多学者对"中国地方政府创新奖"的申报案例或获奖案例进行比较分析,考察中国地方政府创新的动力、内容、特征,以及创新机构的

---

① C. R. Shipan, C. Volden, "Bottom-up Federalism: The Diffusion of Antismoking Policies from US Cities to States", *American Journal of Political Science*, 2006, 50, pp. 825-843.

② C. R. Shipan, C. Volden, "The Mechanisms of Policy Diffusion", *American Journal of Political Science*, 2008, 52, pp. 840-857; C. R. Shipan, C. Volden, "Policy Diffusion: Seven Lessons for Scholars and Practitioners", *Public Administration Review*, 2012, 72, pp. 788-796.

③ C. Meseguer, F. Gilardi, "What Is New in the Study of Policy Diffusion?", *Review of International Political Economy*, 2009, 1, pp. 527-543.

④ S. Heilmann, "From Local Experiments to National Policy: The Origins of China's Distinctive Policy Process", *The China Journal*, 2008, 59, pp.1-30.

⑤ 王绍光:《学习机制与适应能力:中国农村合作医疗体制变迁的启示》,《中国社会科学》2008 年第 6 期。

⑥ S. Wang, "Adapting by Learning: The Evolution of China's Rural Health Care Financing", *Modern China*, 2009, 35, pp. 370-404.

不同层级等①。同时,近年来也有中国学者开始运用经典的事件史计量模型,针对诸如中国电子政务②、政府微博③、效能建设④、公私伙伴关系⑤等中国不同政策领域的创新扩散问题开展全国范围的实证研究工作。上述研究积累增进了我们对中国体制下政策创新扩散机理的认识,但同时也留下诸多尚未解决的问题。例如,中国和西方国家的政策创新扩散过程究竟有何不同?这些不同之处源于中国哪些特殊的制度安排?这些制度安排的微观特征如何影响中国地方政府的创新扩散过程?为解决上述问题,本文希望通过对中国特殊制度背景进行更为细致的分析,深入探讨中国地方政府创新扩散的特殊机理,并运用两种计量分析模型考察实证分析结果的稳健性。

中国与西方国家的地方政府政策创新过程有着明显的不同。表面上看,西方(以美国为例)的政策创新多是先由某个地方议会正式立法,以开展小规模的探索性试点工程,之后由其他政府自愿效仿或学习。在中国,地方政策创新往往需要中央政府的认可和支持,它的成败会影响中央政府在全国对该政策进行推广的意愿。深层原因根植于中国的政治制度与美国的联邦民主体制的巨大差异。与美国的联邦(涉及央地分权制度)民主制(涉及选官制度)相对应的是,中国政治制度有着特定的府际关系与干部制度。中国这两方面相对于西方国家所不同

---

① 吴建南、马亮、杨宇谦:《中国地方政府创新的动因、特征与绩效——基于"中国地方政府创新奖"的多案例文本分析》,《管理世界》2007年第8期;陈雪莲、杨雪冬:《地方政府创新的驱动模式——地方政府干部视角的考察》,《公共管理学报》2009年第7期;俞可平:《应当鼓励和推动什么样的政府创新——对中国地方政府创新奖入围项目的评析》,《河北学刊》2010年第3期;何增科:《中国政府创新的趋势分析——基于五届"中国地方政府创新奖"获奖项目的量化研究》,《北京行政学院学报》2011年第2期;吴建南、马亮、苏婷、杨宇谦:《政府创新的类型与特征——基于"中国地方政府创新奖"获奖项目的多案例研究》,《公共管理学报》2011年第1期。
② 马亮:《政府信息技术创新的扩散机理研究》,《公共行政评论》2012年第5期。
③ L. Ma, "The Diffusion of Government Microblogging: Evidence from Chinese Municipal Police Bureaus", *Public Management Review*, 2013, 15, pp. 288-309.
④ 吴建南、张攀、刘张立:《"效能建设"十年扩散:面向中国省份的事件史分析》,《中国行政管理》2014年第1期。
⑤ Y. Zhang, "The Formation of Public-Private Partnerships in China: An Institutional Perspective", *Journal of Public Policy*, 2015, 35, pp. 329-354.

的制度安排,深刻影响着中国的地方政府创新扩散过程。因而,来自西方国家的相关理论在中国也存在着适用性上的挑战。

已有不少学者提出府际关系(包括纵向的中央与地方政府关系和横向的地方政府之间关系)对中国政策创新与扩散具有重要影响。马亮将政府之间的关系分为自上而下、自下而上、学习和竞争四个方面,并从这四个方面探讨府际关系对政府创新扩散的影响①。周望则提出,中国政府间纵向关系影响着地方政策试验的"吸纳—辐射"过程②。然而,学者们不应仅仅满足于府际关系对政策创新扩散影响的概念化描述,而更应该通过实证资料来系统地证实或证伪相关假设。

干部制度是中国政府用来选拔、任命、调动和撤免官员的一系列制度安排的总称③。在现有文献中,研究中国干部制度的一个重要角度是地方官员的晋升激励。所谓晋升激励,是指在中国政府的人事制度中,官员需要通过政绩来表明自身的能力,从而获得晋升。自从周黎安提出中国地方政府中存在官员"晋升锦标赛"的激励体制④,国内外许多学者分析了官员晋升的决定因素以及晋升所造成的对经济绩效的影响⑤。

---

① 马亮:《府际关系与政府创新扩散:一个文献综述》,《甘肃行政学院学报》2011年第6期。
② 周望:《连接理论与经验:政策扩散理论与中国的"政策试验"》,《中国行政管理学会2011年年会暨"加强行政管理研究,推动政府体制改革"研讨会论文集》,2011年。
③ 王炀:《新时期党的干部制度建设》,中共党史出版社2006年版;M. Manion, "The Cadre Management System, Post-Mao: The Appointment, Promotion, Transfer and Removal of Party and State Leaders", *China Quarterly*, 1985, 102, pp. 203-233.
④ 周黎安:《晋升博弈中政府官员的激励与合作——兼论我国地方保护主义和重复建设问题长期存在的原因》,《经济研究》2004年第6期。
⑤ 周飞舟:《锦标赛体制》,《社会学研究》2009年第5期;陶然、苏福兵、陆曦、朱昱铭:《经济增长能够带来晋升吗?——对晋升锦标竞赛理论的逻辑挑战与省级实证重估》,《管理世界》2010年第12期;陈潭、刘兴云:《锦标赛体制、晋升博弈与地方剧场政治》,《公共管理学报》2011年第4期;王贤彬、张莉、徐现祥:《辖区经济增长绩效与省长省委书记晋升》,《经济社会体制比较》2011年第2期;J. Kung, S. Chen, "The Tragedy of the Nomenklatura: Career Incentives and Political Radicalism during China's Great Leap Famine", *American Political Science Review*, 2011, 105, pp. 27-45; E. K. Choi, "Patronage and Performance: Factors in the Political Mobility of Provincial Leaders in Post-Deng China", *The China Quarterly*, 2012, 212, pp. 965-981; V. Shih, C. Adolph, M. Liu, "Getting Ahead in the Communist Party: Explaining the Advancement of Central Committee Members in China", *American Political Science Review*, 2012, 106, pp. 166-187.

但是,有关中国干部制度对地方政府创新与扩散影响的研究目前还很少。为此,本文将借助行政审批制度的实证资料,分析中国干部制度对地方政府的创新扩散过程产生的影响。

三、中国新型行政审批制度的兴起

中国行政审批制度产生于实施改革开放政策的最初阶段[①]。这项制度被建立起来,是为了维护市场秩序,并促使政府提供公平、有效和高质量的公共服务。然而在改革过程中,由于实际运行低效,原有的行政审批制度渐渐堕落为市场经济的障碍。1992年邓小平南方谈话以后,我国各级政府加快了改革开放的步伐。特别是1994年分税制改革后,地方政府无法继续控制乡镇企业收入,转而将引进外资和扩大出口作为财政收入增长点,并积极开展招商引资活动[②]。地方政府促进招商引资的关键,除了各种配套优惠政策以外,就是通过提高行政审批效率,向投资企业提供更高效的公共服务,从而吸引商业投资。各地的行政审批改革措施包括整合原先分散的职能、重塑之前冗余的机构和简化复杂的行政审批流程。行政审批制度改革的主要形式就是创立"一站式"的行政审批中心。以"效率、质量、服务"为宗旨的行政审批中心的涌现,代表了新型行政审批制度在中国的兴起[③]。

自20世纪90年代以来,新的行政审批中心在全国各地不断建立(如图1-1所示)。1997年,广东省江门市政府建立了国内第一家正式的市级行政审批中心。2001年9月,随着中国加入WTO的步伐加快,国务院成立了以时任副总理李岚清为组长的行政审批制度改革工作领导小组,并颁发了一系列文件,从而正式启动了中央层面

---

① 张康之:《行政审批制度改革:政府从管制走向服务》,《理论与改革》2003年第6期。
② 陈硕:《分税制改革、地方财政自主权与公共品供给》,《经济学(季刊)》2010年第4期;陈硕、高琳:《央地关系:财政分权度量及作用机制再评估》,《管理世界》2012年第6期。
③ 朱旭峰、张友浪:《新时期中国行政审批制度改革:回顾、评析与建议》,《公共管理与政策评论》2014年第1期。

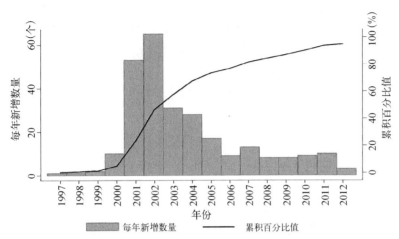

图 1-1　1997~2012 年中国市级行政审批中心新增和累积分布图

的行政审批制度改革。2003 年,全国人大常务委员会颁布《中华人民共和国行政许可法》,并于 2004 年实施。这是第一个正式规范中国政府审批权力的法律。该法第六条指出,"实施行政许可,应当遵循便民的原则,提高办事效率,提供优质服务"。

尽管中央政府自此不断下达文件,要求减少行政审批环节和提高行政效率,但从未强制地方政府采纳特定的政策工具来实现这些目标。因此,全国各地纷纷自发建立了各种形式的行政审批中心,它们的名称包括"行政审批中心""政务中心""政务服务中心""行政许可中心""行政服务中心""政务大厅""市政大厅""便民服务中心"等。本文统一称之为"行政审批中心"。城市行政审批中心的建立并不仅仅是成立一家新的处级单位,它要求对市政府的行政、财政与人力资源进行重大调整,而且中心的正常运转需要吸纳和协调所有其他参与审批事项部门的职能。因此,建立市级行政审批中心是对全市众多职能部门的流程和组织再造,需要市级主要领导的政治决心和资源投入。有的城市的行政审批中心甚至直接由市级领导兼任中心主任。

图 1-1 展示的是中国市级行政审批中心成立的扩散曲线。在我

们的观察期内(1997~2012年),已有268个城市建立了市级行政审批中心,而且其扩散趋势较为符合经典的S型累积分布曲线①。特别是在2001—2004年,行政审批中心的扩散速度出现了峰值。

四、理论与假设

根据上文对地方政府创新扩散理论的评述,本研究将以中国府际关系和干部制度为切入口,从内部经济与行政因素、纵向与横向扩散效应和地方官员的政治流动三个方面解释以市级行政审批中心为代表的新型行政审批制度的扩散过程。

(一)内部经济与行政因素

自1994年分税制改革以来,中央与地方政府之间形成了这样一种财政分配结构:中央政府得到了大部分的税收资源,并将财政收入以转移支付的方式重新分配,从而平衡不同地方政府之间的区域经济差异。然而,地方政府同样拥有一定的财政自主权,并负责社会福利相关的大部分支出。因此,在当前纵向半分权化的财政制度下,地方政府拥有很大的激励去采纳创新性的政策和措施以发展地方经济、提高财政收入、节约财政开支。而且,当一个新的项目有助于地方的经济、财政和投资境况的改善时,该项目就有可能被全国其他地方政府所快速学习,例如,公共服务外包②和土地储备制度③。

经济发展水平、产业结构与经济开放性是决定一个城市是否采纳新型行政审批制度的主要内部经济因素。由于行政审批制度改革

---

① F. Berry, W. Berry, "Innovation and diffusion Models in Policy Research", *Theories of the Policy Process*, Boulder, CO: West view Press, 1999, pp.169-199; S. Nicholson-Crotty, "The Politics of Diffusion: Public Policy in the American States", *The Journal of Politics*, 2009, 71, pp.192-205.

② Y. Jing, "Outsourcing in China: An Exploratory Assessment", *Public Administration and Development*, 2008, 28, pp.119-128.

③ Y. Zhang, "Institutional Sources of Reform: The Diffusion of Land Banking Systems in China", *Management and Organization Review*, 2012, 8, pp.507-533.

的主要政策目标是通过为企业和公民建立公正、效率和高质量的公共服务,从而试图改善营商环境,发展贸易与吸引投资。因此,我们可以首先检验的经典假设是,经济发展促进企业和公民要求更高的公共服务,从而使经济越发达地区越倾向于创新。[1] 具体到行政审批改革,经济发展水平高的地区就会有更多的企业和公民与政府发生经济关系,从而需要政府建立更加高效的行政审批制度。第二,鉴于在行政审批中心注册的商家与企业基本是在第二和第三产业,我们也可以假设如果一个地方的产业结构越依赖于第二或第三产业,那么该地方政府将会拥有更多的激励采纳和开展行政审批制度改革。考虑到20世纪90年代分税制改革以后,第三产业对地方税收增长的贡献要大于第二产业和出口,[2]并且,第二产业与第三产业存在较严重的共线性,因而我们在随后的分析中只考虑各地第三产业的情况。第三,建立行政审批中心可以吸引外来的投资。与内资企业具有更大的属地依附性不同,外资企业拥有更大的自由度去选择不同地方政府作为注册地。因此,本地经济条件对城市行政审批中心建立的推动力主要来自本地企业的需求,而对于外资企业来说,其对城市行政审批中心建立的推动力主要来自于地方政府竞争外资企业落户本地。因此,先天条件不够开放的经济体更有建立行政审批中心以吸引外来投资的动力。我们因而有下面三个内部经济条件假设。

假设1:一个地方的经济发展水平越高,就越有可能开展行政审批制度改革。

假设2:一个地方对第三产业在经济中的占比越高,就越有可能开展行政审批制度改革。

假设3:一个地方的经济开放度越低,就越有可能开展行政审批

---

[1] H. M. Ingram, D. E. Mann, *Why Policies Succeed or Fail*, London: Sage Publications, 1980; W. Berry, D. Lowery, *Understanding United States Government Growth: An Empirical Analysis of the Postwar Era*, Greenwood Publishing Group, 1987.

[2] 赵志耘、杨朝峰:《分税制改革以来我国地方税收增长研究》,《财贸经济》2008年第8期。

制度改革。

再者，政府组织越复杂，其采纳行政性创新的概率往往越低。所谓行政性创新，是专指那些改变一个组织的结构以及工作流程的创新。① 组织创新领域的文献指出，组织的规模和结构复杂性往往对技术创新有正向作用，而对于行政创新则存在负面影响。② 因为，组织结构越复杂，组织和流程再造的阻力就会越大，行政性创新就会越困难。在中国，省会城市③和副省级城市往往所辖区域的人口更多，地理面积更大，涉及的组织结构和内部关系也更为复杂。鉴于"行政审批中心"是一项涉及面非常广的行政性创新，在这类大城市建设中心的阻力很可能更大。由此，我们又得出了假设4。

假设4：一个城市的行政级别越高，就越不容易开展行政审批制度改革。

（二）纵向与横向扩散效应

如前文所述，创新扩散机制通常可以被划分为两大类：纵向与横向。由于中国半分权式的政府间财政关系和职官名录式（nomenklatura system）的官员评价制度，如果中央政府表明了一些有关改革的信号，地方政府很可能会产生一定回应。④ 一方面，人们

---

① J. R. Kimberly, M. J. Evanisko, "Organizational Innovation: The Influence of Individual, Organizational and Contextual Factors on Hospital Adoption of Technological and Administrative Innovations", *Academy of Management Journal*, 1981, 24, pp. 689-713; F. Damanpour, "The Adoption of Technological, Administrative and Ancillary Innovations: Impact of Organizational Factors", *Journal of Management*, 1987, 13, pp. 675-688.

② F. Damanpour, "Organizational Innovation: A Meta-analysis of Effects of Determinants and Moderators", *Academy of Management Journal*, 1991, 34, pp. 555-590; F. Damanpour, "Organizational Complexity and Innovation: Developing and Testing Multiple Contingency Models", *Management Science*, 1996, 42, pp. 693-716.

③ 尽管部分省会城市在行政上仍旧是地一级，但其通常享有高于普通地级市的政治经济地位，而且省会城市政府领导人的政治地位在事实上也要高于普通地级市，因而在本文中，我们将其在行政上看作高于普通地级市。

④ S. Heilmann, "Policy Experimentation in China's Economic Rise", *Studies in Comparative International Development*, 2008, 43, pp. 1-26.

经常指出中国政府是事实上的财政分权制度①,地方政府在处理所辖区域的事务时拥有很大的行政自主权,并会根据信息优势作出有利于自身的选择②;另一方面,中央政府也会通过一系列手段控制地方政府③,甚至可能运用处罚和威慑等手段来实现对地方官员的控制④。另外,即使没有经济激励和行政处罚,地方政府仍会通过积极响应上级政策来表达自身的忠诚⑤。所以,一旦中央政府表明了对某一政策目标的支持,许多地方政府还是会自发地采取相应的政策工具。

假设5:如果中央政府表明了有关特定政策目标的支持信号,地方政府积极回应相应政策创新的概率就会提升。

同一省份中不同城市的官员之间会持续地观察和学习对方的创新,以维持或提高经济绩效和政治资本。中国地方政府之间的横向扩散效应和典型的联邦制度下的"逐顶(race to the top)"或"逐底(race to the bottom)"略有不同。在联邦制的美国,地方领导人为了吸引投资和税收,同时为了避免成为"福利磁石",会瞄准其他相邻政府的政策情况作出提高投资激励或降低社会福利的选择⑥。但在中

---

① G. Montinola, Y. Qian, B. R. Weingast, "Federalism, Chinese style: The Political Basis for Economic Success in China", *World Politics*, 1995, 48, pp. 50-81; Y. Zheng, *De Facto Federalism in China: Reforms and Dynamics of Central-local Relations*, Singapore: World Scientific Publishing Company, 2007.

② K. J. O'Brien, L. Li, "Selective Policy Implementation in Rural China", *Comparative Politics*, 1999, 31, pp. 167-186; X. Zhou, "The Institutional Logic of Collusion among Local Governments in China", *Modern China*, 2009, 36, pp. 37-78.

③ S. Heilmann, L. Shih, A. Hofem, "National Planning and Local Technology Zones: Experimental Governance in China's Torch Programme", *The China Quarterly*, 2013, 216, pp. 896-919.

④ C. Mei, M. M. Pearson, "Killing a Chicken to Scare the Monkeys? Deterrence Failure and Local Defiance in China", *China Journal*, 2014, 72, pp. 75-97.

⑤ H. Cai, D. Treisman, "Did Government Decentralization Cause China's Economic Miracle?" *World Politics*, 2006, 58, pp. 505-535.

⑥ P. B. Levine, D. J. Zimmerman, "An Empirical Analysis of the Welfare Magnet Debate Using the NLSY", *Journal of Population Economics*, 1999, 12, pp. 391-409; C. R. Shipan, C. Volden, "The Mechanisms of Policy Diffusion", *American Journal of Political Science*, 2008, 52, pp. 840-857; D. Ammons, D. Roenigk, "Benchmarking and Interorganizational Learning in Local Government", *Journal of Public Administration Research and Theory*, 2014, 25, pp. 309-335.

国,地方政府之间的竞争关系主要发生在同一上级政府辖区内的同级地方政府之间。因此,即便两个城市在地理上并不分享边界(地理相邻),只要它们同属同一个省级政府,我们也认为它们是存在竞争关系的相邻城市。因此,我们提出了如下假设。

假设6:对于一个城市而言,同一省份中已经采纳创新的城市越多,它就越有可能采纳创新。

(三)地方官员的政治流动

中国干部制度的一个重要方面是官员的政治流动。为了提升干部能力和反腐,中国中央或上级政府经常把地方官员交流到不同的部门或地方任职。① 具体来说,我们可以提炼出四个制度参数来描述每一个官员的政治流动历程,它们包括"年龄""来源职位""任期"和"离任职位"。其中"年龄""来源职位(职业经历)"和"任期(任职的累积年数)"作为时任官员的指标,已经在有关他们的政策选择和经济绩效方面的研究中得到了广泛讨论②。但之前的文献很少讨论中国官员离任后的不同去向对其继任者的影响。

首先,官员的年龄一直以来都被认为是对创新决策非常重要的因素,但观点并没有形成共识。例如,由于社会化过程,年龄较大的官员可能对于创新政策采取更为保守的观点③。但是,有学者辩称,年龄较大的人通常经验更为丰富,并且更有能力来提出和实施一项创新。④

---

① 陈刚、李树:《官员交流、任期与反腐败》,《世界经济》2012年第2期。
② 徐现祥、王贤彬、舒元:《地方官员与经济增长——来自中国省长、省委书记交流的证据》,《经济研究》2007年第9期;王贤彬、徐现祥:《地方官员来源、去向、任期与经济增长——来自中国省长省委书记的证据》,《管理世界》2008年第3期;张平、赵国昌、罗知:《中央官员来源与地方经济增长》,《经济学季刊》2012年第2期;杨其静、郑楠:《地方领导晋升竞争是标尺赛、锦标赛还是资格赛》,《世界经济》2013年第12期。
③ G. P. Huber, K. M. Sutcliffe, C. C. Miller, W. H. Glick, "Understanding and Predicting Organizational Change", *Organizational Change and Redesign: Ideas and Insights for Improving Performance*, New York: Oxford University Press, 1993, pp. 215-254.
④ R. C. Kearney, B. M. Feldman, C. P. Scavo, "Reinventing Government: City Manager Attitudes and Actions", *Public Administration Review*, 2000, 60, pp. 535-548.

有关中国干部制度的假设一般预期年龄显著地影响官员晋升的概率,从而影响他们的决策动机。例如,省级官员通常在65岁之后就很难得到晋升①,因此往往会影响他们提高经济绩效的动力②。与此相应,一个市级官员年龄超过55岁,就几乎没有太多机会晋升到更高级别的政府职位③。因此当市级官员年龄超过55岁时,往往会影响其通过创新提升经济绩效的意愿。

假设7:如果市级官员年龄超过55岁,其采纳创新的意愿将降低。

其次,官员任期与他们的创新行为之间也存在着复杂的关系。一位官员在公共部门的创新受到他的创新动力和拥有的克服困难所需的资源所决定。④一方面,一个新任命的官员通常会倾向于有更大的动力去创新,但也相应地缺乏克服来自内部既存势力的障碍的权威。另一方面,一位长期处于现职的官员可能会失去创新的兴趣,却拥有更多克服内部障碍的权威。因此,官员任期对他们创新动机和克服障碍的权威的影响有可能会相互抵消,或者呈现一个非线性的U型或倒U型关系。⑤

---

① H. Li, L. Zhou, "Political Turnover and Economic Performance: The Incentive Role of Personnel Control in China", *Journal of Public Economics*, 2005, 89, pp. 1743-1762.

② 徐现祥、王贤彬:《晋升激励与经济增长:来自中国省级官员的证据》,《世界经济》2010年第2期;杨良松:《中国干部管理体制减少了地方政府教育支出吗?——来自省级官员的证据》,《公共管理学报》2013年第2期;马亮:《官员晋升激励与政府绩效目标设置——中国省级面板数据的实证研究》,《公共管理学报》2013年第2期。

③ 刘佳、吴建南、马亮:《地方政府官员晋升与土地财政——基于中国地市级面板数据的实证分析》,《公共管理学报》2012年第2期;C. Kou, W. Tsai, "'Sprinting with Small Steps' Towards Promotion: Solutions for the Age Dilemma in the CCP Cadre Appointment System", *China Journal*, 2014, 71, pp. 153-171.

④ L. B. Mohr, "Determinants of Innovation in Organizations", *The American Political Science Review*, 1969, 63, pp. 111-126.

⑤ F. Damanpour, M. Schneider, "Characteristics of Innovation and Innovation Adoption in Public Organizations: Assessing the Role of Managers", *Journal of Public Administration Research and Theory*, 2009, 19, pp. 495-522;G. Guo, "China's Local Political Budget Cycles", *American Journal of Political Science*, 2009, 53, pp. 621-632;张军、高远:《官员任期、异地交流与经济增长——来自省级经验的证据》,《经济研究》2007年第11期;吴建南、张攀、刘张立:《"效能建设"十年扩散:面向中国省份的事件史分析》,《中国行政管理》2014年第1期。

在此，我们姑且做出以下简化的预测。

假设8：新上任的官员将会拥有更强的意愿去采纳创新。

再次，鉴于中国独特的异地官员流动制度，来自异地的官员职业经验可能有助于提出新的政策思想。例如，对江苏省苏州市的一项案例研究发现，从昆山经济技术开发区调任到苏州新区的官员促成了这两个经济开发区之间的"政策同质化"①。此外，来自异地的官员往往也更需要通过采纳新政策来树立自身的权威和突出自身的政绩。因此，我们可以据此对地方政府官员原来职位与创新扩散之间的关系提出如下假设。

假设9：调任自其他城市政府或单位的官员采纳创新的意愿会更强。

最后，前任官员的离开为他们的继任者们提供了采纳创新的机会与压力。在"职官名录式"的干部制度中，前任通常直接参与举荐、选拔和委任他们继任者的过程。因此，继任者们必须特别谨慎地对待其前任的政策。前任官员的政治流动去向包括四个方向：晋升，平调，退休和降职②。我们预期，如果一位前任官员晋升到了能够管理其继任者的更高层次职位后，继任者就会拥有较少的动力去改变前任领导的政策。与此相反，如果一位前任官员被横向调动到其他城市（包括本省份与他省份）、退休（包括在地方人民代表大会和人民政治协商会议中任职）、降级或因腐败被查处，那么继任者采纳创新时就会少了一分顾忌。

假设10：在一个城市中，如果前任官员晋升到了能够管理其继任者的更高层次职位，那么该市的继任官员将会缺乏采纳创新的意愿。

---

① S. Chien, "The Isomorphism of Local Development Policy: A Case Study of the Formation and Transformation of National Development Zones in Post-Mao Jiangsu, China", *Urban Studies*, 2008, 45, pp. 273-294.

② E. K. Choi, "Patronage and Performance: Factors in the Political Mobility of Provincial Leaders in Post-Deng China", *The China Quarterly*, 2012, 212, pp. 965-981.

五、研究设计

(一) 计量模型

本文将采用事件史分析(event history analysis, EHA)模型检验上述假设。事件史分析又被称为生存分析(survival analysis),近几十年来在社会科学中已经得到了广泛运用①。该方法由贝瑞夫妇于1990年首次引入政策创新扩散研究领域②。事件史分析的目标是解释个体行为在特定时间点上发生的性质变化(即所谓的"事件")。所谓事件史,是指在特定时期内,对某个个体③是否经历某个事件的记录。在离散时间模型中,分析时段会被划分为不同的单位(例如年份)。在事件史分析方法中的一个重要概念是"风险集"(risk set),即样本中在特定时间可能发生"事件"(即拥有一个经历"事件"的机会)的个体集合。当被分析的"事件"是个体所不能重复的(例如死亡),那么在样本中的一部分个体经历"事件"后,风险集的规模就会降低。在离散时间模型中,被解释变量被称为"风险率"(hazard rate),通常被称为概率 $P_{i,t}$,即个体 i 在特定时间 t 经历"事件"的概率。在这里,风险率被假定由一系列的自变量所决定。当然,风险率作为概率,无法被直接观察。因而事件史分析中的因变量是一个虚拟变量,在个体经历"事件"时取值为1,未经历"事件"时取值为0。这个变量的二分性质让 logit 模型成为优先采用的估测方法④。因此,上文中的假设可以被融合进以下离散时间事件史模型中:

---

① HP. Blossfeld, K. Golsch, G. Rohwer, *Event History Analysis with State*, New York: Taylor & Francis Group, 2012.

② F. Berry, W. Berry, "State Lottery Adoptions as Policy Innovations: An Event History Analysis", *The American Political Science Review*, 1990, 84, pp. 395-415.

③ 在我们对事件史分析方法的描述中,即使某些研究中的分析单位是一个组织、一个政府或一个国家,我们仍将其称为"个体"。

④ 当然,probit 模型也常为学者们所运用。本文作者在研究过程中同样采用了 probit 模型进行估测,结果与 logit 模型一致。

$$\log it(p_{i,t}) = \log\left(\frac{p_{i,t}}{1-p_{i,t}}\right)$$
$$= \beta_0 + \beta_1 GDP\_PC_{i,t-1} + \beta_2 Industry\_3rd_{i,t-1}$$
$$+ \beta_3 Openness_{i,t-1} + \beta_4 Adm\_Rank_{i,t}$$
$$+ \beta_5 Group\_SC_{i,t} + \beta_6 Law_{i,t} + \beta_7 Neighbor_{i,t-1}$$
$$+ \beta_8 Age55\_PS_{i,t} + \beta_9 Age55\_Mayor_{i,t}$$
$$+ \beta_{10} Tenure\_PS_{i,t} + \beta_{11} Tenure\_PS^2_{i,t}$$
$$+ \beta_{12} Tenure\_Mayor_{i,t} + \beta_{13} Tenure\_Mayor^2_{i,t}$$
$$+ \beta_{14} OrigP\_PS_{i,t} + \beta_{15} OrigP\_Mayor_{i,t}$$
$$+ \beta_{16} PredP\_PS_{i,t} + \beta_{17} PredP\_Mayor_{i,t}$$

其中$p_{i,t}$是一个地方政府i在年份t决定建立市级行政审批中心的概率，$p_{i,t}/(1-p_{i,t})$是优势（odds），$\log it(p_{i,t})$是取对数后的优势（log odds），整个过程被称为"logit 转换"（logit transformation）。公式中等号右边的变量除常数项β_0外，其他变量涉及内部经济与行政因素、纵向与横向扩散效应，以及市委书记和市长的政治流动三个方面因素，将在下文变量设计部分具体阐述。

进而，尽管目前主流的创新扩散研究仍然使用离散时间事件史分析，即不控制时间因素，但是一些学者对事件史模型中不控制时间因素的做法表示了担忧[1]。因此，本文进一步将离散时间事件史分析模型的基础上引入时间控制变量。但是，由于在模型中加入过多的时间虚拟变量会牺牲自由度，并会导致基准风险率随年份变化的幅度过大，纳撒尼尔·贝克（Nathaniel Beck）、乔纳森·卡茨（Jonathan Katz）和理查德·塔克（Richard Tucker）建议，用三次样条变量（cubic splines）保证以基准风险率随时间过度的平滑性，是当前处理

---

[1] J. M. Box-Steffensmeier, B. S. Jones, "Time Is of the Essence: Event History Models in Political Science", *American Journal of Political Science*, 1997, 41, pp. 1414-1461; Nathaniel Beck, Jonathan N. Katz, Richard Tucker, "Taking Time Seriously: Time-Series-Cross-Section Analysis with a Binary Dependent Variable", *American Journal of Political Science*, 1998, 42, pp. 1260-1288.

离散时段模型中时间依赖性的最好办法①。三次样条变量拟合的是一个变量在预定数量的时间间隔内的多项式。相对于许多个年份虚拟变量,通常几个样条变量就可以实现时间影响的平滑过渡,而且只会占用更少的自由度。根据这种办法,我们增加 Duration 和 Spline 两个变量。

$$\log it(p_{i,t}) = \log\left(\frac{p_{i,t}}{1-p_{i,t}}\right) = \beta_0 + \beta_1 GDP\_PC_{i,t-1}$$
$$+ \beta_2 Industry\_3rd_{i,t-1} + \beta_3 Openness_{i,t-1}$$
$$+ \beta_4 Adm\_Rank_{i,t} + \beta_5 Group\_SC_{i,t} + \beta_6 Law_{i,t}$$
$$+ \beta_7 Neighbor_{i,t-1} + \beta_8 Age55\_PS_{i,t}$$
$$+ \beta_9 Age55\_Mayor_{i,t} + \beta_{10} Tenure\_PS_{i,t}$$
$$+ \beta_{11} Tenure\_PS_{i,t}^2 + \beta_{12} Tenure\_Mayor_{i,t}$$
$$+ \beta_{13} Tenure\_Mayor_{i,t}^2 + \beta_{14} OrigP\_PS_{i,t}$$
$$+ \beta_{15} OrigP\_Mayor_{i,t} + \beta_{16} PredP\_PS_{i,t}$$
$$+ \beta_{17} PredP\_Mayor_{i,t} + \beta_{18} Duration_{i,t} + \beta_{19} Spline_{i,t}$$

其中 Duration 是指每次事件从开始到发生所需要的持续时间;Spline 是由理查德·塔克开发的软件包 btscs 自动生成的三次样条变量。

(二) 抽样

考虑到自 20 世纪 80 年代以来,副省级与地级城市已经成为中国地方政府的基本组织形式,并作为《中国城市统计年鉴》(由国家统计局编著)的基本统计单位,我们观察中国 281 个城市,并删节不匹配的情况。根据事件史分析方法,我们剔除了一个城市在建立市级

---

① Nathaniel Beck, Jonathan N. Katz, Richard Tucker, "Taking Time Seriously: Time-Series-Cross-Section Analysis with a Binary Dependent Variable", *American Journal of Political Science*, 1998, 42, pp. 1260-1288.

行政审批中心之后年份的资料,从而建立城市生存数据(survival data)。我们针对281个城市的观察期是1997~2012年,因为广东省江门市于1997年首次建立市级行政审批中心。为了保证我们研究的一致性,我们忽略了在1997~2012年未正式建市的地区的观测点。例如,安顺市于2000年建市,因此,该市在2000年之前的观测值都被删节。而且,由于巴彦淖尔市与乌兰察布市在2002年就已建立辖区级别的行政审批中心,但它们实际上是于2004年左右建立市,因此它们的社会经济资料在此之前是无法在《中国城市统计年鉴》中获取的,我们决定剔除对这两个城市的全部观测点。在我们的模型中,共有281个城市在不同时段的数据,总共包含1975个"市—年"观测点。但是,由于《中国城市统计年鉴》(1996~2011年)在早些年份或多或少缺失了一些城市在经济领域的资料,我们最终在模型中分析了1831个"市—年"观测点。

(三)变量设计

如前所述,我们将主要使用事件史分析方法来检验我们的假设。我们将因变量设置为"ADOPT(采纳)",在我们的logit模型中,也就是一个城市在某一特定年份建立市级行政审批中心的概率。这项概率是由一个二分虚拟变量测量:如果城市i在年份t建立了它的市级行政审批中心,那么变量"$ADOPT_{i,t}$"就被编码成"1";此前的所有年份,该变量都就被编码为"0",而年份t之后的资料则被剔除。有关市级行政审批中心的资料主要来源于中国各地城市政府网站的检索。

为了测量不同城市经济条件的影响,我们从《中国城市统计年鉴》(1996~2011年)搜集经济资料,并且设置了有关经济发展水平,产业结构和开放性的变量:"GDP_PC"指的是每一个城市在前一年的人均区域生产总值;"$Industry\_3rd$"指的是每一个城市在前一年的第三产业占区域生产总值的比重;"$Openness$"指的是每一个城市在前一年的国外直接投资(FDI)占区域生产总值的比重①。行政级别"Adm_Rank"是一个虚拟变量,如果该城市是普通的地级市,为0;如果是省会城市或副省级城市,则为1。我们也设置了经典的"邻区"变量以测量"横向扩散"的影响:"$Neighbor$"指的是同一省份中前一年已建立行政审批中心的城市累计数量占全部城市数量的比例。为了考察中央政策自上而下的瞬时影响,在中央政府设立国务院行政审批制度改革工作领导小组的这一年(2001年),"$Group\_SC$"设置为"1",其他年份则为"0"。在《行政许可法》实施的这一年(2004年),"Law"为"1",其他年份则为"0"。

我们根据《中国城市年鉴》(1997~2012)、中国党政领导干部资料库、政坛网和择城网资料②,创建了一个专门针对城市领导人的资料库,总共涉及718位市委书记和778位市长③。为了检验官员年龄的非线性影响,我们为现任党政领导人设置"$Age55\_PS$(书记年龄55周岁)"和"$Age55\_Mayor$(市长年龄55周岁)"这两个变量。"1"代表年龄超过55岁,而"0"代表小于或等于55岁。我们使用"$Tenure\_PS$(书记任期)"和"$Tenure\_Mayor$(市长任期)"来测量党政领导人在任的时间。为了将任期简化为整数,如果该官员在当年的6月30日之前任职,那么他或她在当年的任期就被记为"1";如果不是,那么他或她在当年的任期就被记为"0"④。之后其任期逐年累加。

为了调查官员的具体流动状态对创新意愿的影响,我们考察了在任官员的来源地和前任官员的去向,即在任书记来源($OrigP\_PS$)和在任市长来源($OrigP\_Mayor$),前任书记去向($PredP\_PS$)和前任市长去向($PredP\_Mayor$)。当现任党政领导人曾经是在本

---

① L. Ma, "The Diffusion of Government Microblogging: Evidence from Chinese Municipal Police Bureaus", *Public Management Review*, 2013, 15, pp. 288-309.
② 《中国城市年鉴》是由中国社会科学院主管、中国城市发展研究会主办的年刊;中国党政领导干部资料库: http://cpc.people.com.cn/gbzl/index.html;政坛网: http://www.zt360.cn/jgzyjl/dlfd/;择城网: http://www.hotelaah.com/liren/index.html。
③ 本文不考虑任期低于一年的官员。
④ 张平、赵国昌、罗知:《中央官员来源与地方经济增长》,《经济学季刊》2012年第2期。

市或本省级政府工作,我们将"$OrigP\_PS$"/"$OrigP\_Mayor$"编码为"0",而当该政府党委书记或行政首长之前是在其他城市政府、省级政府或其他单位(如地方人大、政协、国企等)工作,则编码为"1"。对于现任官员的前任去向的编码原则是,如果前任擢升到能够直接影响其继任者的职位时为"1",否则为"0"。具体而言,当前任书记在更高级政府(包括省级和中央)任职时,我们将"$PredP\_PS$"编码为"1"。如果该前任书记被调往其他城市、省份,或非政府部门组织,那么我们将"$PredP\_PS$"编码为"0"。鉴于市长与书记之间不同的晋升空间,我们对前任市长去向的编码和前任书记的有所不同。如果前任市长晋升为本市的市委书记,则"$PredP\_Mayor$"被编码为"1",否则为"0"。本研究所用变量的测量方法和资料来源参见表1-1。

表1-1 变量及其测量方法

变量名	含义	测量方法	资料来源
被解释变量			
ADOPT	行政审批中心的建立	当一个市政府在某一年建立行政审批中心时取"1",未建立则取"0"。	中国各市政府相关网站
内部经济与行政因素			
GDP_PC	人均区域生产总值	前一年人均区域生产总值(单位:千元)。	《中国城市统计年鉴》(1996~2011)
$Industry\_3rd$	第三产业的比重(%)	前一年第三产业占区域生产总值的比重。	《中国城市统计年鉴》(1996~2011)
$Openness$	经济开放性(%)	前一年国外生产总值占区域生产总值的比重。	《中国城市统计年鉴》(1996~2011)
Adm_Rank	城市的行政级别	当一个城市是地级市时取"0",当该市为省会或副省级市时取"1"。	作者资料库
纵向与横向扩散效应			

续表

变量名	含义	测量方法	资料来源
$Group\_SC$	国务院行政审批制度改革工作领导小组	中央政府建立国务院行政审批制度改革工作领导小组的2001年取"1",否则取"0"。	中国国务院网站
Law	行政许可法	《行政许可法》正式实施的2004年取"1",否则取"0"。	新华新闻网
$Neighbor$	邻区采纳的比例(%)	对于某市而言,在前一年的同一省份中,已建立市级行政审批中心的城市累计数量占该省所有地级及以上城市总数的比例。	作者资料库
官员政治流动			
$Age55\_PS$	书记的年龄	现任书记年龄是否超过55岁。大于55岁为"1",否则为"0"。	作者资料库
$Age55\_Mayor$	市长的年龄	测量方法同"书记的年龄"。	作者资料库
$Tenure\_PS$	市委书记的任期	在职任期。为保证任期是取整值,如果一位书记在某年的6月30日之前任职,那么他在该年的任期记为"1",如果是在7月1日之后任职,那么他在该年的任期记为"0",之后逐年累加。	作者资料库
$Tenure\_Mayor$	市长的任期	测量方法同"市委书记的任期"。	作者资料库
$OrigP\_PS$	在任书记的前一任职位	当在任书记来源于该市或该省份政府时,记为"0",否则记为"1"。	作者资料库
$OrigP\_Mayor$	在任市长的前一任职位	测量方法同"在任书记的前一任职位"。	作者资料库

续　表

变量名	含　义	测　量　方　法	资料来源
$PredP\_PS$	前任书记离任时第一个职位	前任书记在本省份或中央政府任职时记为"1",否则记为"0"。	作者资料库
$PredP\_Mayor$	前任市长离任时第一个职位	前任市长晋升为市委书记记为"1",否则记为"0"。	作者资料库
$Duration$	每次事件从开始到发生所需要的持续时间	该城市成立行政审批中心之前,从观察期开始到每年的持续时间。	作者资料库

（四）统计量描述

表1-2报告了本文主要研究变量的整体和分区域的描述性统计①。内部经济与行政因素方面,在我们1 900余项可获取的观测值中,人均GDP的均值是10 665元。值得注意的是,样本内中部地区的人均GDP比西部地区要低,这主要是由于许多西部城市建立行政审批中心较晚,导致其在样本中的"生存周期"较长所致。表2同样表明,第三产业在大部分城市经济中的比值只是刚刚超过1/3,而国外直接投资占许多地方经济的平均值为3%。但在如海南省三亚市这样的海岸城市,外资占据了地方GDP的一半,因而这些经济变量的最小值与最大值反映了中国区域差异巨大的经济发展情况。此外,行政级别变量"Adm_Rank"表明85.6%的观测值属于地级城市。从邻区扩散的角度,我们设置了"$Neighbor$"变量来检验横向扩散假设,其最大值约为94%。

---

① 在本研究中,东部地区包括：河北、辽宁、江苏、浙江、福建、山东、广东、海南(未包括北京、天津和上海3个直辖市);中部地区包括：山西、吉林、黑龙江、安徽、江西、河南、湖北、湖南;西部地区包括：内蒙古、广西、四川、贵州、云南、西藏、陕西、甘肃、青海、宁夏、新疆(未包括重庆市)。

表 1-2　自变量的主要统计量描述

变量名	均值	标准差	最小值	最大值	均值（东部）	均值（中部）	均值（西部）	p值（F检验）
GDP_PC	10.67	10.11	1.83	86.26	13.84	7.64	9.41	0.00
Industry_3rd	37.70	9.26	8.50	81.00	37.79	37.67	37.62	0.95
Openness	3.05	5.37	0.00	62.69	5.60	1.44	1.18	0.00
Adm_Rank	0.14	0.35	0.00	1.00	0.16	0.10	0.16	0.00
Neighbor	18.83	27.16	0.00	94.44	19.36	15.28	21.78	0.00
Age55_PS	0.24	0.43	0.00	1.00	0.25	0.25	0.22	0.36
Age55_Mayor	0.11	0.31	0.00	1.00	0.13	0.10	0.10	0.08
Tenure_PS	2.26	1.73	0.00	10.00	2.35	2.17	2.24	0.13
Tenure_Mayor	2.06	1.66	0.00	11.00	2.19	1.98	1.98	0.03
OrigP_PS	0.25	0.43	0.00	1.00	0.21	0.29	0.26	0.00
OrigP_Mayor	0.25	0.44	0.00	1.00	0.24	0.30	0.23	0.01
PredP_PS	0.63	0.48	0.00	1.00	0.65	0.57	0.67	0.00
PredP_Mayor	0.39	0.49	0.00	1.00	0.43	0.37	0.35	0.01
Duration	4.06	3.50	0	15	4.34	3.34	4.42	0.00

注：(1) 本表格中未包含 "ADOPT" "Group_SC" 和 "Law" 等变量；(2) 单位："Observation"：市—年；"GDP_PC"：1 000元；"Tenure_PS" "Tenure_Mayor" 和 "Duration"：年；"Industry_3rd" "Openness" 和 "Neighbor"：百分之一；其他变量都为虚拟变量。

有关地方官员政治流动状态的变量统计表明，在样本观测值中，24%的市委书记和11%的市长年龄超过55岁。地方领导人的平均任期在2年左右，比正式规定的5年任期要短很多。这是因为他们常常被调配到其他职位。25%的市委书记和25%的市长在当前城市任职之前，在其他城市、省政府或其他职位工作过。63%的前任市委书记到更高级别的省政府或中央政府任职；39%的前任市长顺利晋升为市委书记。表1-2中时间控制变量 Duration 的均值也表明，各个城市从进入观察期到最终采纳创新大约用时4年。为了进一步观察这些变量在东、中和西部区域之间的差异,我们针对各个变量进行F检验。具体参见表1-2。

六、计量模型结果

首先,为了把市级行政审批中心在创新扩散过程中的各个因素的具体影响都展示出来,表1-3报告了离散时间EHA分析的3个回归模型。模型1报告了内部经济与行政因素的基线回归结果;模型2中增加了针对纵向与横向扩散效应的变量,包括两大全国性政策的纵向影响效应和经典的邻区扩散效应;模型3把官员的政治流动状态考虑在内,包括地方领导人的年龄、任期、现任官员的原来职位和前任官员的去向。表格中还报告了系数、稳健标准误和自变量每一单位变化所对应的优势比的百分值变化[①]。

表1-3 行政审批中心扩散的离散时间EHA(logit)分析

	模型1		模型2		模型3	
	系数 (标准误)	优势比 变化(%)	系数 (标准误)	优势比 变化(%)	系数 (标准误)	优势比 变化(%)
内部经济与行政因素						
GDP_PC	0.04*** (0.01)	+4.0%	0.01 (0.01)	+1.4%	0.02 (0.01)	+1.6%
Industry_3rd	0.04*** (0.01)	+3.9%	0.03*** (0.01)	+2.7%	0.03*** (0.01)	+3.0%
Openness	−0.09*** (0.02)	−8.8%	−0.06*** (0.02)	−6.1%	−0.06*** (0.02)	−6.1%

---

① 优势比(odds ratio)与优势(odds)不同。优势只是事件A发生与不发生之比odd(A)=p/1−p;事件A和事件B的优势比是事件A的优势与事件B的优势之比odd(A)/odd(B)。

续　表

	模型1		模型2		模型3	
	系数 (标准误)	优势比 变化(%)	系数 (标准误)	优势比 变化(%)	系数 (标准误)	优势比 变化(%)
Adm_Rank	−0.94*** (0.23)	−60.8%	−0.64** (0.26)	−47.2%	−0.64** (0.27)	−47.1%
纵向与横向扩散效应						
$Group\_SC$			1.08*** (0.20)	+195.7%	1.07*** (0.21)	+190.4%
Law			0.52** (0.24)	+68.2%	0.53** (0.25)	+69.7%
$Neighbor$			0.02*** (0.00)	+1.9%	0.02*** (0.00)	+2.0%
官员政治流动						
$Age55\_PS$					−0.53*** (0.19)	−41.1%
$Age55\_Mayor$					0.39* (0.21)	+48.4%
$Tenure\_PS$					0.10 (0.12)	+10.0%
$Tenure\_PS^2$					−0.01 (0.02)	−1.5%
$Tenure\_Mayor$					−0.32*** (0.10)	−27.4%
$Tenure\_Mayor^2$					0.04*** (0.01)	+4.5%
$OrigP\_PS$					−0.25 (0.18)	−21.7%
$OrigP\_Mayor$					0.37** (0.15)	+44.1%

续　表

	模型 1		模型 2		模型 3	
	系数（标准误）	优势比变化(%)	系数（标准误）	优势比变化(%)	系数（标准误）	优势比变化(%)
$PredP\_PS$					−0.36*** (0.14)	−30.4%
$PredP\_Mayor$					0.03 (0.15)	+3.3%
$\_cons$	−3.37*** (0.29)		−3.43*** (0.32)		−3.11*** (0.37)	
N	1 831		1 831		1 831	
McKelvey & Zavoina's R^2	0.09		0.159		0.200	
Log lik.	−717.56		−685.13		−669.54	
Chi-squared	50.05		128.08		147.15	

注：* $p<0.1$，** $p<0.05$，*** $p<0.01$ (two-tailed)，为了控制潜在的异方差和序列相关问题，我们对所有回归系数的标准误都在城市层面上进行 Cluster 处理。

在模型 1 中，有关内部经济与行政因素的假设都得到了显著确认。基于回归结果，在其他因素不变的情况下，一个城市人均 GDP 每提高 1 000 元，它创建行政审批中心的优势会提高 4%；第三产业比值每提高一个百分点，它创建行政审批中心的优势会提高 3.9%；经济开放性，即 FDI 占 GDP 的比值，每减少一个百分点，就意味着该城市建立行政审批中心的优势增加 8.8%①。行政级别的显著系数表明，如果一个城市是副省级城市或省会城市时，它建立行政审批中心的优势会降低 60.8%。这些变量在模型 2 与模型 3 中持续地发生影响，尽管在其他外部变量加入后或多或少地有所减弱。

模型 2 将内部因素与纵向和横向扩散效应合并到一个模型中。

---

① 由于本研究采用的是事件史分析数据，一旦因变量取"1"后，观测数据就会被截断，因而不存在内生性问题。

全国性政策和法律对各城市行政审批中心扩散的影响展示出了很高的显著性。在其他因素控制不变的情况下,国务院行政审批制度改革工作领导小组的建立促使行政审批中心建设的优势大幅度提升195.7%,而《行政许可法》的实施则促使行政审批中心建设的优势提高68.2%。相邻扩散效应在集权制下的中国的影响不容忽视。每个省份中已采纳城市的比值每提高1%,建设行政审批中心的优势就会提高2%左右。纵向与横向扩散效应的影响在模型3中几乎未发生变化,表现出很好的稳健性。

地方官员政治流动对地方创新采纳的影响在模型3中得到了大部分确认。第一,地方官员的年龄效应是明显的,尽管书记年龄与市长年龄和因变量的关系截然不同。根据优势比的百分率变化,当市委书记的年龄超过55岁,采纳的优势会降低41.1%;同样情况对市长而言,采纳的优势会提高48.4%。第二,针对"任期效应",模型3中尽管书记的任期系数显示出其与因变量呈一定的倒U型关系,但并不显著。市长的任期与创新采纳之间呈显著的U型关系,这就意味着市长任期的开端和结束都更有可能发生创新。然而根据系数可知,拐点只发生在任期约等于4年的时候①。考虑到市长的平均任期也只有2年,我们只能据此下结论:新上任的市长更倾向于采纳创新。第三,官员的前任职位来源对创新具有一定影响。来自其他城市或单位的市长会让采纳创新的优势显著提高44.1%,但市委书记的职位来源对其采纳创新的优势并不显著。第四,前任官员"离任职位"对现任官员的创新意愿也具有一定影响。如果市委书记被擢升到能够直接影响他或她的继任者的职位时,该城市新建行政审批中心的优势就会降低30.4%。但这一次是市长所对应的"离任职位"变量没有显著的贡献。

我们发现,年龄、任期、职位来源和前任去向对书记与市长的创新动机的影响是不一样的。这或许可以用中国地方政府的党委书记

---

① 对于U型曲线 $y=ax^2+bx+c$ 而言,其极值出现在 $x=-b/2a$ 处,在模型3中也就是 $-(-0.32)/(2\times 0.04)=4$ 年。

与行政首长之间不同的职业晋升前景和职责分工来解释①。首先,尽管市委书记与市长同处一个行政层级,但晋升前景是不同的。大多数情况下,晋升对于市长而言就是成为市委书记,这一过程由于行政层级未发生变化,因而困难较小。与此相反,市委书记若想晋升,需要升到更高的行政层级上,因而困难更大。因此,大于55岁的市长倾向于通过积极创新,促使自己在政治生涯的最后一刻成为市委书记。而大于55岁的书记相对而言其创新意愿较小。

其次,市委书记与市长之间的分工特点也有助于解释他们不同的创新意愿。市委书记不但主导地方党内事务,而且是地方政府事务的最终"拍板"者。市长则主要负责地方政府的具体事务。市委书记在采纳创新时,不用担心他们是否积累了足够的权威以克服内部阻力;但是,他们往往要认真考虑创新与已经晋升到更高职位的前任书记的关系。与此相反,市长由于权力有限,因而在创新时更加依赖于从原有职位积累的内部权威与外部资源。因此,反映市长内部权威的任期和外部资源的职位来源对该城市是否采纳创新具有显著贡献。

接下来,我们再采用时间序列 EHA 模型以控制时间因素。在表1-4 的 logit spline 模型中,我们增加了代表时间因素的 $Duration$ 和三次样条控制变量。比较表1-3 和表1-4,在引入时间控制变量后,表1-4 的模型的总体解释力比表1-3 提高许多。表1-3 中3个模型的 McKelvey & Zavoina's R^2 分别只有 0.09、0.159 和 0.200,而表1-4 中3个模型的 McKelvey & Zavoina's R^2 分别达到了 0.208、0.243 和 0.281。同时,我们可以看出,在控制了时间因素之后,除了每个自变量对创新扩散的优势比变化率略有改变之外,本研究提出的所有理论假设仍然相当显著地得到了计量模型的确认。由于本研究离散时间和时间序列 EHA 模型在主要自变量贡献的区别不大,我们将仅采用时间序列 EHA 模型进行进一步讨论。

---

① 王贤彬、张莉、徐现祥:《辖区经济增长绩效与省长省委书记晋升》,《经济社会体制比较》2011年第2期;杨良松、庞保庆:《省长管钱?——论省级领导对于地方财政支出的影响》,《公共行政评论》2014年第4期。

表 1-4 行政审批中心扩散的时间序列 EHA(logit spline)分析

	模型 4		模型 5		模型 6	
	系数(标准误)	优势比变化(%)	系数(标准误)	优势比变化(%)	系数(标准误)	优势比变化(%)
内部经济与行政因素						
GDP_PC	0.03**(0.01)	+2.6%	0.02**(0.01)	+2.4%	0.02**(0.01)	+2.4%
$Industry\_3rd$	0.02*(0.01)	+1.9%	0.02*(0.01)	+1.9%	0.02**(0.01)	+2.0%
$Openness$	−0.08***(0.02)	−7.7%	−0.08***(0.02)	−7.3%	−0.07***(0.02)	−7.2%
Adm_Rank	−0.66***(0.24)	−48.4%	−0.67**(0.27)	−49.0%	−0.68**(0.28)	−49.1%
纵向与横向扩散效应						
$Group\_SC$			0.61***(0.23)	+84.5%	0.59***(0.23)	+81.3%
Law			0.30(0.26)	+35.5%	0.32(0.26)	+38.3%
$Neighbor$			0.02***(0.00)	+2.3%	0.02***(0.00)	+2.2%
官员政治流动						
$Age55\_PS$					−0.47**(0.20)	−37.4%
$Age55\_Mayor$					0.48**(0.22)	+61.0%
$Tenure\_PS$					0.08(0.13)	+8.5%
$Tenure\_PS^2$					−0.01(0.02)	−1.4%
$Tenure\_Mayor$					−0.31***(0.10)	−26.7%

续　表

	模型 4		模型 5		模型 6	
	系数 (标准误)	优势比 变化(%)	系数 (标准误)	优势比 变化(%)	系数 (标准误)	优势比 变化(%)
$Tenure\_Mayor^2$					0.04*** (0.01)	+4.4%
$OrigP\_PS$					−0.29 (0.19)	−25.0%
$OrigP\_Mayor$					0.27* (0.15)	+31.4%
$PredP\_PS$					−0.47*** (0.15)	−37.3%
$PredP\_Mayor$					−0.09 (0.16)	−9.0%
$Duration$	−1.16*** (0.39)	−68.5%	−1.11*** (0.39)	−67.1%	−0.98** (0.40)	−62.5%
$\_spline1$	−0.49*** (0.13)	−39.0%	−0.48*** (0.13)	−37.9%	−0.45*** (0.13)	−36.4%
$\_spline2$	0.24*** (0.06)	+26.6%	0.24*** (0.06)	+26.8%	0.23*** (0.06)	+25.6%
$\_spline3$	−0.04*** (0.01)	−3.5%	−0.04*** (0.01)	−4.0%	−0.04*** (0.01)	−3.9%
$\_cons$	−3.12*** (0.37)		−3.34*** (0.38)		−2.94*** (0.44)	
N	1831		1831		1831	
McKelvey & Zavoina's R^2	0.208		0.243		0.281	
Log lik.	−683.95		−664.16		−648.59	
Chi-squared	91.50		151.22		179.43	

注：* $p<0.1$，** $p<0.05$，*** $p<0.01$（two-tailed），为了控制潜在的异方差和序列相关问题，我们对所有回归系数的标准误都在城市层面上进行 Cluster 处理。

为了探究行政审批中心扩散在不同区域的影响因素,在表1-5中,我们在表1-4时间序列EHA模型3的基础上,将观测值进一步拆分为东部、中部和西部区域分别进行logit spline回归。在内部经济与行政因素方面,分区域的回归结果表明经济水平与开放性的影响并不总是显著。但在控制其他因素不变的情况下,经济发展水平在东部地区显著,东部城市人均GDP每提高1000元,它创建行政审批中心的优势会提高3%;第三产业在GDP中所占比重每提高一个百分点,中部城市建立行政审批中心的优势都会提高3.6%;中部城市经济开放程度,即FDI占GDP的比值,每减少一个百分点,就意味着该城市建立行政审批中心的优势增加15.2%。另外,东部和中部地区的副省级城市和省会城市明显倾向于比普通地级市要晚一些建设行政审批中心;而西部地区的不同级别的城市之间没有类似的显著性差别。这说明本地经济条件和行政因素对地方政府决定建立行政审批的推动力是有差异的。总体来看,所有表现出显著的变量影响均符合理论预期。结合表1-4的回归结果,我们有理由相信,区域性的经济发展差异也会对创新扩散过程产生较重要影响。

表1-5 分区域的时间序列EHA(logit spline)分析结果

	东部地区		中部地区		西部地区	
	系数 (标准误)	优势比 变化(%)	系数 (标准误)	优势比 变化(%)	系数 (标准误)	优势比 变化(%)
内部经济与行政因素						
GDP_PC	0.03* (0.02)	+3.0%	0.03 (0.02)	+3.2%	−0.00 (0.03)	−0.1%
$Industry\_3rd$	0.03 (0.02)	+3.3%	0.04*** (0.01)	+3.6%	−0.02 (0.02)	−2.5%
$Openness$	−0.05 (0.03)	−5.0%	−0.16* (0.10)	−15.2%	−0.16 (0.14)	−15.1%
Adm_Rank	−1.34** (0.57)	−73.9%	−0.97* (0.54)	−62.0%	0.68 (0.56)	+97.6%

续　表

	东部地区		中部地区		西部地区	
	系数(标准误)	优势比变化(%)	系数(标准误)	优势比变化(%)	系数(标准误)	优势比变化(%)
纵向与横向扩散效应						
$Group\_SC$	0.32(0.44)	+37.7%	0.28(0.36)	+32.1%	1.25***(0.46)	+248.4%
Law	0.88**(0.43)	+141.1%	0.39(0.53)	+47.5%	−0.21(0.53)	−19.1%
$Neighbor$	0.04***(0.01)	+4.3%	0.03***(0.01)	+3.1%	0.01(0.01)	+0.9%
官员政治流动						
$Age55\_PS$	−0.82**(0.33)	−56.2%	0.36(0.31)	+43.3%	−1.02*(0.52)	−63.8%
$Age55\_Mayor$	0.76**(0.33)	+114.0%	−0.08(0.41)	−7.6%	0.64(0.46)	+89.2%
$Tenure\_PS$	−0.18(0.21)	−16.5%	0.28(0.26)	+32.9%	0.35(0.29)	+41.8%
$Tenure\_PS^2$	0.00(0.03)	+0.1%	−0.06(0.05)	−5.6%	−0.03(0.05)	−3.3%
$Tenure\_Mayor$	−0.41**(0.18)	−33.4%	−0.22(0.20)	−19.5%	0.03(0.28)	+3.0%
$Tenure\_Mayor^2$	0.07***(0.02)	+6.8%	0.04(0.03)	+3.8%	−0.05(0.06)	−5.3%
$OrigP\_PS$	−0.24(0.39)	−21.3%	−0.66**(0.29)	−48.5%	0.01(0.36)	+0.7%
$OrigP\_Mayor$	0.45*(0.26)	+57.3%	−0.34(0.32)	−29.2%	0.67**(0.28)	+94.9%
$PredP\_PS$	−0.02(0.24)	−2.0%	−0.57**(0.27)	−43.5%	−0.74**(0.33)	−52.5%

续 表

	东部地区		中部地区		西部地区	
	系数 (标准误)	优势比 变化(%)	系数 (标准误)	优势比 变化(%)	系数 (标准误)	优势比 变化(%)
$PredP\_Mayor$	−0.15 (0.28)	−13.9%	−0.12 (0.27)	−11.1%	−0.06 (0.35)	−5.6%
$Duration$	−1.38 (0.93)	−74.7%	−0.93 (0.68)	−60.6%	−1.20 (0.77)	−69.9%
$\_spline1$	−0.64** (0.30)	−47.3%	−0.59** (0.24)	−44.8%	−0.40 (0.27)	−32.8%
$\_spline2$	0.34** (0.15)	+40.2%	0.32** (0.13)	+37.9%	0.18 (0.13)	+19.3%
$\_spline3$	−0.07** (0.03)	−6.5%	−0.06** (0.03)	−6.2%	−0.02 (0.02)	−2.2%
$\_cons$	−3.75*** (0.83)		−3.93*** (0.75)		−1.28 (0.84)	
N	761		569		501	
McKelvey & Zavoina's R^2	0.411		0.394		0.284	
Log lik.	−226.45		−205.75		−172.75	
Chi-squared	81.54		102.87		45.69	

注：* $p<0.1$，** $p<0.05$，*** $p<0.01$（two-tailed），为了控制潜在的异方差和序列相关问题，我们对所有回归系数的标准误都在城市层面上进行 Cluster 处理。

在纵向与横向扩散效应方面，表1-5中的回归结果表明，国务院行政审批小组的建立对东、中、西三大区域的行政审批中心建设都有一定正面影响；国务院领导小组的成立对各地行政审批中心建立的影响从东部、中部到西部依次增强，而《行政许可法》的实施影响则从东部、中部到西部依次递减。此外，我们也可以发现，邻区扩散效应从东部、中部到西部依次减弱。

官员流动因素在不同区域的表现能够说明表 1-4 中整体模型的稳定性。东部地区市长与书记的年龄效应，以及市长的任期效应与来源效应都显著地确认了表 1-4 模型 3 中的回归结果。中部地区市委书记的来源与离任效应和表 1-4 模型 3 中的系数一致，而且到达显著水平。来自其他城市或单位的市委书记会让中部城市的创新优势显著下降，而来自其他城市或单位的市长会让东西部城市的创新优势显著地提升。与此相对，前一任书记在省级或中央政府的任职则显著地降低了中西部城市的创新动机。因此，政治流动对创新扩散的影响在不同地区基本是稳定的。

最后，表 1-5 的分地区时间序列 EHA 模型中 McKelvey & Zavoina's R^2 又比表 4 的总体模型有一定程度提高，3 个模型中解释系数分别达到了 0.411、0.394 和 0.284。这说明分区域模型的样本量尽管有所减小，其解释力仍明显上升。此外，模型的最大似然估计结果和卡方值也呈良好的显著性[①]。因此，我们的回归结果较好地反映了地方政府创新扩散的影响因素和发生机制。

七、结　　论

本文检验了本地经济条件和行政因素、纵向与横向扩散效应和官员政治流动对中国新型行政审批制度在中国城市间兴起的影响。具体来看，经济水平、产业结构和经济开放性是地方政府在实施行政审批制度改革时首要考虑的内部经济条件；行政级别较高的政府采纳创新时所面对的阻力更大；来自中央政府的政策信号会显著地加速地方政府的创新进程；同一省份中城市之间会存在明显的相邻扩散效应。最后，本文成功地证明了地方官员政治流动对中国地方政

---

① 模型中主要变量的方差膨胀因子平均值为 5.46，而且除了幂变量，都未超过 10，说明回归模型中不存在多重共线性问题。另，由人为设计的某一自变量的幂所造成的共线性问题不会对模型稳健性构成威胁。参见 http://www.statisticalhorizons.com/multicollinearity。

府创新扩散的显著影响，主要包括年龄、任期、职位来源及其前任去向4个方面的重要效应。

新型行政审批制度的广泛传播代表了中国政府在改革开放新时代的新的治理理念。自20世纪80年代以来，提高政府效率就已经被写进中国政府推进社会发展的规划中，而且中国政府也多次强调以公共服务为导向，建设职能科学、结构优化、人民满意的服务型政府。中国的行政审批制度改革已历经十余年，它作为政府职能转变的突破口，是决定政府改革总目标顺利实现的关键环节。以行政审批中心为代表的新型行政审批制度与中国政府的治理理念和地方官员工作激励相契合。因此，新型行政审批制度在中国得到广泛采纳。

本研究积极推动一种开展中国地方政府研究的新视角。近二十年来的中国研究文献主要关注的是经济发展，并将中国的经济奇迹归功于财政分权化或干部晋升激励制度。但是，地方政府的创新和扩散在近年来获得了越来越多的关注。因此，本文通过研究市级政府之间的创新扩散机制，有助于对中国的地方创新效应形成细致而具体的理解，从而揭示出以鼓励地方政府创新为特点的"中国经验"的内在机理。

通过考察中国新型行政审批制度的兴起，本文拓展了当代创新扩散理论在非西方国家的适用性。基于西方国家的创新扩散研究由于往往隐含了联邦制与选举式民主的前提假设，因而其理论在应用于"非西方"的中国时，需要做出相应的调整。本文通过深入考察中国背景下的地方政府创新扩散现象，提出在解释中国地方政府的创新扩散现象时，我们不能只停留在既有理论所强调的内部辖区条件与外部扩散效应，还应该关注中国政府间关系和官员人事制度的影响。特别地，正如本文所证实的结论，官员的政治流动会显著影响其创新意愿。这些发现为当代地方政府创新扩散研究提供了新的理论空间和应用前景。

[本文原载于《管理世界》2015年第10期。]

中国地方政府创新扩散的政治逻辑
——评《创新与扩散：新型行政审批制度在中国城市的兴起》

唐朗诗*

自从 Walker(1969)的开创性研究以来，①关于政府政策创新与扩散的研究不断丰富发展，涉及政治学、经济学、社会学等众多学科。在政治学科领域，早期的政府创新扩散研究主要集中在美国政治研究分支。但到 20 世纪 90 年代之后，政治学各个分支中的政府创新扩散研究都出现了快速的发展，其中比较政治学和国际关系分支的相关文献数量已经赶超美国政治研究分支。② 这说明了对不同国家或地区的比较研究，日渐成为政府创新与扩散研究的重要发展方向。

中国的政府创新与扩散也受到了学界广泛关注，例如俞可平、何增科、杨雪冬、吴建南等学者就此发表了诸多重要文献。同时，中央编译局等机构联合设立了"中国地方政府创新奖"以鼓励地方政府政策创新实践。在早期的国内研究中，学者们多数是围绕"中国地方政府创新奖"的获奖案例来进行分析。③ 但是这些获奖案例基本都属于

---

* 唐朗诗，华东理工大学社会与公共管理学院。

① J. Walker, "The Diffusion of Innovations among the American States", *American Political Science Review*, 1969, 63(3), pp.880-899.

② E. Graham, C. Shipan, C. Volden, "The Diffusion of Policy Diffusion Research in Political Science", *British Journal of Political Science*, 2013, 43(3), pp.673-701. 有趣的是，Graham 等同时指出，政治学科各分支的研究趋势都呈现为 S 曲线，这与政府政策创新扩散的趋势是一样的。

③ 俞可平主编：《政府创新的中国经验：基于"中国地方政府创新奖"的研究》，中央编译出版社 2011 年版。

成功的实践,并不适宜做比较研究。① 近年来,越来越多的学者开始运用事件史分析(event history analysis,EHA)等多种研究方法来探讨"效能建设"②、"城市公共自行车计划"③、"专利资助政策"④等不同领域政策创新和扩散的原因机制。

朱旭峰和张友浪合作的《创新与扩散:新型行政审批制度在中国城市的兴起》正是运用事件史分析方法,来探讨中国行政审批制度在全国城市兴起与扩散的机制。无论是理论构建还是在研究方法的采用上,这都是一篇非常出色的文章。文章的研究问题非常清晰,主要是探讨20世纪90年代以来中国新型审批制度是如何在全国各个城市得到创新和扩散的。由于新型审批制度改革的主要形式是"创立一站式的行政审批中心",那么是哪些因素导致行政审批中心在全国城市的建立与扩散?作者以政府创新和扩散理论为视角来回答这个问题,主要揭示了三种(大)机制的效应。

首先,城市内部的经济和行政因素的影响作用。文章主要用了四个变量来测量,即一个城市内部的经济发展水平越高,或者第三产业占比越高,或者经济开放程度越低,或者该城市的行政级别越低,就越可能设立行政审批中心。

其次,纵向与横向的扩散效应,主要采用了三个变量。一方面,中央的命令或政策信号,即2001年国务院行政审批制度改革工作领导小组的设立以及2004年《行政许可法》的实施,这些来自于纵向制度的因素都会对地方行政审批制度改革产生影响;另一方面从横向

---

① 参见 Gary King 或 Barbara Geddes 对比较研究中样本选择偏差的讨论,加里·金、罗伯特·基欧汉、悉尼·维巴:《社会科学中的研究设计》,陈硕译,格致出版社2014年版;芭芭拉·格迪斯:《范式与沙堡:比较政治中的理论构建和研究设计》,陈子恪、刘骥等译,重庆大学出版社2012年版。
② 吴建南、张攀、刘张立:《"效能建设"十年扩散:面向中国省份的事件史分析》,《中国行政管理》2014年第1期。
③ 马亮:《公共服务创新的扩散:中国城市公共自行车计划的实证分析》,《公共行政评论》2015年第3期。
④ 朱多刚、郭俊华:《专利资助政策的创新与扩散:面向中国省份的事件史分析》,《公共行政评论》2016年第5期。

而言,政策扩散也会受到"地理邻近城市"的影响,即同一个省内采纳政策创新的城市数量比例越高,一个城市就越可能采纳该政策。

最后,地方官员政治流动的作用。主要从"年龄""任期""职位来源""前任去向"四个变量,分别探讨市委书记和市长对政策创新的意愿和影响作用。这一机制不但与政策企业家的个人特质有关,更是反映出中国干部制度对政策创新的独特作用。

文章对每一个大机制里面的各个小机制都进行详细的分析和检验(尽管个别变量假设并没有很好地通过显著性检验①)。这篇文章的创新点主要有以下几点:

首先,作者建立起较为完整的地方创新数据库,搜集了全国281个城市在不同时段的数据,分析了1831个"市—年"观测点。文章数据质量很高,对变量的测量和指标度量甚为合理,因此极大增强了其理论的外部效度。

其次,将多个机制放在一个模型中进行检验。这不但推进了当前学界相关主题的理论研究,而且更为系统地揭示出中国地方政府创新扩散的复杂因素。以往的理论研究可能仅仅关注中国地方的内部因素和外部扩散机制,而忽略了中国官员政治流动的影响效应。

更为重要的是,文章在跨情境检验西方政府创新扩散理论的同时,构建起符合中国内在机理的政府创新扩散理论。如果说美国各州是联邦民主制下的政策实验室,那么中国地方政府创新扩散则是发生在政治集权下的地方分权体制中。可以说,中国中央政府对地方创新的影响以及地方官员的行为逻辑是迥异于美国的。

文章虽然指出了中国地方政府创新扩散也会受到经济因素影响,但更偏重于揭示中国独特的政治逻辑,如央地关系与干部人事制度对政策创新扩散的重要作用。作者在揭示这些政治因素之时,实际强调的是中国地方官员为了竞争晋升而发起政策创新,这也是"政

---

① 当然,不能仅仅依靠 p 值显著性来判断假设能否被证实,目前学界对 p 值也是存在诸多争议的。

治锦标赛"逻辑在地方政策创新扩散中的体现。

不过,文章在研究方法和因果机制上还有个别地方值得商榷。首先,在研究方法上,文章使用的是较为传统的"市—年事件史分析法"。自从 Berry & Berry 1990 年首次在对彩票政策扩散研究中引入事件史分析法,之后该方法成为创新扩散理论中最主流的分析方法。[1] 但是 Berry & Berry 使用的是"州—年事件史分析"(state-year EHA),受到了后来研究者的批评,它常常被认为对政策扩散的分析过于笼统,只告诉我们一个地区采纳某项政策的概率,却难以发现诸如两地是否会因为环境相似而产生邻近扩散效应等具体机制。政策扩散往往呈现的是地区间相互依赖关系的结果,[2] 因此 Volden (2006)提出了"配对—年事件史分析"(dyad-year EHA)来解决这些问题。[3] 同样在朱旭峰和张友浪一文中,"市—年事件史分析法"中只采用了"同一省份中前一年已建立行政审批中心的城市数量占比"作为自变量,来检验横向的邻近扩散效应,如此则难以处理 Volden 对传统事件史分析法的批评。

值得一提的是,近年来政策创新扩散研究领域中的新方法发展极为迅速(或许理论创新已经进入到缓慢发展期),比如运用地理信息系统(GIS)来区分美国州彩票政策扩散的学习效应和竞争效应[4]、利用空间计量模型来分析欧洲民主国家间政党政策的扩散[5]、采用调

---

[1] F. Berry, W. Berry, "State Lottery Adoptions as Policy Innovations: An Event History Analysis", *American Political Science Review*, 1990, 84(2), pp.395-415.

[2] F. Gilardi, "Four Ways We Can Improve Policy Diffusion Research", *State Politics & Policy Quarterly*, 2016, 16(1), pp.8-21.

[3] "配对—年事件史分析"方法中分析单位是"一对州地区两两之间的关系—年",比如 A 州跟随 B 州采纳了政策创新,则因变量取值 1,否则为 0;并且注重对采纳成功与失败政策的州进行各自配对。参见 C. Volden, "States as Policy Laboratories: Emulating Success in the Children's Health Insurance Program", *American Journal of Political Science*, 2006, 50(2), pp.294-312.

[4] W. Berry, B. Baybeck, "Using Geographic Information Systems to Study Interstate Competition", *American Political Science Review*, 2005, 99(4), pp.505-519.

[5] T. Böhmelt, L. Ezrow, R. Lehrer, H. Ward, "Party Policy Diffusion", *American Political Science Review*, 2016, 110(2), pp.397-410.

查实验法来检验政策学习与官员党派意识形态偏见关系等①。研究方法上的不断创新,促使该领域研究的因果机制更加严谨、效度更高。

其次,从横向的扩散机制来看,该文其实只考虑到了城市政府间的竞争效应。②但不少文献已经指出,横向扩散机制中还包括了学习、模仿、竞争。③因此,本文对横向扩散机制的探讨稍显简略。在现实情境下,作为政策企业家的地方官员未必都出自竞争的考量来采纳政策,而且学习效应和竞争效应导致的结果也是不一样的,需要将其区分开来。④

而从纵向的扩散机制来看,中国行政层级较多,中央与市级之间还存在省级政府,中央的命令并非直接到达市级的,而是经过了省级政府来传达(省级政府也可能根据中央命令而制定符合本省的目标任务),但文章中并没有分析省级政府对市级政府政策创新的影响,比如市级政策创新是否会受到不同省份各自政策规定的影响?市级官员的创新意愿是否受到上级政府的影响?⑤

同时也可能存在"自下而上"的扩散机制。例如 Shipan &

---

① D. Butler, C. Volden, A. Dynes, B. Shor, "Ideology, Learning, and Policy Diffusion: Experimental Evidence", *American Journal of Political Science*, 2017, 61(1), pp.37-49.

② 需要指出的是,虽然文中对关于横向扩散效应的假设6的阐释是基于横向竞争的逻辑,但这一指标并没有明显反映为竞争效应,因为作者将所有邻近城市进行简单同等赋权,可能只反映出邻近城市的学习效应,因此这一指标的度量并没有区分出学习或竞争效应。参见 W. Berry, B. Baybeck, "Using Geographic Information Systems to Study Interstate Competition", *American Political Science Review*, 2005, 99(4), pp.505-519.

③ C. Shipan, C. Volden, "The Mechanisms of Policy Diffusion", *American Journal of Political Science*, 2008, 52(4), pp.840-857.

④ F. Boehmke, R. Witmer, "Disentangling Diffusion: The Effects of Social Learning and Economic Competition on State Policy Innovation and Expansion", *Political Research Quarterly*, 2004, 57(1), pp.39-51.

⑤ 朱旭峰和赵慧在另外一篇探讨中国城市低保政策扩散的文章中则考虑了省级政府对市级政策扩散的影响作用,运用今井浩辅(Kosuke Imai)的因果中介分析模型,识别中央命令如何通过省级政府而影响到市级低保政策的扩散。参见朱旭峰、赵慧:《政府间关系视角下的社会政策扩散——以城市低保制度为例(1993—1999)》,《中国社会科学》2016年第8期。

Volden(2006)曾提出了"自下而上的联邦主义"概念,指出了美国市一级禁烟政策会对更高层级的政策扩散产生"滚雪球效应"(snowball effect)或"压力阀效应"(pressure valve effect)。[1] 那么,尤其是在中国行政审批制度改革的初期,市级行政审批中心的建立与否,是否受到县级行政审批制度改革的影响?可惜文章中并没有对"自下而上的扩散机制"进行描述与探讨,其实在中国很多政策创新的领域中,"自下而上的扩散机制"也是常见的。

此外,中国情境下地方政府创新与扩散是一个非常复杂的过程,经历过诸多不同的阶段,不同阶段扩散机制也是不一样的,这些多个机制也不是同时产生同等效应的。[2] 就如Heilmann(2008)所指出,中国成功的政策扩散,是"分级制下的政策试验"(experimentation under hierarchy)。首先是地方发起,得到中央认可后在地方试点,再进行全国推广,从而减少了政治风险,这是一个"由点到面"的扩散过程。[3] 因此我们常常发现,在地方政府创新初期,即使地方官员出于晋升竞争逻辑提出新政策,但如果一个政策创新不被中央政府所认可与推行的话,那么它基本是不可能在全国范围内得到扩散的。

最后需要补充的是,中国情境下的政策创新与扩散其实还涉及到一个更困难的学术研究难题,即如何明了更高层级的政府决策过程,从而使得我们更明晰地了解政府内部的运作。比如"政治锦标赛"机制认为地方官员会为了政治晋升而追求GDP增长,但是也有

---

[1] C. Shipan, C. Volden, "Bottom-Up Federalism: The Diffusion of Antismoking Policies from US Cities to States", *American Journal of Political Science*, 2006, 50(4), pp.825-843.

[2] 这篇文章并没有区别不同阶段的扩散机制。不过,朱旭峰和张友浪在此文基础上改进的另外一篇文章则同时运用了事件史分析和分段常数指数模型来识别行政审批制度扩散的动态机制,指出在扩散初期,主要是城市内部的经济因素起作用,而中后期则是由外部机制起主导作用,例如中国加入WTO事件、中央发布行政命令及地方官员政治流动等因素。参见 X. Zhu, Y. Zhang, "Political Mobility and Dynamic Diffusion of Innovation: The Spread of Municipal Pro-Business Administrative Reform in China", *Journal of Public Administration Research and Theory*, 2016, 26(3), pp.535-551.

[3] S. Heilmann, "Policy Experimentation in China's Economic Rise", *Studies in Comparative International Development*, 2008, 43(1), pp.1-26.

不少研究提出质疑,认为这并不一定符合中国政府官员日常行为逻辑。同理可知,地方官员是为了政治晋升而努力去创新吗？一项新政策的提出与执行实际上涉及到的是利益再调整与权力再分配的问题,所以我们要更完整地明了政府决策过程,去探究政策过程中上下级之间、政府内部之间是如何进行互动的。然而,由于难以进入田野获取真实的材料,这成为了中国政府行为研究的难点。总体而言,瑕不掩瑜,这篇文章具有极高价值的理论创新性,而且朱旭峰教授与合作者后续一系列研究都对上述问题进行了持续性探讨与完善。

县级人大代表履职:谁更积极?

黄冬娅　陈川慜*

内容提要:利用 2013—2014 年全国县级人大代表抽样调查数据,本文分析县级人大代表履职积极性及其影响因素,以"议案和建议数"以及"是否投过反对票或者弃权票"来测量代表的履职积极性。本文发现:第一,选举激励对县级人大代表履职积极性有重要影响,但是与西方不同的是,县级人大代表往往并非为了谋求连任而积极履职,相反,他们更可能是为候选人提名和正式选举阶段所形成的公民授权的认知和积极履职的道义责任感所激励。第二,政治身份对代表的履职行为有混合影响,在提出建议议案上,领导干部更为消极,专职代表更为积极,但同时党员代表却更可能投过反对票。第三,是否投过反对票与人大代表的政策满意度并无显著相关性,它更多地反映了代表的权威主义价值认同。第四,人大代表积极提出建议议案的动力机制与投票行为的动力机制存在相当的差异,提出更多建议议案的人大代表并非就更倾向于投出反对票和弃权票,反之亦然。

关键词:人大代表　履职积极性　选举激励　政治身份　政治态度

　　在已有对于人民代表大会制度的研究中,除了对人大的正式制度以及选举过程的介绍和分析以外①,许多研究者往往将议题聚焦于正式制度框架下人大机构自身的演变,特别是地方人大的发展。研究者力图发掘地方人大如何拓展政治空间以加强其对于"一府两院"

---

* 黄冬娅,中山大学政治与公共事务管理学院;陈川慜,中山大学政治与公共事务管理学院。

① 参见蔡定剑:《中国人大制度》,社会科学文献出版社 1992 年版;蔡定剑:《中国选举状况的报告》,法律出版社 2002 年版;史卫民、雷竞璇:《直接选举:制度与过程》,中国社会科学出版社 1999 年版。

的监督。在一些西方学者的研究中,地方人大被认为是通过"政治嵌入"而非争取"自主"和"对抗"来获取权力和影响力,这种"嵌入"包含了建立信息网络、磨合和强化自身能力等各种策略①。乐观的判断认为,在人大一些具体制度尚待进一步完善的情况下,地方人大仍然发挥了相当的监督作用②;而相对保守的判断则认为,虽然地方人大的能力有一定的发展,包括人大预算监督已逐步从原来的程序性监督迈向实质性监督,但是地方人大仍然深嵌于体制之中,面对诸多挑战和困境③。

许多研究者也注意到人大代表的角色在不断转变,不再消极履职,而是积极反映民意,监督政府和提供政策建议④。然而,人大代表的履职行为存在着较大的内部差异,在不少代表开始积极履职的同时,也有一些代表仍然表现得十分消极。什么因素影响了人大代表的履职行为?本文使用最新的全国县级人大代表调查数据,在界定人大代表履职积极性与代表性关系的基础之上,试图回答两个问题:

---

① Kevin J. O'Brien, "Chinese People's Congresses and Legislative Embeddedness Understanding Early Organizational Development", *Comparative Political Studies*, 1994, 27(1); Ming Xia, "Informational Efficiency, Organisational Development and the Institutional Linkages of the Provincial People's Congresses in China", *The Journal of Legislative Studies*, 1997, 3(3); Ming Xia, "Political Contestation and the Emergence of the Provincial People's Congresses as Power Players in Chinese Politics: A Network Explanation", *Journal of Contemporary China*, 2000, 9(24).
② Young Nam Cho, "From 'Rubber Stamps' to 'Iron Stamps': the Emergence of Chinese Local People's Congresses as Supervisory Powerhouses", *The China Quarterly*, 2002, 171; Young Nam Cho, "Symbiotic Neighbour or Extra-Court Judge? The Supervision over Courts by Chinese People's Congresses", *The China Quarterly*, 2003, 176.
③ Kevin J. O'Brien, Laura M. Luehrmann, "Institutionalizing Chinese Legislatures: Trade-offs between Autonomy and Capacity", *Legislative Studies Quarterly*, 1998, 23(1);林慕华、马骏:《中国地方人民代表大会预算监督研究》,《中国社会科学》2012年第6期。
④ Kevin J. O'Brien, "Agents and Remonstrators: Role Accumulation by Chinese People's Congress Deputies", *The China Quarterly*, 1994, 138; Melanie Manion, "Authoritarian Parochialism: Local Congressional Representation in China", *The China Quarterly*, 2014, 218; Young Nam Cho, *Local People's Congresses in China: Development and Transition*, New York: Cambridge University Press, 2009.

第一,县级人大代表履职积极性的现状如何？第二,影响县级人大代表履职积极性的因素何在？

一、文 献 评 述

(一) 人大代表履职：萌芽的代表性？

长久以来,西方学者对于我国人大代表一个片面的基本判断是,虽然人大代表会反映公众意见,也不断给政府提出各种建议,但是由于授权并不来自选民,因此,他们更多地扮演了所谓国家代理人的角色。欧博文就认为地方人大代表扮演了三种角色,即消极的人大代表、国家代理人和谏言者。在欧博文看来,谏言者更关注选民以及不同社会群体和行业的利益。而即便是谏言者,他们也往往同时承担了国家代理人的职责,上传下达各种国家政策。不过他们又认为,当国家代理人的角色和谏言者的角色重合时,人大代表能够发挥最大的作用[1]。麦克法夸尔也认为,地方人大代表常常扮演申诉官的角色。这种申诉官并非是政府的反对者,相反,他们既给政府提出不同的意见,也忠诚于现有体制[2]。

最近的研究与这些研究不同,一些国外学者试图证明地方人大代表履职越来越积极,提出了越来越多的议案和建议。赵英男指出,地方人大代表已经不再将自己当作所谓国家代理人,相反,他们经常扮演公共监督者、意见反映者和政策提供者的角色。并且,他们不仅关注公共利益,而且还开始代表特定社会阶层和地区的利益。兼职代表制下,地方人大代表往往关注与其所在的地区、职业和社会阶层相关的问题,他们常常把自己当作是"农民的代表"、"私营企业主的代表"或"妇女的代表"等。甚至官员代表都会

---

[1] Kevin J. O'Brien, "Agents and Remonstrators: Role Accumulation by Chinese People's Congress Deputies", *The China Quarterly*, 1994, 138.

[2] Roderick MacFarquhar, "Provincial People's Congresses", *The China Quarterly*, 1998, 155.

把自己当作是特定领域的代表,比如,公安部门的代表、交通部门的代表和法院的代表①。而墨宁则试图证明,地方人大代表在角色认知和履职行为上都开始代表地方选民。在安徽省的抽样调查数据基础上,她提出,在角色认知上,地方人大代表,特别是县级人大代表,大部分都赞同人大代表应该与选民保持一致;在履职上,超过一半的代表认为最重要的职责是为群众办实事,解决实际困难,只有不到2%的代表认为最重要的职责是上传下达;代表各种反映民意的活动频数也相当高,地方基础设施问题、农村发展、环境污染和社会治安等是人大代表反映最多的问题。在墨宁看来,人大代表越来越倾向于反映所在地方(选区)的利益诉求。因此,墨宁提出,地方人大代表已经具有了显著的"地域回应性"②。

研究者进一步探讨了究竟何种因素推动了人大代表积极反映社会的各种诉求。在西方民主体制中,议员被假设为争取再当选的理性行动者,选举激励被认为是约束议员代表选民最重要的因素。再当选的激励使得议员倾向于迎合大部分选民的偏好和意愿,从而有效地约束了议员的行动,促使他们投入到选区服务之中③。反之,如果议员打算退休,或者要争取更高层次的职位而不再面对现在的选民,他们往往会选择逃避选区服务,更少地关注选区,更少地参加唱

---

① Young Nam Cho, "Public Supervisors and Reflectors: Role Fulfillment the Chinese People's Congress Deputies in the Market Socialist Era", *Development and Society*, 2003, 32(2).

② Melanie Manion, "Chinese Congressional Representation as an Institution", APSA 2009 Toronto Meeting Paper, 2009; Melanie Manion, "'Good Types' in Authoritarian Elections: The Selectoral Connection in Chinese Local Congresses", *Comparative Political Studies*, 2014, 10.

③ David R. Mayhew, *Congress: The Electoral Connection*. New Haven: Yale University Press, 1974; William T. Bianco, David B. Spence, John D. Wilkerson, "The Electoral Connection in the Early Congress the Case of the Compensation Act of 1816", *American Journal of political science*, 1996, 40 (1); Jonathan N. Katz, Brian R. Sala, "Careerism, Committee Assignments, and the Electoral Connection", *American Political Science Review*, 1996, 90(1).

名投票①,同时,他们可能会更多地关注立法议题②。直接选举和选票差幅也对议员行为有直接影响:直接选举会强化议员回应选民诉求的激励③;同时,根据选票差幅假设,从竞争激烈选区产生的议员以及那些在选举中以较小选票差幅胜出的议员会对选民诉求更加敏感④;此外,除了实际的选票差幅之外,对于选票差幅的主观判断也会影响选举联系⑤。在控制党派身份和选民构成变量的情况下,在上一次选举中选票差幅小的议员较之于差幅大的议员更倾向于回应和迎合选民的诉求⑥。虽然有的研究认为,选举竞争性和议员回应性之间的关系更加复杂,并且可能是非线性的关系,但是,它们都不否认竞争有助于促进回应性⑦。

我国人大代表选举中的竞争性与西方选举制不同。欧博文就认为,人大代表会反映民众诉求,但是,这并非由于民众"控制了他们的政治命运"⑧。那么,在这种情况下,何种因素可以推动人大代表积极

---

① Lawrence S. Rothenberg, Mitchell S. Sanders, "Severing the Electoral Connection: Shirking in the Contemporary Congress", *American Journal of Political Science*, 2000, 44 (2).

② Rebekah Herrick, Michael K. Moore, John R. Hibbing, "Unfastening the Electoral Connection: The Behavior of US Representatives When Reelection Is No Longer a Factor", *The Journal of Politics*, 1994,56 (1).

③ Scott R. Meinke, "Institutional Change and the Electoral Connection in the Senate: Revisiting the Effects of Direct Election", *Political Research Quarterly*, 2008, 61(3).

④ Duncan MacRae, "The Relation between Roll Call Votes and Constituencies in the Massachusetts House of Representatives", *American Political Science Review*, 1952, 46(4).

⑤ Monis P. Fiorina, "Electoral Margins, Constituency Influence, and Policy Moderation: A Critical Assessment", *American Politics Research*, 1973, 1(4); Duncan MacRae, "The Relation between Roll Call Votes and Constituencies in the Massachusetts House of Representatives", *American Political Science Review*, 1952, 46(4).

⑥ Duncan MacRae, "The Relation between Roll Call Votes and Constituencies in the Massachusetts House of Representatives", *American Political Science Review*, 1952, 46(4).

⑦ James E. Campbell, "Electoral Competition and the Congressional Connection: The Marginality Hypothesis Reconsidered", *Political Methodology*, 1981,7(2).

⑧ Kevin J. O'Brien, "China's National People's Congress: Reform and Its Limits", *Legislative Studies Quarterly*, 1988, 13(3).

表达民众或者选民的诉求？现有研究认为主要是四方面的因素。

第一，选举激励。与欧博文的判断不同，墨宁一直试图揭示人大代表选举中蕴藏的竞争性。在她看来，地方人大代表选举并非完全没有竞争性，正是具有一定竞争性的选举（而非其他因素）催生了地方人大代表的代表性。在她看来，中国选举制度力图结合选民选举的偏好和政党选择的偏好，候选人不能只靠政党的支持胜出，还需要赢得选民的支持①。在较早的研究中，墨宁就提出中国的村委会选举可以催生选举联系，即村委会领导与普通的村民具有一致的观点和立场。她通过数据分析认为，这并非源于共享的环境、非正式的影响或者社会化，而是选举联系所致②。就人大代表选举而言，她认为，虽然选举竞争性有限，但是选举激励推动了代表性③。在最近发表的论文中，她进一步提出，虽然党组织主导了选举进程，但是选举竞争性仍然存在，在直接选举中选举竞争更激烈，这直接导致了地方人大代表的"地域回应性"。在这种地域回应性中，选举的提名方式对代表的类型产生重要影响，经选民提名而当选的人大代表一般是那些能够代表地方利益的人，如长居当地的居委会或村委会主任等等；而党组织提名当选的人大代表更多是各类党政官员④。

郭继光的看法与墨宁的观点存在一定差异。他认为，选举联系的确推动了代表性的发展，但这种选举联系来源于社区压力而非再当选压力。他的研究发现，只要代表真正地由选民提名和选举产生，那么，不管代表是工人、农民、知识分子、商人还是干部，他们在立法

---

① Melanie Manion, "Chinese Democratization in Perspective: Electorates and Selectorates at the Township Level", *The China Quarterly*, 2000, 163.
② Melanie Manion, "The Electoral Connection in the Chinese Countryside", *American Political Science Review*, 1996, 90 (4).
③ Melanie Manion, "Chinese Congressional Representation as an Institution", APSA 2009 Toronto Meeting Paper, 2009.
④ Melanie Manion, "Authoritarian Parochialism: Local Congressional Representation in China", *The China Quarterly*, 2014, 218; Melanie Manion, "'Good Types' in Authoritarian Elections: The Selectoral Connection in Chinese Local Congresses", *Comparative Political Studies*, 2014, 10.

参与中都会更加积极。不过,他认为,再当选的压力并非很重要,因为代表不是全职的职位,代表从中并不会获得太多回报。相反,社区压力,即代表在社会交往中与社区成员的密切互动,使得他们不得不代表选民表达其诉求①。

第二,身份背景。寻求连任的激励还必须与其他因素相结合来考虑。首先是党派身份。在西方民主体制中,议员往往不得不依靠政党来获取竞选中的胜利,因此,他们在许多问题上往往坚持政党立场而非本选区的选民立场②。在人大代表选举中,由于大部分代表实际上都由党团提名产生,党员身份的影响无疑是一个不可忽视的因素。其次则是职业背景。有研究认为,官员代表更加关心现有政权的稳定性以及精英利益③;官员身份直接影响到了监督权的行使,他们履职的积极性最低④。赵英男则认为,工人和农民代表更多地扮演民意反映者和监督者的角色,而知识分子和干部代表则更多扮演政策提供者的角色,企业家代表则更多地关注经济等相关问题。⑤最后则是专职与否。人大代表专职还是兼职也被认为与其履职行为有密切关系。有的研究者认为,一些兼职代表实际履职不够积极,也难以有效地反映民意⑥;同时,由于角色的冲突和监督机制不健全,兼职代表制下也可能出现人大代表所代表的公共利益与个人利益之间的冲

---

① Jiguang Guo, "A Study of Deputies in Local People's Congresses in China", Ph. D dissertation, National University of Singapore, 2007.
② Elaine K. Swift, "The Electoral Connection Meets the Past: Lessons from Congressional History, 1789 - 1899", *Political Science Quarterly*, 1987, 102(4); Donley T. Studlar, Ian McAllister, "The Electoral Connection in Australia: Candidate Roles, Campaign Activity, and the Popular Vote", *Political Behavior*, 1994, 16(3).
③ Ming Xia, *The People's Congresses and Governance in China: Toward a Network Mode Of Governance*. New York: Routledge, 2007.
④ 杨云彪:《从议案建议透视人大代表的结构比例》,《人大研究》2006年第11期。
⑤ Young Nam Cho, "Public Supervisors and Reflectors: Role Fulfillment the Chinese People's Congress Deputies in the Market Socialist Era", *Development and Society*, 2003, 32(2).
⑥ 参见邹平学:《人大代表专职化问题研究》,载陈明明、何俊志主编:《复旦政治学评论(第六辑):中国民主的制度结构》,上海人民出版社2008年版;王利民:《关于南京市人大代表履职情况的调研报告》,《中共南京市委党校南京市行政学院学报》2007年第3期。

突,有些兼职代表可能会利用人大代表身份谋取私利①。

不过,究竟身份背景与人大代表履职之间存在何种关系,由于数据来源的不同以及分析对象的不同,有时仍然会得出不同的结论。比如,对全国人大代表议案数量的分析发现,非中共党员的代表提出的议案数量要多于中共党员的代表,非官员代表提出的议案数要多于官员。而且,在非官员代表中,企事业单位的管理人员、民间组织的管理者和专业职称技术人员是提出议案较多的三大群体。② 而对北京乡镇人大代表的分析结果却显示,干部代表和党员代表在闭会期间提出书面意见和评议活动的开展方面有较好的绩效。③

第三,政治态度。选举联系的研究将议员当作受再当选机制驱使的理性政治行动者。然而,当我们讨论中国人大代表问题时,由于选举联系本身的制度约束性相对较弱,因此,政治态度就可能对人大代表产生重要的影响。现有研究认为,那些更具公民意识的代表会更倾向于反映选民或者社会诉求,尽管他们并没有因此而获得回报,也不会因为忽视选民和民意诉求而受到惩罚。④

第四,个人特征。代表的个人动机、素质、年龄、性别和教育程度等对代表履职也产生了影响。"素质论"是关于中国人大代表履职的重要观点。对全国人大代表议案数量的分析发现,年龄大的代表、学历高的代表相对较为积极,其中,女性代表提出的议案要多于男性代表,大专学历的代表是在各个学历层次中提出议案最多的群体。⑤ 对北京乡镇人大代表的分析显示,代表的受教育程度和男女比例并不

---

① 龙太江、龚宏龄:《论人大代表的利益冲突》,《同济大学学报(社科版)》2010 年第 6 期。
② 何俊志、刘乐明:《全国人大代表的个体属性与履职状况关系研究》,《复旦学报》2013 年第 2 期。
③ 何俊志、王维国:《代表结构与履职绩效:对北京市 13 个区县的乡镇人大之模糊集分析》,《南京社会科学》2012 年第 1 期。
④ Ming Xia, *The People's Congresses and Governance in China: Toward a Network Mode Of Governance*. New York: Routledge, 2007.
⑤ 何俊志、刘乐明:《全国人大代表的个体属性与履职状况关系研究》,《复旦学报》2013 年第 2 期。

构成乡镇人大履职绩效高低的必要条件,有较多年龄大的代表的乡镇人大在闭会期间提出书面意见和评议活动则较为积极。①

(二) 对既有研究的批评

现有研究无疑有相当的理论和现实洞察力,对我们理解人大代表的履职行为提供了多种解释。然而,已有研究也有不少的局限性。

第一,到目前为止,由于问卷调查渠道的限制,学术界还没有关于地方人大代表的全国性调查问卷。现有研究往往要么以对人大代表定性访谈的资料②为基础,要么以个别省份的抽样调查③为基础,它们都未能充分地将理论所揭示的包括连任意愿、选举竞争性和政治态度等自变量和控制变量纳入分析模型之中。

第二,关于选举激励。墨宁的研究揭示了选举激励的作用,然而她并没有分析选举竞争的激烈程度和代表连任意愿的差异是否影响到了代表的履职行为④。同时,尽管她揭示了党组织提名的代表与选民提名的代表在类型和"代表性"上存在较大差异,但是,在县级人大代表选举的实践中,不少地方把县区党委"戴帽"下达的代表候选人(通常是县区党委、人大、政府主要负责人、人大常委等)以党组织的名义提名,而其他代表候选人则大多数以选民的名义提名,也就是说,这些以选民名义提名的候选人大部分也是党组

---

① 何俊志、王维国:《代表结构与履职绩效:对北京市 13 个区县的乡镇人大之模糊集分析》,《南京社会科学》2012 年第 1 期。

② Kevin J. O'Brien, "Agents and Remonstrators: Role Accumulation by Chinese People's Congress Deputies", *The China Quarterly*, 1994, 138; Young Nam Cho, "Public Supervisors and Reflectors: Role Fulfillment the Chinese People's Congress Deputies in the Market Socialist Era", *Development and Society*, 2003, 32(2); Jiguang Guo, "A Study of Deputies in Local People's Congresses in China", Ph. D dissertation, National University of Singapore, 2007.

③ Melanie Manion, "Chinese Congressional Representation as an Institution", APSA 2009 Toronto Meeting Paper, 2009.

④ Melanie Manion, "Authoritarian Parochialism: Local Congressional Representation in China", *The China Quarterly*, 2014, 218; Melanie Manion, "'Good Types' in Authoritarian Elections: The Selectoral Connection in Chinese Local Congresses", *Comparative Political Studies*, 2014, 10.

织安排的①。因此,为了分析选民在候选人提名中的参与是否真正影响到了代表的履职行为,我们需要区分区县党组织"戴帽"提名的代表和基层党组织提名的代表,也需要区分党组织以选民名义提名的代表和选民自主联名提名的代表,并在控制代表类型的条件下检验代表提名方式是否仍对代表的积极性产生影响。

第三,关于政治身份。现有研究虽然普遍认为兼职代表制会导致代表的履职积极性不足,但这一结论仍缺乏有力的经验证据,特别是缺乏大样本数据的支撑。同时,对于官员身份和党员身份对行为的影响,不同的研究得出的结论存在矛盾,因此,我们仍有必要通过全国性抽样调查数据对政治身份与代表履职积极性之间的关系进行分析。

第四,关于政治态度。西方选举联系的文献往往把议员假设成为追求连任的理性行动者,在竞争性选举体制下追求连任,因此,这些研究基本上不考察议员在政治态度上的差异。然而,对于我国的人大代表而言,并没有详尽的制度去约束人大代表积极履职,代表的政治价值观也可能存在相当的差异,因而政治态度更可能会对代表履职的积极性产生影响。目前,关于人大代表履职行为的研究大部分是利用代表构成数据和建议议案情况来进行分析,无法检验政治态度对于代表履职的影响,墨宁的问卷调查也没有设计政治态度的相关题项②。因此,我们有必要进一步检验政治态度对代表行为所产生的影响。

第五,关于投票行为。在考察代表履职积极性时,有的研究分析了代表提出议案建议的行为,有的则分析了闭会期间代表提出书面意见和评议活动的情况。然而已有研究基本上都没有分析代表在表决或选举中投反对票和弃权票的行为。因此,本研究将为代表的投票行为提供理论解释。

---

① 史卫民:《公选与直选:乡镇人大选举制度研究》,中国社会科学出版社2000年版。

② Melanie Manion, "Authoritarian Parochialism: Local Congressional Representation in China", *The China Quarterly*, 2014, 218.

此外,在近年来关于人大代表履职行为的研究中,人大代表更积极地履行职责和反映民意诉求往往被理解为日益具有"代表性",而在认知和行为上都逐渐更加倾向于代表民众或者选民的利益[①]。本文认为,这些研究结论往往存在一定的风险。一方面,角色认知与履职行为两者之间不一定具有一致性,两者的影响因素可能会存在很大差异。另一方面,人大代表的积极履职也并非一定意味着其"代表性"的逐渐发展。因此,本文将人大代表的"角色认知"与"履职行为"区分开来,并将代表履职行为的"代表性"与"积极性"分离开来。

二、研 究 设 计

(一) 抽样设计

本文选择县级人大代表为研究对象,这主要基于两方面的两个考虑,一方面,由于调查渠道所限,本研究难以对全国和省市三级人大代表进行调查;另一方面,现有研究发现,人大代表层级对于人大代表的角色认知和履职行为具有影响,直接选举产生的人大代表往往能更积极地反映民意[②]。

本次调查在 2013 年 9 月到 2014 年 1 月间完成,是目前唯一的全国县级人大代表调查问卷。在前期定性访谈和预调查的基础之上,我们委托浙江大学、武汉大学、吉林大学、贵州大学和广西民族大学的合作者协助完成具体的问卷调查。由于与其他精英调查一样受

---

① Young Nam Cho, "Public Supervisors and Reflectors: Role Fulfillment the Chinese People's Congress Deputies in the Market Socialist Era", *Development and Society*, 2003, 32(2); Jiguang Guo, "A Study of Deputies in Local People's Congresses in China", Ph. D dissertation, National University of Singapore, 2007; Melanie Manion, "Authoritarian Parochialism: Local Congressional Representation in China", *The China Quarterly*, 2014, 218.

② Melanie Manion, "Authoritarian Parochialism: Local Congressional Representation in China", *The China Quarterly*, 2014, 218; Melanie Manion, "'Good Types' in Authoritarian Elections: The Selectoral Connection in Chinese Local Congresses", *Comparative Political Studies*, 2014, 10.

到调查渠道和方式限制,问卷调查全部在县区人大的允许和协助下进行,并最终通过三种途径发放,即县区人代会开会期间、县区人大代表小组活动期间以及乡镇人大和街道人大工委专门组织代表填写完成问卷。大部分问卷实行当场发放和当场回收,部分在人代会开会期间发放的问卷,由人大代表带回住宿地填写,开会时返回。五所大学派出调查员负责问卷发放,中山大学政务学院派出的督导负责控制问卷调查质量。为了避免官方问卷调查渠道所造成的问卷填写中的自我审查问题,我们在问卷首页明确提示,除了调查机构外,其他任何机构和个人无法开启问卷信封并获取相关问卷信息和数据。

本次调查的抽样过程如下:

第一,抽样框建立。由于无法获取县区人大代表数的基本数据,我们根据县区级人大代表名额分配方案估算各个县区人大代表数(最少120名,人口每增加5 000人增加人大代表1名,最多不超过450名,以各县区2010年全国人口普查数据为基础),并推算出每个省的县区级人大代表总数。

第二,抽样。本调查采用分层三阶段PPS抽样。按国家相关规定,将省级行政区(包括直辖市、自治区)分为东、中、西部省份三个层次,然后在每层中独立采用三阶段PPS抽样方法抽取样本。具体操作如下:第一阶段,在每一层首先以省作为第一抽样单元(PSU),各省按照GDP(2011年)排序,将各省累计县级人大代表估算数作为抽样依据等距抽取两个省;第二阶段,将所抽取出来的省份下辖县区按照非农人口比例排序,将各县区县级人大代表估算数作为抽样依据等距抽取三个县(或区);第三阶段,从每个中选县(或区)人大代表中随机抽取代表70人。由于西部省份里中选的内蒙古自治区因故无法实施调查,所以设计样本覆盖了除内蒙古自治区外的5个省级单位的15个县(或区),共1 050个样本。

第三,加权。考虑到实际执行的情况,加权需要考虑两个方面:一是层内加权。对每一层而言,如果第三阶段在抽取具体的人大代表时都抽取70人,则由PPS抽样的特点可知,层内每个样本的中选概率是相同的,不需要加权处理。实际操作中,为保证有效样本数在70以上,需要用随机抽样抽取高于70的样本,甚至全查,以保证有效样本数。这样去掉拒访的样本,基本可以保证回收样本数达到70人的要求。但这样操作实际上改变了样本的中选概率,因而需要加权来校正样本的代表性。在这种情况下,将每一中选县区的样本个数加权至70个样本的代表性,因而可以确定层内中选县区中选样本的权值为:$iw = \dfrac{70}{m_i}$,m_i 表示中选县区收回的有效样本数。第二个需要考虑的是层间加权,由于每层独立进行三阶段PPS抽样,每层累计的人大代表总数不同,导致层间的样本中选概率不同。为此,需要在层间进行样本加权处理,以校正样本的代表性,从而保证数据分析在整体推论上的科学性。层间加权的权值如表2-1。根据以上分析及权值计算,总体推论需要的综合加权值可由如下公式计算:$tw = iw \times hw$。下文使用的数据是经过加权处理的结果。

表2-1 层间加权

层名称	层内累计测算代表总数(人)	1 050个样本的层间配额数(人)	抽样设计回收样本数(人)	层间权值 $hw = \dfrac{1\,050\text{个样本的层间配额数}}{\text{抽样设计回收样本数}}$
东部省份	234 523	406	420	0.966 666 667
中部省份	192 384	333	420	0.792 857 143
西部省份	179 505	311	210	1.480 952 381
全国累计测算代表总数	606 412	1 050	1 050	
抽样设计回收样本数	1 050			

(二)履职积极性:测量与描述

目前,人大代表履职涵盖了很多方面,包括议案、建议、评议、询问和质询、投票以及考察和视察等。在现有研究中,研究者从不同侧重点来分析人大代表履职状况。比如,何俊志和刘乐明[1]曾经以议案的数量来考察代表的履职状况;墨宁从三个方面分析履职状况,即人大代表个人认知的履职职责、人大代表报告的各种活动的频数均值以及议案建议等反映问题的具体内容[2];赵英男将各种履职行为划分为三种,即监督、反映和政策提供[3];郭继光则从定性的角度分析了人大代表提出议案和建议、评议、询问、质询、投票和视察等各种行为[4]。

本文将从两个方面测量人大代表的"履职积极性"。第一,代表本届以来领衔提出的议案和建议总数。两者的总数越多,表明代表表达意见和建议越积极,有着更高的履职积极性。第二,代表是否曾经在人大会议上投过弃权票或反对票。在人大会议上对工作报告、预决算案以及人事任免等事项投弃权票或反对票意味着代表在表达对某些工作或某些领导干部的批评和不满,因而也反映了代表在表达批评意见上的积极性。

从这两方面来测量人大代表履职积极性的主要考虑如下:第一,评议、视察调研和接访等代表活动更容易受到不同地区人大不同的组织安排影响,相对而言,提出议案和建议以及投弃权票或反对票更多地与人大代表个人的行为选择相关,反映了代表个人的积极性。第二,由于我们很难判断实际议案和建议的具体内容究竟"代表"了谁,因此,本文只通过议案和建议的数量来考察代表履职的积极性,而不去探讨代表是否代表民众反映了什么问题。第三,由于无法获取人大代表实际投票的数据资料,现有研究较少分析人大代表的投

---

[1] 何俊志、刘乐明:《全国人大代表的个体属性与履职状况关系研究》,《复旦学报》2013年第2期。

[2] Melanie Manion, "Authoritarian Parochialism: Local Congressional Representation in China", *The China Quarterly*, 2014, 218; Melanie Manion, "'Good Types' in Authoritarian Elections: The Selectoral Connection in Chinese Local Congresses", *Comparative Political Studies*, 2014, 10.

[3] Young Nam Cho, "Public Supervisors and Reflectors: Role Fulfillment the Chinese People's Congress Deputies in the Market Socialist Era", *Development and Society*, 2003, 32(2).

[4] Jiguang Guo, "A Study of Deputies in Local People's Congresses in China", Ph. D dissertation, National University of Singapore, 2007.

票行为,本研究利用问卷调查的优势,分析人大代表在调查中报告的投票行为,从而人大代表履职行为研究增加新的内容。

表2-2是被调查县级人大代表本届以来领衔提出的议案建议数的描述性统计量。可以看到,少数代表提出的议案建议数远超过平均值,为了避免这些极端值的影响,我们把议案建议数进行了5%缩尾处理(winsorize),即把5%以下和95%以上的分位数分别替换为5%和95%分位数,这样既避免了极端值的影响,又不会丢失样本。其描述性统计量也如表2-2所示。

表2-2 议案建议数及其常用对数(lg)的描述性统计量

变量名	最小值	最大值	平均数	标准差	观测值数
代表议案建议数	0	64	2.709	3.300	889
代表议案建议数(winsorize)	0	8	2.522	0.074	889

反对票和弃权票的情况如表2-3所示,在有效填答的样本中,22.4%的代表曾经投过反对票,31.6%的代表曾经投过弃权票。也就是说,大多数的代表从来没有投过反对票或弃权票。值得注意的是,由于问卷是通过官方渠道发放,对投过反对票和弃权票的比例可能存在低估的情况。

表2-3 反对票和弃权票

		反对票			弃权票		
		频数	百分比	有效百分比	频数	百分比	有效百分比
有效值	没有	535	50.9	77.6	471	44.8	68.4
	投过	154	14.7	22.4	218	20.7	31.6
	总计	689	65.6	100.0	688	65.6	100.0
缺失值		361	34.4			34.4	
总计		1 050	100.0			100.0	

(三) 解释变量和控制变量

本文将主要分析三组自变量对于县级人大代表履职积极性的影响，包括选举激励、政治身份和政治态度，这三组自变量将被逐步放入回归模型中。同时，本文还控制性别、年龄、民族、教育水平以及是否连任等变量。

1. 选举激励

选举激励是本文的主要解释变量。从文献评述中可以看到，已有研究认为选举的竞争激烈程度和连任意愿是选举激励最重要的要素。考虑到我国人大代表选举中提名环节的重要性，本文将从三个层面测量选举激励，一是代表主观认知的提名方式；二是代表感知的选举竞争激烈程度；三是代表的连任意愿。

第一，代表主观所认知的当选本届县级人大代表的提名方式。我们假设，认为自己是"代表提名"的人大代表履职积极性会更高。问卷中的问题是"请问您当选本届县级人大代表的提名方式"。本题共有5个选项，"上级党组织'戴帽'下达"、"本级党组织直接或通过主席团提名"、"本级党组织通过选民或代表联名提名"、"选民自主联名提名"和"不清楚"。填写上述选项的代表分别占5.0%、9.0%、37.3%、45.1%和1.4%，另有2.3%的受访者没有填答。我们将填答"不清楚"的受访者和未填写的代表的该变量取值处理为缺失值。考虑到在实际过程中，选民提名受到较为严格的限制，45.1%的代表认为自己是选民自主提名，这个比例显然会高于实际的选民提名比例。由于人大代表有可能并不清楚自身获得提名的方式并选择与实际情况不符的选项，因此，这个"提名方式"实际上是代表主观认知的提名方式。

第二，代表感知的选举竞争的激烈程度。虽然大部分的代表一旦获得提名就能够顺利当选，但是这不意味着没有来自各方面的潜在竞争。由于我们无法知道实际的选举竞争激烈程度，无法了解差额选举比例和选票情况，所以，本文使用人大代表对于选举竞争程度的主观判断作为变量。答题者被要求对此次选举是否激烈做出评价。供选择的答案依次为"不太激烈"、"一般"和"比较激烈",有效填答的样本分别占8.1%、52.9%和39.0%。该变量为定序变量,取值越大说明代表认知的选举竞争的激烈程度越高。上面的数据显示,在现行的选举制度下,县级人大代表选举存在着一定的竞争性,有不少代表反映选举的竞争比较激烈。

第三,代表的连任意愿。我们询问代表"是否希望下届连任",选项分别是"不希望"、"无所谓"、"希望但顺其自然"和"希望并积极争取",有效填答的受访者分别占2.8%、5.6%、42.3%和49.4%。该变量也是定序变量,取值越大表明代表的连任意愿越强。可以看到,绝大多数的人大代表有连任的意愿,但有的代表会积极地争取连任,另一些则顺其自然。

2. 政治身份

如文献综述所示,政治身份是可能影响代表履职的重要因素,特别是代表的党员身份、行政级别和专兼职。因此,本文将考察县级人大代表三种相应的政治身份,包括中共党员、领导干部和专职代表。统计显示,在有效填答的受访者中,77.1%的代表是中共党员;42.1%的代表是领导干部,即拥有行政级别;20.7%是专职代表。上述数据表明,人大代表中大多数是中共党员,反映了中国共产党的领导地位,并有相当高比例的代表是领导干部。此外,在兼职代表制下,兼职代表仍然占绝大多数,专职代表的比例很低。

3. 政治态度

本研究利用问卷调查的优势,将政治态度相关的变量纳入分析模型之中,将其作为另外一组主要解释变量。本文将从由高到低的三个层面来测量人大代表的政治态度,即一般的政治价值观、对现有政权的政治支持以及对政策的满意度。第一是权威主义价值。问题是"只要一个领导真正做到勤政爱民,为民做主,他/她是否由民主选举产生并不重要",答题者在"非常不同意"、"不同意"、"一般"、"同意"和"非常同意"五个答案中进行选择。有效回答的受访者依次占

2.5%、23.3%、11.2%、36.3%和26.8%。该变量的取值越大,表明代表的权威主义价值观念越强。上述数据表明,过半数的代表有较强的权威主义价值观念,他们并不太强调民主选举的重要性。

第二是政权支持。本文用四个问题来测量回答者的政权支持度,即"生活在现在的制度下我很满意"、"对于当前中国来说,稳定压倒一切"、"我觉得我国公民的基本权利得到了保护"和"政府推行的价值观和我的价值观是一致的"。每个问题都有五个答案,即"非常不同意"、"不同意"、"一般"、"同意"和"非常同意",分别编码为1、2、3、4、5。可以看到,对于"稳定压倒一切"的赞同度最高,均值为4.48。对于"政府推行的价值观与我的价值观一样"的赞同度最低,均值为4.08。这四项的得分加总为"政权支持"的变量。

信度检测显示,Cronbach α=0.831>0.7,说明这几个问题的内部一致性很好。如表2-4所示,回答者的"政权支持"的均值是17.05,显示县级人大代表的政权支持程度相当的高,同时,标准差相对比较小。

表2-4 政权支持程度

	均值	标准差	数量
生活在现在的制度下我很满意	4.29	0.691	1 041
对于当前中国来说,稳定压倒一切	4.48	0.686	1 036
我觉得我国公民的基本权利得到了保护	4.18	0.745	1 041
政府推行的价值观和我的价值观是一致的	4.08	0.781	1 028
政权支持(4—20)	17.05	2.368	1 008

第三,政策满意度。问卷用三个问题来测量人大代表的政策满意度,分别涉及到经济、社会和政治三个不同的政策领域,即"我们还想了解一下您对政府的政策较为有效地缩小了贫富差距这一说法的看法"、"我们还想了解一下您对政府对于环境污染的治理卓有成效

这一说法的看法"以及"我们还想了解一下您对党和政府打击腐败的决心是坚定的这一说法的看法",要求调查对象在"非常不同意"、"不同意"、"一般"、"同意"和"非常同意"五个选项中选择一个,它们分别编码为1、2、3、4、5。从表2-5可以看到,对党和政府打击腐败的决心的满意度最高,均值为4.32。对环境治理的成效满意度最低,均值为3.53。这三道题的得分加总为"政策满意度"的变量。信度检测显示,Cronbach $\alpha=0.756>0.7$,有良好的内部一致性。调查对象总体政策满意度也较高,均值为11.43。

表2-5 政策满意度

	数量	最小值	最大值	均值	标准差
政府的政策较为有效地缩小了贫富差距	1 035	1	5	3.58	0.938
政府对于环境污染的治理卓有成效	1 039	1	5	3.53	0.966
党和政府打击腐败的决心是坚定的	1 041	1	5	4.32	0.697
政策满意度(3—15)	1 024	3	15	11.43	2.154

4. 控制变量

本文的控制变量包括了已有研究中提到的各种人口特征,即代表的性别、年龄、民族和受教育水平。同时,我们还特别控制了代表是否是连任的代表。因为本次调查的县级人大代表都是在2011—2012年间换届的,而本次问卷调查在2013年底到2014年初进行,调查对象在本届的任职时间大约为两年多。相对而言,连任代表任职时间更长,较之于新上任的代表而言,投票的机会更多,投过反对票和弃权票的可能性也就更大。因此,我们控制了代表是否连任这个变量。

数据分析结果显示,在有效填答的样本中,女性占26.3%,男性占73.7%;25岁及以下的代表占0.3%,26—35岁的代表占11.7%,

36—45岁的代表占39.2%,46—55岁的代表占36.7%,55岁以上的代表占12.1%;汉族代表占76.6%,少数民族代表占23.4%;0.1%的代表没受过正式教育,0.9%的代表为小学学历,13.2%的代表为初中学历,22.0%的代表为高中(职中、技校或中专)学历,23.1%的代表为大专学历,33.6%的代表拥有本科学历,7%的代表拥有研究生或以上学历;此外,40.5%的受访者是连任的人大代表。

(四)统计方法

议案建议数、反对票、弃权票、性别、民族、领导干部、专职代表、是否连任等变量具有较高比例的缺失值,缺失比例分别为18.2%、39.1%、39.2%、15.8%、14.7%、10.7%、7.7%和8.1%,为了提高估计的效率,我们使用多重插补法中的全条件定义法(fully conditional specification, FCS)对上述变量的缺失值进行了插补,其中对议案建议数的插补使用泊松回归模型,对其他变量的插补使用二分类logit回归模型,产生了十组多重插补的数据。插补模型中包括了所有的因变量、主要解释变量和控制变量。

我们将用泊松回归模型对代表议案建议数进行回归分析,并用二分类logit回归模型对代表是否投过反对票或弃权票进行回归分析。本文将三组主要解释变量逐步放进回归模型,并在所有模型中放入控制变量。模型1是只加入"选举激励"这一组解释变量的结果,模型2中加入了"选举激励"和"政治身份"两组解释变量,模型3中则将"选举激励"、"政治身份"和"政治态度"三组解释变量均加入了回归分析。

三、统 计 结 果

各回归模型的结果如表2-6所示。第一,在模型1中,主要解释变量是有关"选举激励"的一组变量,包括回答者主观认知的提名方式和选举竞争激烈程度以及代表的连任意愿。同时,控制了性别、年

表2-6 多元回归结果

	模型1			模型2			模型3		
	议案建议数	反对票	弃权票	议案建议数	反对票	弃权票	议案建议数	反对票	弃权票
截距	1.151*** (0.257)	−2.616*** (0.934)	−1.448 (0.907)	0.970*** (0.270)	−2.741*** (1.002)	−1.202 (0.975)	0.411 (0.347)	−1.151 (1.275)	−1.484 (1.243)
"戴帽"下达	−0.634*** (0.164)	−0.873 (0.816)	−0.561 (0.752)	−0.615*** (0.177)	−0.882 (0.824)	−0.653 (0.781)	−0.584*** (0.177)	−0.976 (0.818)	−0.628 (0.795)
本级党组织直接提名	−0.468*** (0.121)	−0.451 (0.366)	−0.255 (0.292)	−0.424*** (0.127)	−0.510 (0.370)	−0.370 (0.325)	−0.385*** (0.126)	−0.561 (0.379)	−0.371 (0.329)
本级党组织经选民提名	−0.193*** (0.067)	−0.635*** (0.217)	−0.230 (0.208)	−0.166** (0.069)	−0.644*** (0.227)	−0.249 (0.217)	−0.159** (0.068)	−0.646*** (0.235)	−0.221 (0.222)
选举竞争激烈程度	0.005 (0.051)	0.769*** (0.167)	0.614*** (0.164)	−0.007 (0.051)	0.764*** (0.170)	0.607*** (0.166)	−0.024 (0.052)	0.795*** (0.174)	0.560*** (0.168)
连任意愿	−0.037 (0.042)	−0.535*** (0.161)	0.614*** (0.164)	−0.032 (0.041)	−0.546*** (0.165)	−0.316** (0.144)	−0.048 (0.043)	−0.492*** (0.172)	−0.361** (0.149)
中共党员				0.035 (0.076)	0.514* (0.293)	−0.000 (0.252)	0.038 (0.077)	0.525* (0.291)	−0.031 (0.256)
领导干部				−0.156** (0.079)	0.061 (0.232)	0.339 (0.285)	−0.165** (0.082)	0.046 (0.235)	0.363 (0.297)
专职代表				0.200*** (0.074)	−0.370 (0.263)	−0.116 (0.252)	0.188** (0.075)	−0.322 (0.265)	−0.094 (0.256)

续 表

	模型 1			模型 2			模型 3		
	议案建议数	反对票	弃权票	议案建议数	反对票	弃权票	议案建议数	反对票	弃权票
权威主义价值	0.045 (0.068)	0.518** (0.257)							
政权支持	0.026 (0.037)	−0.079 (0.128)	0.737** (0.282)				0.012 (0.024)	−0.160** (0.079)	−0.076 (0.075)
政策满意度	−0.201*** (0.072)	0.103 (0.289)	−0.287*** (0.105)				0.020 (0.017)	−0.040 (0.057)	−0.023 (0.052)
男性	0.000 (0.026)	0.261*** (0.094)	0.904*** (0.242)	0.040 (0.072)	0.395 (0.290)	0.695** (0.295)	0.024 (0.017)	−0.060 (0.063)	0.103* (0.059)
年龄	0.149** (0.059)	0.567** (0.227)	0.004 (0.077)	0.027 (0.037)	−0.052 (0.131)	−0.281*** (0.106)	0.040 (0.073)	0.429 (0.292)	0.684** (0.301)
汉族			0.408** (0.177)	−0.215*** (0.071)	0.121 (0.296)	0.976*** (243)	0.024 (0.037)	−0.053 (0.133)	−0.285*** (0.106)
受教育水平				0.038 (0.029)	0.221* (0.114)	−0.078 (0.095)	−0.192*** (0.071)	−0.102 (0.297)	1.050*** (0.253)
连任				0.149** (0.059)	0.526** (0.231)	0.397** (0.182)	0.032 (0.028)	0.241** (0.116)	−0.076 (0.098)
							0.159** (0.059)	0.492** (0.237)	0.377** (0.185)

注：* $p<0.1$，** $p<0.05$，*** $p<0.01$。

龄、民族、教育程度和代表是否是连任等变量的影响。如表2-6所示,回答者报告为"戴帽"下达、本级党组织直接提名和本级党组织通过选民提名这三种提名方式与议案建议数呈显著负相关($p<0.01$)。也就是说,相对于主观认知为选民自主联名提名的代表而言,主观认知为戴帽提名、本级党组织直接提名或本级党组织通过选民提名的代表往往更少提出议案和建议。代表报告为本级党组织经选民提名与投过反对票呈显著负相关($p<0.01$),也就是说,认为自己是本级党组织通过选民提名的代表比主观认知为选民自主联名提名的代表更少投反对票。从实际统计分析结果看,人大代表的连任意愿也与投过反对票或弃权票呈显著负相关($p<0.01$),代表越希望连任,越不可能投反对票或弃权票;形成对比的是,回答者报告的选举竞争激烈程度与投过反对票或弃权票都呈显著正相关($p<0.01$),也就是说,主观认知选举竞争越激烈的人大代表越可能投过反对票或弃权票。就控制变量而言,男代表更有可能投反对票或弃权票($p<0.05$),年龄越大的代表越不可能投弃权票($p<0.01$),汉族代表比少数民族代表更少提出议案建议,但更可能投弃权票($p<0.05$),受教育水平更高的代表更有可能投过反对票($p<0.05$);连任的人大代表提出过更多的议案建议($p<0.05$),也更可能投过反对票和弃权票($p<0.05$)。

第二,在模型2中,我们加入了政治身份的一组变量。从表2-6可以看到,选举激励中各个变量与因变量的相关性仍然十分稳健,并未发生显著变化。此外,对于新加入的政治身份这组变量而言,领导干部与议案建议数呈显著负相关($p<0.05$),领导干部往往更少提出议案建议。党员身份与投过反对票呈一定的正相关($p<0.1$),也就是说,中共党员更有可能投过反对票。专职代表与议案建议数呈显著的正相关($p<0.01$),也即他们比兼职代表提出了更多的议案和建议。对于控制变量而言,加入政治身份之后,性别与投反对票之间的关系不再显著,但其他各控制变量的回归结果仍然比较稳健。

第三,在模型3中,我们加入了政治态度这组变量。可以看到,选举激励和政治身份两组变量与因变量的关系仍然非常稳健。而权威主义价值与投反对票呈现显著的负相关（$p<0.05$），即代表的权威主义价值观念越强，越不可能投反对票。此外，政策满意度和投弃权票之间也有一定的相关性（$p<0.1$）。代表的政策满意度越高，越可能投过弃权票。对于控制变量而言，相对于模型2，模型3中各控制变量的结果没有明显的变化。

四、结论与讨论

本文利用2013—2014年的全国抽样调查数据，以"提出的议案和建议数"以及"是否投过反对或者弃权票"来测量县级人大代表的履职积极性。本文认为，现有研究过于强调"角色认知"和"履职行为"的一致性，并模糊了"代表性"和"积极性"的区别，而实际上人大代表的角色认知与履职行为并不等同。并且，由于我们难以具体测量人大代表议案、建议以及投票行为与选民意志的一致性，因此，人大代表提出议案和建议数量的多少，以及是否投过反对票和弃权票，更多地是反映了其履职的积极性。有鉴于此，本文聚焦县级人大代表的履职行为，分析"选举激励"、"政治身份"和"政治态度"三组自变量以及控制变量对人大代表履职积极性的影响。由于精英调查的难度和限制，实际的抽样调查仍然存在缺陷，因此，这里对本文得出的结论是否能够推广到整体持谨慎的态度。不过，作为目前唯一的全国性人大代表调查，它也呈现出一些有意义的统计结果和理论发现。

第一，履职现状。本调查目前并不是历时性的跟踪调查，因此，无法比较县级人大代表履职是否"越来越"积极。不过，问卷调查仍提供了县级人大代表履职的一些基本情况。从问卷来看，作为基层代表，县级人大代表履职比较积极，有65.9%的人大代表在本届任期内提出过建议，有48.8%的代表提出过议案，只有19.2%的代表没有提过议案或建议。此外，有18.6%的代表提出了5个及以上的议案和建议。与此同时，22.4%的代表曾经投过反对票，31.6%的代表曾经投过弃权票。这个比例也相当大,超出了预期。当然,县级人大代表履职的差异性也仍然非常显著。

第二,谁履职更积极?首先,关于选举激励,代表自我认知的提名方式、自我认知的选举竞争激烈程度以及代表的连任意愿对其履职积极性产生了影响。对于代表的提名方式,与现有研究不同,本文考察的是代表主观认知的提名方式,进而考虑到实际运作过程中"选民提名"往往是"本级党组织经选民提名"。因此,与墨宁将提名方式简单地区分为选民提名和非选民提名不同,本文进一步细化了提名方式,除了"'戴帽'下达"和"本级党组织直接提名"之外,还特别区分了"本级党组织经选民提名"和"选民自主联合提名"。数据分析显示,报告为上级党组织"戴帽"下达的代表、本级党组织直接提名的代表以及本级党组织经选民联合提名的代表都显著地比自我认知为选民自主联名的代表更少地领衔提出议案建议,主观认知为选民自主联名的代表也比本级党组织经选民联名提名的代表在投反对票上更为积极。而代表认为选举竞争的激烈程度越高,他们投反对票或弃权票的积极性就越高。此外,代表的连任意愿越强,就越不愿意投反对票或弃权票。

其次是政治身份。关于代表政治身份对于其履职行为的影响,现有研究基于小样本的分析得出了不同的甚至相互矛盾的结论。本文基于全国性抽样数据,表明领导干部代表较少提出议案和建议,而专职人大代表的确更可能领衔提出更多的建议和议案。同时,数据也显示,中共党员代表更有可能投过反对票。

最后,关于政治态度。现有研究并未考察过代表的政治态度与其履职行为的关系。本文从权威主义价值、政权支持和政策满意度三个层面测量代表的政治态度。数据分析显示,政权支持对因变量都不发生显著影响;人大代表的权威主义价值观对其领衔提出的建议议案数有显著的负相关,越认同权威主义价值观的人大代表越不可能投过反对票;而政策满意度则与是否投过弃权票呈现显著正相关,即政策满意度越高的人大代表越可能投过弃权票。

综上所述,统计结果为我们呈现出几点具有理论意义的发现。第一,选举激励对履职积极性发生作用的机制并不在于连任意愿。在西方议会选举中,寻求连任是选举联系最重要的激励机制。在回归分析结果中,人大代表的连任意愿对建议议案数不产生显著影响,且连任意愿越强的人大代表越不可能投反对票和弃权票,那么,相对于"戴帽"代表、本级党组织直接提名代表和本级党组织经选民联合提名的代表,为何自我认知为选民自主联名提名的代表会提出更多的建议议案?其激励机制何在?

在本文看来,由于人大代表的连任受较多复杂因素影响,在这种情况下,人大代表的履职积极性可能并非是基于个人行动者利益最大化(连任)的理性激励,而更多地是来自选民的选举参与给代表带来的一种获得公民授权的认知和积极履职的道义责任感。一方面,真正得到选民自主联名提名的代表更能够意识到自己获得公民的授权,有责任积极履行职责;另一方面,对于那些党组织经选民提名的代表,选民的参与也可能使得他们中的一部分人在主观上把自己归类为选民自主联名提名,认为自己在提名过程中也获得了选民的支持,因而他们也有公民授权的认知和积极履职的责任感。尽管从现实来看,主观认知为选民自主联名提名的代表的比例过高,说明其中有部分代表可能实际上仍然是党组织通过选民联名提名的,但是,自我认知为选民自主联名提名的代表却都更倾向于提出更多的建议和议案。

此外,就选举竞争性而言,一方面,按照选票差幅的假设,竞争越激烈,代表越可能更加回应和迎合选民的诉求;另一方面,存在另外一种可能,即竞争越激烈,代表越可能迎合官方的意志。那么,究竟实际情况是何种逻辑?本文的统计分析表明,即便在党组织对代表连任产生关键影响的情况下,主观认知选举越激烈的人大代表越可能投出反对票或弃权票。代表自我认知的选举激烈程度仍然在一定程度上激发了代表在道义上的责任感,从而催生了选举联系。因此,人大代表越感知到选举的竞争性,越是认为选举竞争激烈,越可能增强代表积极履职以回报选民支持的意识。

第二,体制背景对人大代表履职积极性具有混合影响。本文的数据结果呈现了体制背景较为复杂的影响。相对于兼职代表而言,专职代表的确更倾向于提出更多的建议和议案,这表明专职代表有更多的时间和精力用于履行代表职责,因而也能提出更多的议案建议。同时,虽然"戴帽"下达是一种提名方式,但是,一般而言,"戴帽"代表多为上一级党政领导,因此也是体制背景的一种体现。数据结果显示,"戴帽"代表和领导干部的确较少提出议案和建议,这似乎表明体制背景对于履职积极性有抑制作用。但是,党员代表却更可能投过反对票,这与理论预设有一定差异。一个可能的解释是,目前党员身份本身对代表的行为并不形成显著的影响,但是,非党员在投票行为上可能更加保守和规避风险,因此造成了党员身份与投票行为的显著正相关。

第三,反对票并不能反映人大代表的政权支持和政策满意度,而往往与其权威主义价值认同显著相关。从理论假设而言,政权支持程度和政策满意度越低的人大代表更有可能投过反对票。然而,数据分析并不支持这样的理论假设,反而显示,人大代表投过反对票的可能性与其对于政策的满意度及其对现有政权支持程度都没有显著相关性,但是与代表的权威主义价值认同呈现显著的负相关。那些越认同权威主义价值的人大代表越不可能投过反对票。也就是说,人大代表是否投出反对票,更多地是根源于其主观的政治价值。同时,数据显示,对政策满意度比较低的人大代表反而更不可能投过弃权票,不过显著性相对比较弱($p<0.1$),这个结果可能存在一定的偶然性,不过它也反映出政策满意度低的代表并不会更倾向于投反对票或弃权票。

第四,议案建议与投票行为存在不同的激励机制。本文数据分析结果显示,影响议案建议数和投票行为的因素具有很大的差异。"戴帽"的、本级党委直接提名和本级党委经选民联合提名的代表比主观认知选民自主联合提名的代表提出的议案建议少,领导干部也比非领导干部提出的议案建议少，但他们都并非更可能投过反对票或弃权票。同时，代表越认为选举竞争激烈，越有可能投过反对票或弃权票；党员也更有可能投过反对票；而连任意愿越强的代表投过反对票的可能性则越小。但是，代表感知的竞争激烈程度、党员身份和连任意愿都不对议案建议数产生显著影响。也就是说，人大代表积极提出建议议案的动力机制与投票行为的动力机制存在相当程度的差异，提出更多议案建议的人大代表并非完全就是那些更倾向于投出反对票和弃权票的代表，反之亦然。这对于更好地理解人大代表的履职行为具有重要意义。正如文献综述中所言，随着地方人大代表提出的议案建议数普遍增加，人大代表被认为已经开始更多地发挥"民意代表"的作用。但是，建议议案的动力机制与投票行为的动力机制的差异性提醒我们，那些更积极提出议案建议的人大代表并不更倾向于以投票行为来表达不同意。即便近年来人大代表履职更加积极，但是，人大代表的多重身份的交叉可能并没有发生根本的转变。

［本文原载于《社会学研究》2015年第4期。］

评《县级人大代表履职：谁更积极？》

张钧智*

人大研究从早期的制度发展途径，逐渐转向注重人大代表的行为研究。黄冬娅、陈川慜合著的文章《县级人大代表履职：谁更积极？》即为代表行为研究当中的杰出之作。该研究的重要性首先在于数据的珍贵性，使用迄今唯一以全国为范围、以县级人大代表为对象、使用分层三阶段 PPS 抽样的调查数据进行分析。其次，主要自变量和因变量的测量具有理论上的创新意义，该研究提出以"履职积极性"作为因变量，并将选举激励进一步细分为提名方式、选举竞争程度、连任意愿三个指标作为主要自变量进行探讨，得以延伸现有研究文献的讨论。最后，该研究通过数个统计模型的检证，为现今县级人大代表的行为模式做出深刻的论证和解释。

该研究已经为现有人大研究做出重大贡献，但部分问题似乎言犹未尽，在此我试图延伸阐述该研究的发现，以期凸显该研究的重要意义。

该研究的结论指出，选举刺激的两个变量（"提名方式"和"选举竞争程度"）有助于提升履职积极性，但另一个变量（"谋求连任"）不能显著提高代表的积极性，反而降低了履职的积极性，也就是连任意愿越强者，越不可能投反对票和弃权票。这与西方议会研究结果不同。这个研究结果忠实反映了现有体制之下代表制度的悖论，也提醒我们必须进一步思考"履职积极性"的内涵，尤其是关注三个积极性指标是否具有不同面向的意义？指标之间的关系为何？该研究选取三个指标测量"履职积极性"，并分别设置为因变量进行统计模型

---

* 张钧智，厦门大学公共事务学院。

的检证,却未将三个指标整合成"履职积极性"的单一量表,让人好奇三个指标之间的关系。该研究可进一步从理论层次说明三个指标的差异,或是使用统计方法检证三个指标之间的关系,[1]应可强化此概念的"建构效度"(construct validity)。[2]

针对这个疑问,我们或许可以根据该研究的说明进行以下推论:人大议案和建议案呈现的是选民与代表之间的联系,在现今强调政府响应性的背景之下,这样的作为是被鼓励的;反之,投票行为则展现人大代表对于政治体制或政策的偏好和态度,这两种投票行为所代表的意义有所不同,反对票表明个人对于特定事务的明确态度,因此越认同权威主义价值者越不可能投反对票,但投弃权票可能代表个人对于投票议题的不愿表态或不熟悉。因此,相较于政策满意度低者倾向投反对票(而非弃权票)来表达不满,满意度越高者有较高几率投弃权票。当然这些推论还需要配合访谈数据进行探讨,例如询问人大代表投同意票、反对票、弃权票代表的不同意义,或者针对单一个案当中代表的投票行为进行分析。这或许是作者下一步可以考虑展开的研究。

---

[1] 该研究未检验三个指标之间的相关性,我们无法确认是否诚如作者所言:"那些更积极提出议案建议的人大代表并不更倾向于以投票行为来表达不同意"。
[2] Robert Adcock, David Collier, "Measurement Validity: A Shared Standard for Qualitative and Quantitative Research" *American Political Science Review*, 2001, 95 (3), pp.529-546.

干部交流、政治动员与反腐败

曾庆捷*

内容提要： 在有些国家，腐败治理某种程度上体现为政权监督和控制各级代理人的一种方式。为实现有效控制，委托人可能采用制度化的官僚治理模式，也可能诉诸周期性的政治动员来整治官僚队伍。本文通过分析 1998—2008 年间中国省级层面的反腐数据，探讨哪一种控制方式对反腐的实际执行有更重要的影响。本文以干部交流为例，发现省委常委会中外来干部的比例对反腐执法力度没有显著影响。同时，各省的反腐力度在相当程度上取决于中央对反腐问题的强调与重视，而越是经济地位重要的省份，其面临的各方面压力也越大。这些发现表明，周期性动员模式影响着中国的反腐范式，且可能对制度化的官僚治理产生一定影响。

关键词： 干部　反腐败　动员

一、引　言

在现代社会中，政治腐败对于任何一个政府的合法性都构成了严重威胁。腐败现象侵吞稀缺的社会资源，阻碍经济发展，并且降低政府提供基本公共服务的能力。无论在何种政治体制中，腐败治理都可以被理解成权力授予者与权力行使者之间的"委托人-代理人"互动问题。作为社会资源的分配者和经济的监管者，权力行使人无时无刻不面临着滥用公权以牟取私利的诱惑。因此，腐败治理的核

---

* 曾庆捷，复旦大学国际关系与公共事务学院。

心问题即如何通过制度设计,减少官员滥用权力的动机或提升滥用权力的成本。

一般认为,在西方民主国家中,反腐败的制度安排主要侧重于对权力的分割和制衡,以法律明确规定公权力的边界,维护司法独立以及增强媒体监督等要素。[①] 而在另一些国家中,建立分权与制衡体系或独立的执法机关常常与现存体制逻辑发生冲突。由于外部监督的相对缺失,这些国家通常依赖执政团队内部的监督来控制腐败行为。这种自上而下的控制大致可分为两大类。首先,其可以通过设计合理化的官僚结构和规则,尽量减少腐败的制度激励。委托代理理论(principal-agent theory)认为,委托人和代理人之间的合同设计和选择代理人的机制都能够影响代理人的激励结构,从而防止代理人严重损害委托人的利益。[②] 这种控制方式主要依赖常规化的官僚程序和监督。与之相对应,政权也可以周期性地动员大量的体制资源来发现和惩处腐败行为。和日常的制度性监督不同,动员模式的有效依赖于其不可预测性。政治动员的发起时间是不可预知的,而动员期间将伴随着执法部门的迅速行动和严厉惩罚。在震慑的目标达到后,动员模式则告一段落,政治生活也回归常态。

在不同于西方的政治体制下,哪一种自上而下的控制模式对反腐败行为有决定性的影响?本文以当代中国的反腐努力为例来探讨这一问题。自改革开放以来,反腐败和廉政建设在中国政治生活和政治话

[①] Susan Rose-Ackerman, *Corruption and Government: Causes, Consequences, and Reform*, Cambridge: Cambridge University Press, 1999; H. O. Yusuf, "Rule of law and politics of anti-corruption campaigns in a post-authoritarian state: the case of Nigeria," *King's Low Journal*, 2011, 22 (1): pp. 57-83; J. M. Ackerman, "Rethinking the international anti-corruption agenda: civil society, human rights and democracy," *American University International Law Review*, 2014, 29(2), pp.293-334.

[②] D. R. Kiewiet, *The Logic of Delegation*, Chicago: University of Chicago Press, 1991.

语中的重要性不断上升。① 在概念上区分日常性的官僚治理模式和周期性动员模式,能够帮助我们理解中国共产党所采取的一系列反腐措施。一方面,中共采取的干部任免程序、报备制度以及审计等例行手段,都是为了改善政府间的信息不对称,加强对基层官员的监督。② 另一方面,中共的最高领导人通过发表讲话和下发文件通知等方式为全国的反腐行动设定基调,使得执政党的反腐执法按既定方针和步骤进行。

在中共的例行干部管理中,异地调任是监督官员和治理腐败的一种重要形式。在干部交流体制下,官员被频繁地调往不同地区和岗位。干部异地调任的目的之一,是让官员与本地的人情关系网保持一种脱离状态,从而既减少官员的寻租空间,又能让官员放开手脚从事反腐败斗争。本文采用中国 1998—2008 年间省级层面反腐执法的数据,探讨异地调任对地方的反腐力度有何影响。研究发现,地方上外来干部的比例对于反腐的执法结果并没有显著影响。文章同时揭示,省一级的反腐强度和中央对腐败问题的周期性强调有密切的关联性,显示了中共反腐体系内权威的高度集中。概而言之,实证分析发现周期性的政治动员很好地解释了中共反腐的范式,而常规化的制度监督措施则有待进一步加强。

本文在两个具体的研究领域对已有的文献做了发展和补充。首先,近年来关于非西方政治体制的研究愈加关注如政党和选举等正式制度对于政权稳定性的影响。③ 然而,这一类研究更多关注的是政

---

① 参考 T. Gong, "Forms and characteristics of China's corruption in the 1990s: Change with continuity," *Communist and Post-Communist Studies*, 1997, 30(3), pp.277-288; Z. He, "Corruption and anti-corruption in reform China," *Communist and Post-Communist Studies*, 2000, 33(2), pp.243-270; A. Wederman, "The Intensification of Corruption in China," *The China Quarterly*, 2004, 180, pp.895-921。

② Y. Huang, "Administrative monitoring in China: institutions and processes," *The China Quarterly*, 1995, 143, pp.828-843; Y. Huang, "Managing Chinese bureaucrats: an institutional economics perspective," *Political Studies*, 2002, 50(1), pp.61-79。

③ 关于这一领域的文献综述,参见 B. Magaloni, R. Kricheli, "Political order and one-party rule," *Annual Review of Political Science*, 2010, 13, pp.123-143。

治精英内部的权力分配和对社会力量的笼络,却很少审视制度能否有效地节制官员的贪腐行为,从而缓解国家、社会间的紧张关系。通过研究执政党的制度化措施与动员模式之间的互动,本文意在揭示周期性的政治运动对官僚制度有效性的消极影响。其次,一些西方学者常用"分权的威权主义"(decentralized authoritarianism)一词来形容改革开放时期中国中央政府在经济上的高度放权和在政治事务上的严密控制。① 中央政府对各级官员的绝对任免权常常被视作界定当代中国政体的重要特征。在此背景下,却鲜有文献详细地考察在反腐领域的中央集权化程度。尽管新闻媒体时常批评一些地方反腐机构因依附于地方党委而缺乏自主性,本文则指出地方反腐部门对于中央政策信号的响应是及时而迅速的。同时,相对集权的反腐体制也可能影响地方信息的上传。

下文的结构如下:第二部分将分别讨论制度性的干部交流和周期性的政治动员对地方政府反腐力度的可能影响,并从中提取研究假设;第三部分则介绍纪检部门和检察院在中国反腐体制中所扮演的不同角色,以及如何使用两个部门公开报道的数据来测量反腐败力度;第四部分通过数据分析,分别检验干部异地调任和中央政策信号对省级反腐力度的影响;最后一部分将概括本文的研究结论,并简短地讨论研究带来的启示。

二、干部交流、政治动员与反腐败

中共领导人对于腐败现象的消极影响有着清醒的认识。中共的

---

① 例如:J. C. Oi, "Fiscal reform and the economic foundations of local state corporatism in China," *World Politics*, 1992, 45(1), pp.99-126; G. Montinola, Y. Qian, B. R. Weingast, "Federalism, Chinese style: the political basis for economic success in China," *World Politics*, 1995, 48(1), pp. 50-81; P. F. Landry, *Decentralized Authoritarianism in China*, New York: Cambridge University Press, 2008; Y. Sheng, *Economic Openness and Territorial Politics in China*, Cambridge: Cambridge University Press, 2010。

官方文件经常用"关系党和国家生死存亡的严重政治斗争"这样的提法来强调反腐的重要性[①]。自改革开放以来,中国政府采取了多管齐下的方式来开展反腐败工作,其中包括简政放权的行政改革和针对党员干部的意识形态教育等[②]。然而腐败问题可以被理解为监督失效。一方面,改革开放前那种通过大规模群众运动来整治官僚作风的治理方式,在强调社会稳定的改革开放时期已经不再被采用[③]。另一方面,媒体和公民团体对政府的监督作用还需进一步加强[④]。此外,中国官僚体系的多层次结构也加大了监督难度:基层官员不仅与中央在地理上相隔甚远,而且两者间还间隔着若干级政府,这使得有时有的信息在官僚系统中传达时容易出现扭曲,加剧了央地之间的信息不对称[⑤]。

如引言中所述,中共管理其庞大的官僚体系的手段可分为两大类。第一,中共可以通过设计合理化的官僚结构和有约束力的监督规则,尽量克服政府间的信息不对称问题,从制度上来确保官员不能腐。本文以干部异地调任为例,讨论人事管理制度的设计初衷。第二,中共可以利用间歇性的政治动员来加强中央对地方的控制。下文将作更详细的讨论。

(一) 干部异地调任

作为一种官僚治理的方法,官员异地调任在中国有悠久的历史。在传统帝制政府下,官员通常必须回避在家乡任职,且地方长官大约

[①] 类似的提法频繁出现在中共领导人的讲话和官方文件中。其中一例是中纪委原书记尉健行于1998年1月20日在中纪委二次全会上所做的报告:《以党的十五大精神为指导,加大工作力度,深入开展反腐败斗争》,《中国监察》1998年第2期。

[②] Z. He, "Corruption and anti-corruption in reform China," Communist and Post-communist Studies, 2000, 33(2), pp.243-270.

[③] M. Manion, Corruption By design Harvard University Press, 2004, p.160.

[④] M. Gallagher, "The limits of civil society in a late Leninist state," In Alagappa, Muthiah, ed. Civil Society and Political Change in Asia: Expanding and Contracting Democratic Space, 2004, pp.419-452.

[⑤] A. Wedeman, "Incompetence, noise, and fear in central-local relations in China," Studies in Comparative International Development, 2001, 35(4), pp.59-83.

三年左右就会被调往别处[①]。新中国建立后,中共继续采用官员异地调配的人事管理制度,并在近年来通过了一系列党内条例将干部异地交流制度化[②]。根据相关规定,县级以上地方党委、政府领导成员在同一职位上任职满 10 年的,必须交流;在同一地区党政领导班子中担任同一层次领导职务满 10 年的,应该交流;对于一些关键、敏感部门(如纪检监察、组织和公检法)的正职成员,新提拔的应异地交流任职。

无论在官方文件还是在新闻时评中,干部异地任职都被看作加强廉政建设和反腐败斗争的重要手段。从理论上说,干部交流可以在以下几方面强化自上而下的官员监督和反腐败力度。第一,与长期在本地任职的官员相比,异地交流的干部有着更大的晋升空间。近年来,中共对未来国家领导人的培养愈发强调在多省份任职的历练。[③] 因此,被调往多地任职可能向官员传达了一个积极的信号。

第二,异地交流可能减轻官员对于本地利益关系网的依附,使其不易卷入集团式、链条式的腐败案件。不少学者指出,市场经济时期的官员贪腐越来越呈现出集体作案的特点,常导致一地出现"塌方式腐败"。[④] 在这类腐败案件中,不同岗位的官员互相包庇和提供便利,形成了一荣俱荣、一损俱损的共生关系。当领导干部自身陷入腐败网络中时,也就不可能寄望他们没有顾忌地大力反腐。而由于交流官员是在一个陌生的地区短期任职,他们更有可能与当地的人情关系网保持一定距离,并且对集体式的腐败采取严厉措施。

最后,与本地干部相比,交流干部可以较无顾忌地揭露地方上积

---

① R. L. Sterba, "Clandestine management in the imperial Chinese bureaucracy," *Academy of Management Review*, 1978, 3(1), p.72.
② 《党政领导干部交流工作暂行规定》,中共中央办公厅 1999 年 4 月 22 日印发。《党政领导干部交流工作规定》,中共中央办公厅 2006 年 8 月 6 日印发。
③ C. Li, "A pivotal stepping-stone: Local leaders' representation on the 17th Central Committee," *China Leadership Monitor*, 2008, 23, pp.1-13.
④ T. Gong, "Dangerous collusion: corruption as a collective venture in contemporary China," *Communist and Post-Communist Studies*, 2002, 35(1), pp.85-103;过勇:《集体腐败:一种危险的不良趋势》,《人民论坛》2008 年第 20 期。

存的腐败情况,因为作为新近到来的干部,他们不需要为已有的腐败问题承担责任。在一项对美国林业管理部门的研究中,考夫曼发现,林区管理人员可能成功地对自己的上级隐瞒失职行为,但却骗不过自己的继任者。为了避免与既有问题之间的牵连,继任者有很强的动机向上级汇报这些问题。①

为了更好地讨论干部交流与反腐败之间的关系,有必要对中国近年来地方官员交流的力度和规模做一个大致的描述。本文的主要分析单位是各省省委常委会的成员。之所以选择省委常委,既是因为常委会在省委决策中占据核心地位,也是因为省委常委是执行跨省干部交流的人事管理制度的主要对象。在 10—15 人组成的省委常委会中,包含了省委书记、省长和省委一些关键职能部门的负责人。② 为了说明干部跨省交流的规模,首先必须在概念上对"外来干部"和"本地干部"做一个具体的界定。本文中,"外来干部"指的是在某一省上任省委常委以前,在省外任职时间长于省内的官员。凡是不满足这一条件的,则被认为是"本地干部"。按照这一定义,我们搜集了 1992—2012 年间中国大陆 31 个省级行政区划单位的常委数据,并对其进行了编码。图 3-1 显示了全国范围内省委常委中外来干部比例的逐年变化趋势。

图 3-1 中可见,大致在 2000 年前后,外来干部比例开始逐年上升,到 2011 年时一度达到约 50%。该趋势从一个维度说明近年来中央收紧了对地方政府的人事控制权。

除了全国趋势外,我们也关心外来常委比例在各个省份之间的差异。观察各省在 1998—2008 年间外来常委的平均比例,我们发现,干部交流的力度存在相当大的省际差异。一方面,外来干部在海南、陕西和河北等省份数量庞大,其中在海南甚至占到 70%左右的数

---

① H. Kaufman, *The Forest Ranger: A Study in Administrative Behavior*, Baltimore: Published for Resources for the Future by Johns Hopkins Press, 1967, pp.155-156.
② 本文的样本不包括常委会中的军方干部。

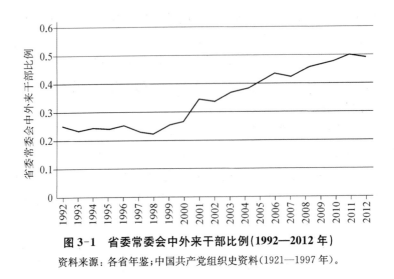

图 3-1　省委常委会中外来干部比例（1992—2012 年）

资料来源：各省年鉴；中国共产党组织史资料（1921—1997 年）。

量优势。而在上海和辽宁等省市，外来干部的平均比例则仅有 10% 左右。干部交流强度在时间和空间的差异性，为我们研究该制度对反腐力度的影响提供了便利条件。如果干部异地调任能有效地加强中央对地方官员的监督，那么外来干部比例更大的省份理应在反腐力度上高于其他省份。

假设一：外来干部比例的增加会导致反腐力度的上升。

该假设的可信度取决于诸多因素。比如，当贪腐的不法收入给官员带来的效用（utility）超过晋升时，晋升的激励可能就不再有效。另外，有时在一些地方，外来官员也可能与本地的贪官们"同流合污"。该假设的前提是当地反腐力度存在较大问题。而正如下文所讨论的，由于中央政府在设定全国反腐步调中的主导性作用，这一前提可能并不成立。

（二）中央步调设定与周期性动员

对于如何解决诸如干部腐败一类的组织建设问题，中共党内长期存在着两种不同意见。一种意见认为，要改善组织纪律涣散、干部以权谋私的现象,关键在推行制度改革,通过建立有约束力的规章制度与合理的激励结构(incentive structure),让干部"不想腐、不能腐、不敢腐"。这种结构改革的例子包括制度化的干部交流、合理化部门分工、监察机构的设立等①。另一种意见则认为,常规的官僚治理模式不足以达到防腐拒变的目的。为了长久地维持组织活力和纯洁性,必须由强势的领导人充分利用其主动权和创造力,不时地动员干部们去追求某项目标,以此来适应不断变化的环境。在这种意见看来,政策制定是一个"不断变化、处理紧张关系、持续试验和临时调整"的过程②。这种强调不确定性和随机应变的治理模式,与依靠法治和可预测性的官僚管理模式有着显著的区别。

从个别证据来看,地方政府对于中央动员号召的反应是迅速的。比如,在1993年8月的中纪委二次全会强调了反腐斗争的重要性后,江苏省"各级纪检监察机关进一步加强对办案工作的领导,从领导分工、人员配置到工作安排、经费使用等,都做了重点保证,使查办案件工作不断取得新的进展"③。在吉林省,反腐执法在中纪委二次全会后立刻得到了加强,"1993年各级纪检检察机关受理信访举报48 921件,其中9—12月受理26 264件,占总数的53.7%;立案5 340件,9—12月立案2 035件,占总数的38.1%;查办大案要案416件,9—12月查办165件,占总数的39.7%"④。

由于中国实行单一制的央地关系安排,中央对于地方官员的升降奖惩有最终决定权,因此地方反腐部门对中央步调的积极回应是符合制度逻辑的。对地方官员而言,"自觉维护中央权威"是制度激

---

① H. Harding, *Organizing China: the Problem of Bureaucracy, 1949-1976*. Stanford: Stanford University Press, 1981, p.9.
② S. Heilmann, E. J. Perry, "Embracing uncertainty: Guerrilla Policy Style and Adaptive Governance in China," in S. Heilmann, E. J. Perry, eds., *Mao's Invisible Hand: The Political Foundations of Adaptive Governance in China*, 2011, p.3.
③ 《江苏年鉴》,1994年,第48页。
④ 《吉林年鉴》,1994年,第84页。

励使然。

假设二：各省的反腐执法力度与中央政府对于反腐工作的强调呈正相关。

应当指出，官僚管理模式的效果与周期性动员二者之间未必是互相排斥的。这两种方法可能同时有效并互相补充。然而，鉴于反腐体制的中央集权特性，动员模式可能会主导反腐的实际执行，而地方反腐机关自主性的强弱则可能影响干部的交流。在用实证分析检验以上假设之前，有必要对中国反腐机构的特点做一个介绍，并解释如何测量反腐力度。

三、反腐机构和反腐力度的测量

由于腐败问题的隐蔽性和敏感性，观察和测量与之相关的各种政治现象有相当的难度。在本研究中，我们采用以下两项公开数据来衡量省级单位的反腐力度：

- 被中共纪检机关处分的处级以上干部数量。
- 因职务犯罪被人民检察院立案侦查的处级以上干部数量。

下文将对这两个反腐机关的特点做简要的交代。两个机构在职能和执法对象上的差别，使得研究者可以捕捉到反腐行动的不同维度。

(一)"双轨制"的反腐体系

中国反腐体制的特点之一，是在党的组织内和国家司法体系内各存在一个司职反腐的部门。在中共党内，从中央到地方的各级党组织都配备有纪律检查委员会，负责维护党的章程和其他党内法规。而在政府方面，县级及县级以上的各级政府都设置有人民检察院。

作为党组织内的职能机关，纪委通过接受公众举报、展开调查和施加纪律处分的方式维护党的各项法规。中共纪律处分条例涵盖了一系列违反政治、组织和经济方面纪律的行为,而这些行为不一定都和一般意义上的腐败有关联①。比如,纪律处分条例规定党员不能公开反对四项基本原则和改革开放政策,不能拒不执行上级作出的人事决定,这些都属于政治和组织纪律的范畴,不直接牵涉干部腐败②。但在改革开放后,纪委将工作重点放在了党员干部的腐败问题上。在纪律处分条例中,关于违反廉洁自律、破坏社会主义经济秩序和贪污受贿等行为的描述占据了主要篇幅,而纪委查办的大多数案件也都涉及经济违纪问题③。进入21世纪以来,纪委更是明确成为党的各种反腐行动的组织协调者④。

与纪检机关不同,人民检察院主要是依照《中华人民共和国刑法》来履行反腐的职能。作为一个不受行政机关干涉而独立行使检察权的部门,检察院有权对国家机关工作人员的职务犯罪展开调查和提起诉讼。在1997年修订后的刑法中,职务犯罪包括贪污贿赂犯罪(第八章)、渎职罪(第九章)和侵犯公民人身权利、民主权利犯罪(第四章)。职务犯罪的概念不完全等同于官员腐败,比如其中的泄露国家秘密罪和刑讯逼供罪等并不符合通常对腐败的定义。但事实上,在检察院查办的职务犯罪中,经济类犯罪占到80%以上;而经济类犯罪中,贪污罪、受贿罪和挪用公款罪又占到90%以上。因此,职务犯罪的数据可以被看成腐败案件数量的一个粗略估计。

由于体制内角色和法律地位的不同,纪委和检察院对腐败分子施加处罚的方式也不同。总得来说,法律制裁的严厉程度要超过党内的纪律处分。比如,党内处分从轻到重依次分为警告、严重警告、

---

① A. H. Wedeman, *Double Paradox: Rapid Growth and Rising Corruption in China*, Ithaca: Cornell University Press, 2012, p.147.
② 《中国共产党纪律处分条例》,第四十六条和第七章各条。
③ M. Manion, *Corruption By Design*, p.160.
④ T. Gong, "The party discipline inspection in China: its evolving trajectory and embedded dilemmas," *Crime, Law and Social Change*, 2008, 49(2), p.147.

撤销党内职务、留党察看和开除党籍①。与之相比,司法机关施加的刑罚如有期徒刑、无期徒刑和死刑等显然要严厉得多。党的纪律处分和刑事处罚之间存在着某种衔接关系:如果经济类的违纪行为达到了被开除党籍的标准,通常也就达到了刑事处罚的最低标准②。此外,如果纪检机关发现违纪行为涉嫌犯罪的,应当将其移送司法机关③。

在一切按照法律法规处理的前提下,官员受到处分的性质应该与其腐败行为的严重程度相当,即情节较轻的行为要受到纪律处分,而较重的则必须接受法律制裁。实际上,由于党委在反腐行动中的统一领导作用,对腐败官员施加的处罚反映的更多的是党委的意志。党委不仅控制着各种反腐机构的人事任免和经费拨付,而且在调查腐败案件时,往往是由纪检机关先行介入,然后在"适当的"时间点才将案件移交司法机关④。如此一来,党委对于反腐的执行力度就保持了相当的自由裁量权,它不仅能够决定是否展开一项腐败行为的调查,而且在纪委调查处理过程中也能决定是否将其移交司法机关。这种制度安排保证了党委能够随时对反腐的处理进程进行调整,以适应不断变化的内外环境。

(二) 对反腐力度的测量

中国现行的"双轨制"的反腐体系使得我们可以用纪检机关和检察院的数据来度量反腐的执行力度。具体而言,本文使用两组公开数字,即纪委处分的处级以上干部数量和检察院立案查办的处级以上干部数量。之所以选择县、处级以上的干部作为研究对象,是由于

---

① 每一种纪律处分还伴随着对受处分党员政治权利的某种限制。比如,受到警告和严重警告处分的党员,"一年内不得在党内提升职务和向党外组织推荐担任高于其原任职务的党外职务"。又如,被开除党籍的,五年内不得重新入党等。参见《中国共产党纪律处分条例》第二章。
② M. Manion, *Corruption By Design*, p.130.
③ 《中国共产党纪律处分条例》,第三十二条。
④ 同注②。

这一类"要案"更容易受到省委常委们的关注。由于中层以上干部在官僚体制内已经具备一定地位,反腐机关在处理这一级别案件时往往更加谨慎。如在刑事案件的处理流程中,县、处级干部的案件线索必须报省级人民检察院举报中心备案,而数额特别巨大的则必须呈报最高人民检察院备案①。毫无疑问,在处级干部的案件背后有更多的政治考虑,而这一类案件的查办数量也传递了关于反腐力度的丰富信息。

用公开报道的案件数量来度量反腐的力度是一种常见的研究方法。例如,一份研究比较了印度尼西亚和菲律宾的专业反腐机构,并基于两者起诉和定罪的高官数量得出了前者运作效率更高的结论②。当然,这种测量方法的问题在于,反腐数字既可能反映了执法的力度,也可能体现了实际存在的腐败程度。然而在中国的具体背景下,由于办案数量很大程度上伴随着党委的重视程度而起伏,我们认为反腐的数据主要体现的是执法的力度而非客观腐败程度。为举例说明这一点,我们在图3-2中展示了从1993年至2014年安徽省纪检机关历年处分的处级以上干部数量。

基于常识,该数字在这一时段剧烈的起伏变化应当反映的是政策重点的调整,而非实际腐败程度的改变。比如,很难想象安徽省官场的腐败程度在1993—1997年间翻了三倍,而在2009年后一段时期内又极大幅度地减少。

总而言之,本文使用两个指标来度量反腐的不同维度。以这两个指标来测量反腐执法的强度,其前提是执法结果主要取决于党委的政策侧重点而非客观的腐败程度。选择两个指标来测量因变量可以用来检验结果的稳健性。如果不同的操作化方法能得出一致的结

---

① 《人民检察院刑事诉讼规划(试行)》,中华人民共和国最高人民检察院,2012年11月22日,见 http://www.spp.gov.cn/flfg/gfwj/201212/t20121228_52197.shtml。

② E. P. Bolongaita, "An exception to the rule? Why Indonesia's anti-corruption commission succeeds where others don't — a comparison with the Philippines' ombudsman", Bergen: Chr. Michelsen Institute, *U4 Issue*, 2010, 4.

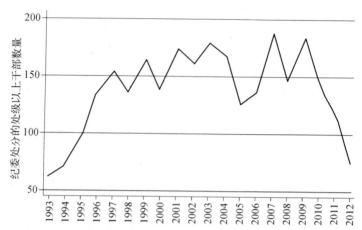

图3-2 安徽省纪检机关历年处分的处级以上干部数量（1993—2012年）

资料来源：安徽年鉴1994—2013年。

论，我们对研究结果的信心也会增强①。

四、实 证 分 析

（一）数据与方法

本文用一个面板数据来实证检验省级反腐力度的决定因素。研究的因变量是两个反腐力度的指标：每万名公职人员中被纪委处分的处级以上干部数量，以及每万名公职人员中被检察院立案查办的处级以上干部数量。②计算每万名公职人员中的案件数量，是为了确保该数值在不同大小的省份间具有可比性。

反腐数据的主要来源是各省年鉴中纪检机关和检察院的工作报

---

① E. J. Webb, D. T. Campbell, R. D. Schwartz, L. Sechrest, *Unobtrusive Measures: Nonreactive Research in the Social Sciences*, Chicago: Rand McNally, 1966, p.3.

② 准确地说，公职人员指的是行业分类中属于"公共管理和社会组织"的职业，包括党政机关、政协和民主党派、群众团体等。数据来源是历年的《中国劳动统计年鉴》和《中国统计年鉴》。

告。其中,纪检机关的年度报告一般会写明某省的各级纪检监察机关所处分的干部人数,以及其中的处级以上干部人数;检察院的年度报告一般会通报被检察院立案查办的处级以上干部人数。据此,我们收集了1998—2008年间31个省级行政单位(以下简称省)的反腐数据。由于并不是每年的工作报告中都包含相关信息,因此实际的观察值数少于$11×31=341$[①]。由于1997年新修订的《刑法》重新定义了职务犯罪,1997年之后的检察院办案数据和之前不具有可比性[②],因此我们选择1998年作为研究的时间起点。

图3-3显示的是全国范围内反腐执法基本状况的时间变化趋势。

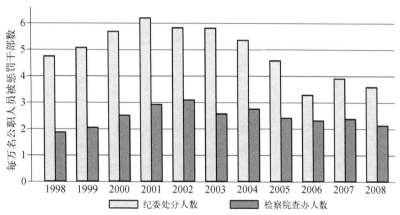

图3-3 历年反腐执法基本状况(31个省级行政单位平均值)(1998—2008年)

可以看出,地方上纪委办案的基本状况在这一时期内有明显的变化。1998年后平均每万名公职人员中被处分的处级干部逐年上升,直到2001年达到峰值,之后在2004—2006年间逐年显著下降,而在2007年又短期回升。相比之下,检察院的办案更为稳定,但也

[①] 数据缺失的原因主要是个别年鉴的缺失和个别年份报告口径的不同。比如一些年份的纪检报告中写明了"涉案"的干部人数,而未通报被处分的人数。

[②] M. Manion, *Corruption By Design*, pp.141-142.

在2001年上升到最高点。当然,取31个省级行政单位的平均值掩盖了每个单位内的力度浮动情况。总得来说,图3-3揭示了反腐执法体现较强的周期性。

我们估计以下的线性回归模型:

$$y_{it} = \alpha + \beta x_{it} + \gamma z_{it} + v_i + \varepsilon_{it}$$

在该模型中,y_{it}代表因变量,v_i代表单元的个体特性(unitspecific effects),ε_{it}是每个观察值的独特误差项(idiosyncratic error term),x_{it}代表解释变量的矩阵。其中,第一个解释变量为某年某省的省委常委中外来干部的比例。根据假设一,外来干部的比例的增加会导致反腐力度的上升,因此该变量对应的回归系数应为正值。

假设二认为各省的反腐力度应与中央政府对反腐工作的强调程度呈正相关。如上文所述,中央的政策侧重点主要是通过领导人讲话和下发文件的方式传达的。因此,本文选择了三份主要的中央政策性讲话和文件,并在此基础上创建一个综合性的指数来衡量中央对反腐工作的强调。第一份传递中央政策信息的讲话是国务院总理在每年全国人大会议上作的政府工作报告。在工作报告中,反腐只是总理谈论的众多问题中的一项,而在每年的报告中涉及腐败问题的篇幅都不尽相同。有理由认为,当中央将政策重点偏向反腐工作时,工作报告中谈及腐败的比例也会上升。因此,我们阅读了历年的总理工作报告并计算了报告中涉及腐败问题的字数百分比[①]。这是中央政策指数的第一个组成部分。

此外,中共中央纪律检查委员会(中纪委)在每年年初都会召开一次全体会议,布置下一年的工作。在全会上,中纪委书记会依照惯例发表一篇讲话,总结上一年的反腐成绩并强调下一年的工作重点。我们假设,当中央有意提升反腐工作力度时,该讲话的篇幅也会更长。因此,中纪委书记讲话的总字数就被当做中央政策指数的第二

---

① 涉及腐败问题的句子包含有如下关键字:"腐败""党风廉政建设""查办大案要案""反对官僚主义""反对奢侈浪费"等。

组成部分。最后,在全会闭幕前,中纪委都会发表一份全会公报,总结会议内容的同时也宣布会议达成的决议,而这份公报的长度也可以被看成是中央反腐政策的风向标。所以,中纪委全会公报的总字数构成了中央政策指数的第三部分。值得一提的是,所选择的三项政策性文件或讲话都是在年初出台的,所以和当年的实际反腐结果应不存在互为因果的内生性问题。我们先将三项量化指标分别转化为 0—1 的标准值,再将三个标准值取平均数,即生成中央政策指数。表 3-1 显示了有关这一指数的相关细节,包括三个组成部分的原始值和 0—1 标准值。

表 3-1 中央对反腐工作的强调指数(1998—2008 年)

年份	总理工作报告		中纪委书记讲话		中纪委全会公报		中央政策指数
	涉及腐败问题字数百分比	0—1标准值	总字数	0—1标准值	总字数	0—1标准值	
1998	0.97%	0.10	11 431	0.44	3 726	0.72	0.42
1990	2.40%	0.34	11 304	0.41	2 944	0.44	0.40
2000	6.35%	1	12 512	0.66	2 760	0.38	0.68
2001	0.40%	0	13 141	0.79	4 471	0.98	0.59
2002	5.42%	0.84	11 492	0.45	4 539	1	0.77
2003	1.24%	0.14	13 792	0.92	3 740	0.72	0.60
2004	1.24%	0.14	14 161	1	3 570	0.66	0.60
2005	1.06%	0.11	9 775	0.10	1 696	0.01	0.07
2006	1.51%	0.19	10 512	0.25	1 666	0	0.14
2007	1.70%	0.21	9 588	0.06	2 669	0.35	0.21
2008	1.59%	0.2	9 282	0	2 788	0.39	0.19

注:总理历年工作报告可在以下网站查到:www.gov.cn/test/2006-02/16/content_200719.htm。

中纪委书记讲话和中纪委全会公报收录在《中国监察》刊物中。

矩阵 z_{it} 代表的是一系列控制变量。已有文献讨论了各种可能影响腐败程度的社会经济因素①。其中,经济的发展带来受教育水平和识字率的上升,使得贪腐行为更容易被揭发和制约。公务员队伍的规模以及政府对经济的干预程度都会影响官员寻租的空间。此外,国内市场向国际竞争的开放程度也可能制约官员的寻租行为。基于这些考虑,本研究包括了以下控制变量:

- 该省的人均 GDP(取以 10 为底数的对数)。
- 直接利用外资在 GDP 中的比重。
- 政府规模,即公职人员在劳动人口中的比例。
- 人口中受雇于私营行业的比例。
- 人口中在读大学生的比例。
- 人口规模(取以 10 为底数的对数)。
- 城市化率,即劳动人口中受雇于城市的比例。

模型用一个哑变量来代表四个直辖市——北京、天津、上海和重庆。由于直辖市在政治和经济上的特殊重要性,中央可能特别重视对它们的监督②,由此导致更强的反腐力度。同时,另一个哑变量则代表了五个少数民族自治区。由于在这些地区处理民族关系和反分裂是政策的着重点,地方政府在处理反腐败问题时可能更为谨慎。最后,考虑到省委书记作为一把手,可能在反腐问题上承担主要责任,我们用一个哑变量来代表省委书记的职业背景。当省委书记是一名本地干部时,哑变量取值为 1,否则为 0。表 3-2 介绍了各个变量的汇总统计。

---

① 参见 D. Treisman, "The cause of corruption: a cross-national study," *Journal of Public Economics*, 2000, 76(3), pp.399-457; H.-E. Sung, "Democracy and political corruption: a cross-national comparison," *Crime, Law and Social Change*, 2004, 41(2), pp.179-193; A. Del Monte, E. Papagni, "The determinants of corruption in Italy: regional panel data analysis," *European Journal of Political Economy*, 2007, 23(2), pp.379-396.

② F. Su, D. L. Yang, "Political institutions, provincial interests, and resource allocation in reformist China," *Journal of Contemporary China*, 2000, 9(24), pp.215-230.

表 3-2　变量汇总统计

		平均值	标准差	最小值	最大值	观察值数
因变量	纪委处分人数	4.96	2.886	0.895	16.667	294
	检察院查办人数	2.466	1.567	0.417	16.467	305
解释变量	外来干部比例	0.327	0.167	0	0.875	341
	中央政策指数	0.425	0.228	0.074	0.765	341
控制变量	人均GDP(对数)	3.989	0.289	3.352	4.826	341
	外资占GDP比例	2.778	2.82	0.001	16.462	341
	政府规模	1.021	0.339	0.589	2.669	341
	私营行业雇用比例	22.382	14.415	0	69.210	341
	大学生比例	0.842	0.673	0.107	3.565	341
	人口(对数)	8.029	0.885	5.529	9.182	341
	城市化率	8.029	0.885	5.529	9.182	341
	直辖市	0.129	0.336	0	1	341
	民族自治区	0.161	0.368	0	1	341
	本地省委书记	0.191	0.393	0	1	341

在估计等式(1)中的 β 时,解释变量中的外来干部比例变量由于存在内生性问题,可能会产生估值的偏差。这是因为,外来干部比例可能影响反腐力度,但如果反腐案件频发,也可能导致中央向该省派驻更多的外来干部。这种"空降"干部的做法既是为了加强该省反腐败力度,也是表达对本地干部的督促。如果外来干部比例和反腐败执法之间存在这样互为因果的关系,最小二乘法(OLS)的估值就会产生偏差。

为外来干部比例找到一个合适的工具变量是相当不易的,因为大多数可能影响外来干部比例的因素,也可能同时影响反腐执行的结果。为解决这一问题,本文选择以1992年各省省委常委中的外来干部比例作为一个工具变量。由于省委班子在五年一次的党代会上往往会做较大调整,1998—2008年间的省委常委人员组成与1992年的班子已经发生了很大变化。同时,省委常委中的外来干部比例在各地都呈现出一定的路径依赖。

如图3-4所示,在1992年有较多外来常委的省份,到了1998—2008年间外来干部比例也较高。因此,我们认为1992年的外来常委比例除了影响后期的外来常委比例之外,不会对1998—2008年间的反腐力度有直接影响。换言之,该工具变量能够满足排斥限制(exclusion restriction)的条件。

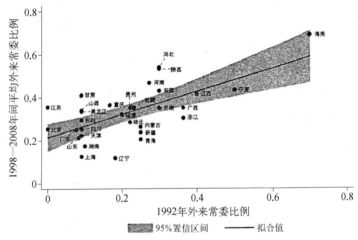

图3-4 1992年外来常委比例与后期外来常委比例的相关性

当以面板数据进行实证分析时,常常面临如何处理每一个单元自身特性(即等式中的 v_i)所带来影响的问题。比如,每个省份自身的历史、文化或其他无法观测到的特点,可能都会对因变量产生影响。一种解决方法是运用随机效应模型(random effect model),假设单元个体特性是依照某种特定的概率分布。这种方法使模型中可以包含那些不随时间改变的变量。我们将先以随机效应模型进行估计,之后再用固定效应模型(fixed effect model)检验结果的稳健性。此外,考虑到时间序列数据中可能存在的自相关(autocorrelation)现象,分析将使用带有一阶自回归干扰项(first-order autoregressive disturbance)的模型①。

(二) 分析结果

实证分析采用两阶段最小二乘法(2SLS)来解决外来干部比例变量的内生性问题。第一步,先将内生性的变量当做因变量,对工具变量和所有外生性变量进行回归。表 3-3 显示的是第一阶段回归的结果。

表 3-3 第一阶段回归

因变量:1998—2008 年间外来干部比例		
	(1)	(2)
1992 年外来干部比例	0.495 1*** (4.74)	0.522 2*** (4.43)
常数项	0.217 0*** (7.94)	0.478 3 (1.43)
R^2	0.216 1	0.491 0
观察值数	341	341

注:带一阶自回归干扰项的随机效应模型。t 值在括号中。
* $p<0.10$,** $p<0.05$,*** $p<0.01$。
模型 1 不带控制变量。模型 2 包括表 3-2 中的控制变量,因篇幅所限省略。

如表 3-3 所示,通过 1992 年常委中外来干部的比例能够很好地预测后期的外来常委比例。Wald 检验说明工具变量的回归系数显著地不同于零($p<0.001$),而 χ^2 统计值为 19.63。内生性变量和工具变量之间的部分 R 平方(partial R^2)为 0.16。这些检验方法说明并不存在弱工具变量的问题。

表 3-4 同时显示了 OLS 和 2SLS 两种估计方法的分析结果。首

---

① W. H. Greene, *Econometric Analysis*, Pearson, 7th edition, 2012, pp.966-969. 该方法首先以重复过程估计干扰项之间的相关系数 ρ,再以此估值转化因变量和自变量,以此消除干扰项的自相关。

先,没有一个回归模型能够提供支持假设一的证据:外来干部的比例对于反腐执法力度没有显著的影响。与之相反,各模型都确认了中央政策动员对地方反腐力度的重要作用。根据2SLS方法,在其他条件相同的情况下,中央政策指数每增加一个标准差(0.228),每万名公职人员中受纪委处分和被检察院立案的处级以上干部将分别增加0.415人($p<0.01$)和0.302人($p<0.01$)。显然,数据分析的结果支持了假设二,即省级执法力度的强弱在相当程度上取决于中央释放的政策信号。

表3-4 干部交流和中央政策信号对省级反腐力度的影响

因变量	OLS方法		2SLS方法	
	(1) 纪委处分人数	(2) 检察院查办人数	(3) 纪委处分人数	(4) 检察院查办人数
外来干部比例	−1.371 7 (−1.32)	0.094 3 (0.15)	−4.766 7 (−0.91)	−2.375 9 (−1.32)
中央政策指数	1.686 6*** (3.41)	1.215 0*** (3.29)	1.820 2*** (3.22)	1.325 4*** (3.50)
人均GDP(对数)	−0.426 5 (−0.30)	1.634 5* (1.95)	−0.694 4 (−0.47)	1.455 0* (1.72)
外资占GDP比例	−0.127 5* (−1.81)	−0.074 2* (−1.90)	−0.124 0* (−1.74)	−0.067 9* (−1.73)
政府规模	−1.731 5* (−1.78)	−1.752 1*** (−3.65)	−1.671 7* (−1.69)	−1.794 4*** (−3.78)
私营行业雇用比例	0.006 3 (0.28)	−0.003 9 (−0.30)	0.014 4 (0.54)	0.001 6 (0.12)
大学生比例	−0.875 2 (−1.51)	−0.332 9 (−1.09)	−0.435 1 (−0.49)	0.002 8 (0.01)
人口(对数)	−0.522 7 (−1.05)	−0.308 4* (−1.70)	−0.708 8 (−1.22)	−0.479 0** (−2.25)
城市化率	5.721 8** (2.12)	1.609 2 (1.33)	4.080 5 (1.08)	0.397 2 (0.27)

续 表

因 变 量	OLS方法		2SLS方法	
	(1) 纪委处分人数	(2) 检察院查办人数	(3) 纪委处分人数	(4) 检察院查办人数
直辖市	2.602 8** (2.05)	1.915 3*** (4.26)	2.206 1 (1.55)	1.599 8*** (3.27)
民族自治区	−1.009 8 (−0.96)	−0.626 5* (−1.70)	−1.183 7 (−1.08)	−0.755 6** (−2.03)
本地省委书记	0.182 6 (0.53)	0.143 6 (0.62)	−0.060 8 (−0.12)	−0.097 7 (−0.35)
常数项	11.240 4* (1.74)	−0.472 5 (−0.14)	14.859 9* (1.76)	2.470 3 (0.64)
R^2 观察值数	0.342 2 294	0.413 1 305	0.344 0 294	0.419 6 305

注：带一阶自回归干扰项的随机效应模型。t 值在括号中。
* $p<0.10$，** $p<0.05$，*** $p<0.01$。

图 3-5 直观地说明了中央对于反腐问题的强调是如何影响各省的执法力度的。其中分图一到三描绘了平均每省处分干部的人数与三份官方文件中传递的政策信号之间的相关性。可以看出，反腐力度的变化趋势与中纪委书记的讲话长度和全会公报长度的走势高度趋同，而与总理工作报告中谈论反腐的篇幅也有一定相关性。当三份官方政策声明被综合成一个中央政策指数时，该指数能够很好地预测省级反腐力度的起伏（分图四）。

在控制变量中，直辖市地位对于反腐败力度有一定的影响。比如，每万名公职人员中，直辖市的检察院比一般省级单位要平均多查办 1.6 名处级以上干部（$p<0.01$）。这一结果显示中央政府对直辖市干部施加了更加严格的监督。另一方面，结果也显示少数民族自治区的检察院比一般省份查处的处级以上干部要少 0.76 人（$p<0.05$）。

以上分析揭示了中央周期性的政策动员在调节各省反腐力度上的作用。当中央发起新一轮的反腐行动时，各省面临着强大的贯彻

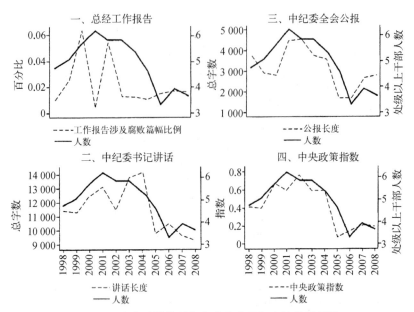

图 3-5　中央政策信号与各省处分干部人数的相关性

执行压力。从这个意义上或许可以说,反腐运动也是中央维护其权威的重要手段。然而,全国各省在这方面可能存在一定的差异性。比如,一些经济上更为重要的省份是中央督促的重点,因此也承受着更大的压力。为了验证这一假设,我们在回归模型中加入一个中央政策指数和人均 GDP 的交互项。如果经济上发达的省份对中央政策动员的回应更加及时迅速,那么交互项的系数应该为正值。

表 3-5 显示的是添加了交互项后的回归分析结果。

表 3-5　中央政策信号的影响随经济发展水平的变化

因变量	OLS 方法		2SLS 方法	
	(1) 纪委处分人数	(2) 检察院查办人数	(3) 纪委处分人数	(4) 检察院查办人数
外来干部比例	−1.393 6 (−1.35)	0.031 3 (0.05)	−4.696 5 (−0.89)	−2.393 2 (−1.33)

续 表

因变量	OLS方法		2SLS方法	
	(1)纪委处分人数	(2)检察院查办人数	(3)纪委处分人数	(4)检察院查办人数
中央政策指数	−16.951 7** (−2.39)	−12.945 7** (−2.48)	−16.387 1** (−2.30)	−12.857 1** (−2.47)
人均GDP(对数)	−2.375 7 (−1.50)	0.175 4 (0.18)	−2.561 5 (−1.57)	−0.003 9 (−0.00)
政策指数×人均GDP	4.673 2*** (2.64)	3.563 6*** (2.72)	4.563 2** (2.57)	3.568 8*** (2.73)
常数项	19.173 9*** (2.70)	5.566 8 (1.42)	22.414 3** (2.52)	8.465 0* (1.93)
R^2 观察值数	0.353 9 294	0.428 5 305	0.355 4 294	0.435 4 305

注：带一阶自回归干扰项的随机效应模型。t 值在括号中。
* $p<0.10$，** $p<0.05$，*** $p<0.01$。

表 3-2 中所列的控制变量都包含在内，但其回归系数由于篇幅所限在此省略。分析发现，交互项的系数在各个模型中都为正值，且具有统计上的高度显著性。这意味着，随着经济重要性的增加，中央政策动员对于各省反腐力度的影响也随之增强。图 3-6 表示了中央政策信号对纪委处分人数的影响如何随人均 GDP 的变化而变化。

如图 3-6 所示，当经济发展水平相对低下时，中央政策指数的影响在统计上是不显著的。只有当人均 GDP(对数)超过约 3.85(大致等同于人均 GDP 7 000 元)时，政策指数的积极作用才变得显著，并且此后随着经济水平的上升而增强。由此我们得出结论，经济上越发达的省份，对中央政策基调的回应也相对越迅速。

如前所述，随机效应模型允许研究者放入不随时间改变的自变量，如一省的直辖市和自治区地位。这类模型对参数的估计，只有当无法观测到的单元个体特性与自变量无相关性时才具备一致性(consistency)。为检验结果的稳健性，我们用固定效应模型对参数

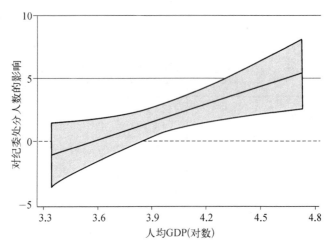

图 3-6　中央政策动员对纪委处分人数的边际作用

注：灰色区域代表 95% 置信区间。

做了重新估计。固定效应模型为每一个省份引入一个哑变量，以此代表各省的个体特性。即使无法测量的个体特征与自变量之间互不独立，固定效应模型的估计依然有一致性。如表 3-6 所示，固定效应模型生成的主要结果与随机效应模型是相同的：干部交流的强度对反腐执法力度没有显著作用；交互项系数在各个模型中都显著地取正值，再次确认了中央政策动员对经济发展水平不同的省份有着不同的影响。

表 3-6　中央政策信号的影响随经济发展水平的变化（固定效应模型）

因变量	OLS 方法		2SLS 方法	
	(1) 纪委处分人数	(2) 检察院查办人数	(3) 纪委处分人数	(4) 检察院查办人数
外来干部比例	-1.474 2 (-1.28)	0.350 1 (0.39)	-6.982 2 (-1.27)	-1.049 9 (-0.27)
中央政策指数	-12.826 5* (-1.86)	-11.742 5** (-2.18)	-12.350 7* (-1.77)	-11.973 7** (-2.23)

续 表

因变量	OLS方法		2SLS方法	
	(1) 纪委处分人数	(2) 检察院查办人数	(3) 纪委处分人数	(4) 检察院查办人数
人均GDP(对数)	−0.781 3 (−0.41)	0.665 4 (0.49)	−1.126 0 (−0.59)	−0.529 4 (0.39)
政策指数×人均GDP	3.525 3** (2.03)	3.260 1** (2.40)	3.460 8* (1.99)	3.335 7** (2.48)
常数项	−0.731 3 (−0.74)	0.104 7 (0.06)	−0.474 9 (−0.49)	0.039 0 (0.02)
R^2 观察值数	0.163 2 263	0.007 0 274	0.145 8 263	0.014 2 274

注：带一阶自回归干扰项的固定效应模型。t 值在括号中。
* $p<0.10$, ** $p<0.05$, *** $p<0.01$。

五、结　语

本文将非西方政治体制国家控制各级官员的方式区分为两种：制度化、常规化的官僚监督体系和周期性的反腐败动员。这两种自上而下的管理模式可能互相补充，而其中一种监督机制也可能在政治体系中发挥主导作用，导致另一种机制的式微。本文以中国的反腐体制为例，通过数据分析发现：中央政府对反腐工作的强调力度对各省的办案结果有重大的影响，而越是经济地位重要的省份，面临的压力也越大。相比之下，制度化的干部交流对于地方的反腐执法力度缺乏显著的影响。这一结果暗示，中国的反腐范式受周期性、自上而下的动员影响较大。

必须指出，本文只研究了一种常规化的官僚治理模式，即"空降"外来干部对地方进行监督。今后的研究可以关注其他的制度化管理方式，如官员薪酬激励的制定、干部的日常选拔机制以及不同部门之间的制衡等。我们有理由假设，政治动员模式的主导作用可能对一切形式的常规化手段都具有干扰和破坏的作用。周期性的反腐运动无可避免地会对日常制度和法规的运作产生影响,甚至地方官员必须将一些工作暂时放置一边,专注于完成上级布置的办案任务。

中央集权的反腐体制使中央掌握了调控各地反腐力度的最大灵活性,可以随时根据外部环境的变化而施加不同的反腐压力。同时也可能影响地方信息的准确上传,从而对因地制宜地布置反腐策略产生一定影响。在一个幅员辽阔、发展不均衡的大国,腐败的性质和表现形式会具有明显的地域差异,由中央发起的政治动员必须将这些差异性考虑在内。实际运作中,维护政令畅通往往需要付出一定的代价。

腐败与反腐败制度建设

——评《干部交流、政治动员与反腐败》

庞保庆*

中共十八大以来,党中央加大了反腐败斗争的力度,坚持"苍蝇"、"老虎"一起打,取得了明显成效。诸多"大老虎""苍蝇"的落马也让民众感受到了党中央严厉的反腐败措施。腐败通常被定义为"利用职务便利谋取私利"。① 腐败不仅会降低民众对政府的信任程度,而且会阻碍企业投资、影响经济增长。因此,加强对腐败行为的打击力度,强化反腐败的各项措施,就成为党和政府工作的重中之重。

反腐败的措施可大概分成如下两类:外部监督和内部监督。外部监督主要是通过媒体曝光的监督方式来发现和遏制腐败行为。这种监督措施一般以媒体监督环境宽松、政府信息比较公开为前提要件。内部监督则是政府自身通过各种方式来发现和惩治腐败行为。这些方式可以集中分为两类:运动式反腐和制度化反腐。运动式反腐主要是指中央高层通过周期性动员大量的体制资源来发现和惩处腐败,制度化反腐主要是借助常规的制度建设来发现和惩处腐败。

曾庆捷的《干部交流、政治动员与反腐败》一文即在内部监督的两种措施基础上展开,详细探讨了运动式反腐与制度化反腐的效果,以及哪种治理腐败的措施更为有效。文章的选题非常有意义,定量过程也非常规范,文章采用 1998—2008 年中国 31 个省的面板数据,

---

* 庞保庆,上海大学社会学院。
① 学术界并没有一个统一的腐败定义,关于腐败概念的讨论,可参考 J. Svensson, "Eight questions about corruption", *The Journal of Economic Perspectives*, 2005, 19(3), pp.19-42.

结合文本分析、工具变量方法展开定量分析。研究发现：运动式反腐对各省的反腐败工作有重大影响，而干部交流形式的制度化反腐措施则无明显效果。

本文在研究方法方面的亮点主要有两点。首先是工具变量的选取。定量研究中常常会遇到内生性问题，导致实证结果存在偏误，所以人们往往采用工具变量法来处理上述问题。工具变量需要满足两个条件：第一是与自变量高度相关，第二是不会直接影响因变量。在本文中，作者用"1992年省委常委中外来干部的比例"作为本文自变量"外来干部的比例"的工具变量，很好地满足了工具变量的两个条件。

其次是运动式反腐的度量。定量研究的前提是要有合适的数据，但是运动式反腐并没有现成的数据可以用。而本文作者结合我国的政治体制特点，采用"国务院政府工作报告""中纪委书记年初讲话""中纪委全会公报"三个报告，通过文本分析的方式来合成"运动式反腐"的指标，巧妙地解决了"运动式反腐"无现成指标的问题。这也告诉我们，在做定量研究时如果没有现成数据，则需要利用现有条件来构建新的、符合要求的指标。

本文在"制度化反腐"指标的度量方面尚存在不足。首先，外来干部可能更忠实于执行中央政策。此时"外来干部比例"一定程度上反映了"运动式反腐"的执行程度，而非制度化反腐的效果，作者要想用此度量制度化反腐，至少应该找到证据表明"外来干部比例"与运动式反腐之间没有明显的关系。其次，即使"外来干部比例"可以度量制度化反腐，但是由于该指标的变异度太小（省委常委基本上是五年换届一次，届内基本上无变化），也会导致结果不显著。最后，即使我们认定外来干部比例可以度量制度化反腐，那么用外来常委比例是否恰当呢？按照我国的"一把手"负责制，更好的度量制度化反腐的指标可能是"省纪委书记是否外来"，毕竟"省纪委书记"才是反腐败的直接负责人，因此用该指标可能会有效果。田彬彬、范子英就发现相比于纪委书记是本地晋升的省份，纪委书记是异地交流的省份其反腐败力度会上升14%左右。①

　　结合各国的具体实践看,完善的制度确实有利于发现腐败、惩治腐败行为,②而不能依靠运动式反腐。正如作者在文中所强调的：运动式反腐没有考虑各地的差异性,其对常规制度和地方积极性产生影响。所以最终还是需要建设制度化的反腐败体系,通过机制设计来解决腐败问题。从实际情况看,我国也确实是把制度化反腐建设作为反腐败的长期举措,比如党的十九大把深化国家监察体制改革作为健全党和国家监督体系的重要举措,并明确要求将监察体制改革工作在全国推开。今后要制定国家监察法,组建国家、省、市、县监察委员会,同党的纪律检查机关合署办公,加强党对反腐败工作的统一领导,实现对所有公职人员监察全覆盖。

---

　　① 田彬彬、范子英：《纪委独立性对反腐败力度的影响》,《经济社会体制比较》2016年第5期。
　　② 任建明：《中国未来反腐败制度改革的关键：反腐败机构与体制》,《廉政文化研究》2010年第1期。

超越传统定量

转型中国的公民意见与地方财政决策
　——基于对地方政府的调查实验
　　　　孟天广　杨　平　苏　政
　　　　　　　［评论人：李　辉］

多渠道强干预、框架与抗争结果
　——对40个拆迁抗争案例的模糊集定性比较分析
　　　　黄荣贵　郑　雯　桂　勇
　　　　　　　［评论人：孙小逸］

转型中国的公民意见与地方财政决策
——基于对地方政府的调查实验

孟天广　杨　平　苏　政[*]

内容摘要：回应公民意见是现代政治系统的基本功能，西方国家的研究表明，公民意见是政府决策的基本影响因素；然而，讨论转型国家中公民意见影响政府决策的研究相对缺乏。本文旨在利用调查实验分析转型中国公民意见对地方财政决策的影响。基于"意见-政策连接"理论，通过对26个地级市3 059位地方官员的调查实验来检验假设，实验同时考察了经济发展和民生福利两个政策领域上级政府和本地公民意见对地方财政决策的影响。实验结果表明，在地方层面，经济发展支出决策显著地受上级政府和本地公民意见的影响，前者的影响略强于后者；民生福利支出决策不受上级政府和公民意见影响。该结论在控制了官员个体特征、政治价值观、政策偏好和地区差异后仍然成立。中国地方政府"选择性"地回应公民意见，具有经济回应性，"选择性回应"的前提是该政策领域具有高显著度、公民和决策者具有共享的政策偏好。因而，强化政府回应性应同时着力于开放政策过程与上级权威对地方官员偏好的调节。

关键词：政府回应性　财政决策　调查实验　经济发展　选择性回应

一、引言：转型国家的公民意见与政府回应性

政府回应性指政府决策符合公民政策偏好的程度[1]，如果一个政

---

*　孟天广，清华大学政治学系；杨平，中国青少年研究中心；苏政，香港中文大学政治与行政学系博士生。

①　A. Roberts, Byungyeon Kim, "Policy Responsiveness in Post-communist Europe: Public Preferences and Economic Reforms", *British Journal of Political Science*, 2011, 41(4), pp.819-839.

府根据公民意见的变化调整政策,那么就具有回应性。政府对公民意见的回应性是任何现代政治系统的基本功能之一。尽管不同政治学理论对公民意见在政府决策中的作用有不同设定,然而基本共识是人民主权论,这意味着国家权力最终来源于人民,决策者应该回应公民意见,参与民主理论、多元民主理论和协商民主理论都强调公民意见对政府决策应具有直接影响①。

政府回应性的早期研究考察政治家意见与选民意见的一致性,后续研究进而衡量回应性的程度②。现有研究发现西方国家的公民意见在很大程度上影响着政府决策③,这种影响关系被称为"公民意见-政策连接"(public opinion-policy link)④,为我们理解政府决策过程提供了重要视角。

尽管现有研究取得了丰硕成果,但一些重要的局限性仍然存在。(1)现有研究局限于西方国家,很少讨论转型国家政府决策对公民意见的回应性。这源于有些研究假定民主制下政治家受选票压力才会回应民意,而转型国家中不存在回应民意的激励。然而,上述假定值得质疑。以中国为例,政府官员并非没有回应公民的政治压力,相反,在体制稳定和政治晋升的激励下,他们非常关注代表性机构、基层调研和网络反映的公民意见。⑤ (2)现有研究在识别公民意见与

---

① R. Dahl, *Poliarchy: Participation and Opposition*, New Haven-London: Yale University Press, 1971; B. Barber, *Strong Democracy*, Berkeley. Cal.: University of California Press, 1984.
② J. A. Stimson, M. B. Mackuen, R. S. Erikson, "Dynamic Representation", *American Political Science Review*, 1995, 89(3), pp.543-565.
③ B. I. Page, R. Y. Shapiro, "Effects of Public Opinion on Policy", *American Political Science Review*, 1983, 77(1), pp.175-190.
④ C. Brooks, J. Manza, "Social Policy Responsiveness in Developed Democracies", *American Sociological Review*, 2006, 71(3), pp.474-494.
⑤ K. J. O'Brien, *Reform without Liberalization: China's National People's Congress and the Politics of Institutional Change*, New York: Cambridge University Press, 2008; Y. Cai, *Collective Resistance in China: Why Popular Protests Succeed or Fail*, Stanford, CA: Stanford University Press, 2010; G. King, J. Pan, M. Roberts, "How Censorship in China Allows Government Criticism but Silences Collective Expression", *American Political Science Review*, 2013, 107(02), pp.326-343.

政府决策的关系时难以排除二者"互为因果"的嫌疑。简言之,到底是公民意见决定着政府决策,抑或是政府决策塑造着公民意见[1]?政府决策和公民意见通常存在一种循环状且互相强化的关系[2],这使得因果关系的确认非常困难。因此证明公民意见影响政府决策就必须排除以下可能性:政府决策塑造公民的政策偏好或决策者通过政策宣传来引导公民意见。(3)现有研究主要在国家层面讨论公民意见对政府决策的影响,基于地方政府决策的研究很少。几乎没有研究考察同一体制内政府回应性的地方异质性,对调节公民意见与政府决策之关系的外在因素很少考察[3],而实际上政府回应性可能受到地方经济水平、财政自主性等因素的影响,也受到地方领导人政策偏好的影响。

  基于以上讨论,本文将通过一项对地方公务员的调查实验来检验当前中国公民意见在地方财政决策中的作用。近年来,中国政府在重要决策中越来越考虑公民意见。为了确保决策的民主性和科学性,政府不仅通过人大/政协、大众传媒等了解民意,还通过召开公众听证会、征求网络民意等途径吸纳公民参与决策过程。这空前强化了公民意见与公共政策的联系,为公民意见影响政府决策提供了现实可能性。通过调查实验,本文试图在如下方面有所贡献:(1)以中国为案例讨论转型国家公民意见影响政府决策的可能性和路径。分析策略是给予地方决策者有关本地公民意见的不同假设信息,然后观测其政策选择,如果政策选择与假设民意一致就具有回应性;(2)通过随机化分配干预来排除公民意见与政府决策"互为因果"的可能性,以有效评估公民意见对政府决策的影响;(3)考察地方层面和决策者个体层面因素对实验效应的影响。回顾现有研究,财政政

---

[1] J. Manza, F. Cook, B. Page, *Navigating Public Opinion: Polls, Policy, and the Future of American Democracy*, Oxford, UK: Oxford University Press, 2002.

[2] E. Sharp, *The Sometime Connection: Public Opinion and Social Policy*, New York: SUNY Press, 1999.

[3] J. A. Stimson, *Public Opinion in America: Moods, Cycles, and Swings*, Boulder, Colorado: Westview Press, 1991.

策是国际学术界开展"公民意见—政策连接"研究的核心政策领域[1]，这源于财政政策之于公共治理的重要性、关注度高，以及观察财政指标的可行性[2]。因此，本文也以地方财政决策为研究对象，考察地方财政决策的两大最核心政策领域——经济发展和民生福利领域的"公民意见—政策连接"。

二、公民意见与政府决策：西方理论到中国经验

（一）西方国家的公民意见与政府决策

政治学中大量研究讨论了公民意见与政府决策的关系，其基本问题是公民意见能否影响政府决策？换言之，政府在多大程度上回应了公民的政策诉求？很多案例研究显示"公民意见-政策连接"存在于医疗、税收、积极劳动力市场等多个政策领域，比如 Page 和 Shapiro 首次系统检验了美国主要政策领域中公民意见对公共政策的影响。他们利用调查数据计算了 1935—1979 年间特定政策领域的公民意见，然后考察民意调查滞后一年的政策变化（以具体政策领域财政支出水平来衡量），分析二者之间的一致性程度。研究发现 66% 的公民意见变化导致了与公民意见一致的政策变化，当公民意见变化越大时，政策变化的可能性越大[3]。

Soroka 和 Wlezien 系统检验了欧美国家公民意见对政府决策的影响。他们选择国防、社会福利、教育等数十个政策领域，比较了特定政策领域的公民意见与实际政府财政支出的关系，并进行了跨时分析。研究结果很好地支持了其假设：当公民要求在某个领域增加

---

[1] S. N. Soroka, C. Wlezien, *Degrees of Democracy: Politics, Public Opinion, and Policy*, New York: Cambridge University Press, 2010.

[2] B. I. Page, R. Y. Shapiro, "Effects of Public Opinion on Policy", *American Political Science Review*, 1983, 77(1), pp.175-190.

[3] 同上。

财政支出时,政府会增加实际支出;反之,政府会减少实际支出①。近来,比较研究发现公民意见与政府决策存在显著的因果联系,而且这种联系在大多数政策领域、不同区域的国家中均有反映②。

现有研究对"公民意见—政策连接"的解释形成了三种理论。

第一种理论是规范性理论。该理论从规范民主理论出发,认为政府对公民意见的有效回应是民主制度运行好坏最基本的评价指标。任何形式的民主政治都基于人民主权,其关键特征是政府对公民偏好的持续性回应③。此外,规范性理论还强调"代表性"在公民意见影响政府决策中的作用。对于经典民主理论家来说,公民偏好与公共政策之间的连接是民主运行的基本逻辑,决策者需要回应公民来赢得选举,而公民需要知道决策者的行为以形成成熟的政策偏好。

这个领域的代表性经验理论是"温度调节器模型"(thermostatic model),该模型由 Wlezien 提出。"温度调节器模型"的基本假设是特定政策领域的公民意见与政策回应之间存在"负向反馈",当公民向政府表达意见时,就如同向温度调节器发送信号,如果实际政策温度与公民偏好的政策温度不同,政府(温度调节器)就会调节政策方向④;当政府进行了有效回应后,公民偏好的政策温度就会下降。经过十多年的发展,"温度调节器模型"被证明适用于大多数欧美国家⑤。

---

① S. N. Soroka, C. Wlezien, *Degrees of Democracy: Politics, Public Opinion, and Policy*, New York: Cambridge University Press, 2010.

② G. Bonoli, *The Politics of Pension Reform: Institutions and Policy Change in Western Europe*, New York: Cambridge University Press, 2000; C. A. Larsen, "The Institutional Logic of Welfare Attitudes: How Welfare Regimes Influence Public Support", *Comparative Political Studies*, 2008, 41(2), pp.145-168.

③ R. Dahl, *Poliarchy: Participation and Opposition*, New Haven-London: Yale University Press, 1971.

④ C. Wlezien, "The Public as Thermostat: Dynamics of Preferences for Spending", *American Journal of Political Science*, 1995, 39(4), pp.981-1000.

⑤ S. N. Soroka, C. Wlezien, "Opinion-Policy Dynamics: Public Preferences and Public Expenditure in the United Kingdom", *British Journal of Political Science*, 2005, 35(4), pp.665-689; S. N. Soroka, C. Wlezien, *Degrees of Democracy: Politics, Public Opinion, and Policy*, New York: Cambridge University Press, 2010.

第二大经验理论是"宏观系统模型"(macro system model)。宏观系统模型认为在政府决策过程中,影响决策者行为的不是特定政策领域的具体公民意见,而是整体性公民意见(或政策气氛,policy mood)①。加总多个具体议题上的公民意见可以形成整体性公民意见,整体性公民意见塑造着政府决策的时代氛围,从而约束着政府决策。当政策氛围变化时,政治家会感觉到这种变化,从而改变其政策行为,如美国从20世纪60年代的自由主义到20世纪80年代的保守主义转变所引起的诸多政策的巨大变化②。

近来,学者们的研究兴趣转移到"公民意见—政策连接"理论的跨国适用性③。Soroka 和 Wlezien 将"制度"引入政府回应性分析框架④。一些研究考察了多数代表制和比例代表制等选举制度对公民意见影响公共政策的调节作用⑤,还有研究考察权力的垂直分割(联邦制—单一制)和水平分割(行政—立法分权程度)对"公民意见—政策连接"的影响⑥。然而,现有研究主要基于西方国家,而对转型国家的政府回应性研究非常缺乏。

---

① 孟天广、孔令英、顾昕:《地级市财政性社会支出的不均等及其分解——基于回归方程的不均等分解》,《中国行政管理》2013年第1期。
② J. A. Stimson, M. B. Mackuen, R. S. Erikson, "Dynamic Representation", *American Political Science Review*, 1995, 89(3), pp.543-565.
③ A. Roberts, Byungyeon Kim, "Policy Responsiveness in Post-communist Europe: Public Preferences and Economic Reforms", *British Journal of Political Science*, 2011, 41(4), pp.819-839.
④ S. N. Soroka, C. Wlezien, "Opinion Representation and Policy Feedback: Canada in Comparative Perspective", *Canadian Journal of Political Science*, 2004, 37(3), pp.531-559.
⑤ S. B. Hoblt, R. Klemmemsen, "Government Responsiveness and Political Competition in Comparative Perspective", *Comparative Political Studies*, 2008, 41(3), pp.309-337.
⑥ S. N. Soroka, C. Wlezien, "Opinion Representation and Policy Feedback: Canada in Comparative Perspective", *Canadian Journal of Political Science*, 2004, 37(3), pp.531-559; S. N. Soroka, C. Wlezien, *Degrees of Democracy: Politics, Public Opinion, and Policy*, New York: Cambridge University Press, 2010.

(二) 转型国家的公民意见与政府决策:以中国为例

有学者尝试着在东欧国家和拉美国家检验了"公民意见—政策连接"假设①,发现这些国家的公民意见与政府决策存在高度一致性。Roberts 和 Kim② 讨论了"公民意见—政策连接"假设在东欧转型国家的可推广性。这项研究批评了"公民意见—政策连接"只存在于西方国家的偏见,发现转型国家公民对经济改革的意见对经济改革进程有巨大影响。当公民对改革的支持度提高时,经济改革推动得越快,而这种关系在一些民主程度较低的转型国家仍然存在。作者承认,虽然转型国家的一些官员的确不关心公民意见,但有关政府回应性的判断应该基于更为系统性的证据而不是个别经验。

一般而言,西方学术界片面认为公民意见对政府决策的影响在转型国家或者不存在,或者是扭曲的,他们的理由如下:(1)一些转型国家的官员不由选举产生,因而在决策时没有考虑公民意见的激励;(2)由于公民不经常性地参与政治,因而难以形成对具体政策议题的清晰、成熟偏好;(3)缺乏有效地连接公民意见和政府决策的制度性安排;(4)即使上述条件满足,转型国家的公民仍然缺乏技能和机会来监督官员为其行为负责③。

转型国家的政治家(官员)缺乏回应公民意见之激励的假定值得质疑。以中国为例,政治家(官员)并非不存在回应公民的政治压力,而是在体制生存和政治晋升的激励下非常关注公民

---

① J. P. Luna, E. J. Zechmeister, "Political Representation in Latin America: A Study of Elite-Mass Congruence in Nine Countries", *Comparative Political Studies*, 2005, 38(4), pp.388-416.

② A. Roberts, Byungyeon Kim, "Policy Responsiveness in Post-communist Europe: Public Preferences and Economic Reforms", *British Journal of Political Science*, 2011, 41(4), pp.819-839.

③ 同上。

意见①。一方面,为了维护体制生存和稳定,政治家必须在一定程度上回应公民诉求来保证有效统治的社会基础,大至改革开放决策、外交政策制定②,小至环境评估、新农合的实施都体现出政府决策对公民意见的考量和回应③。另一方面,地方政府决策是否符合本地居民意见决定着地方领导人能否在任期内取得良好的经济和政治治理绩效,进而获得较好的晋升路径。有研究证实,地方领导人至少要部分地听取本地居民意见才能取得施政过程中的地方合作,而不至于因为消极抵抗、群体性事件、群众上访影响仕途。④

近年来,一些研究讨论了中国的政府回应性。Mertha基于对公共政策过程的观察提出"碎片化威权主义2.0"来描述公共政策过程的政治多元化倾向,由于政策进入门槛降低,基层官员、非政府组织、媒体和公民等行为者能够参与政策过程,对政策制定发挥影响。⑤ 公民意见对政府决策发挥影响也反映在福利政策上。伴随着改革深入,经济市场化的政治和社会后果逐渐显现,公民对社会福利市场化政策越来越多地表达了不满和反对意见,作为对公民不满的回应,中国政府在过去十多年中连续进行了社会救助、医疗和教育等民生福

---

① Y. N. Cho, "From 'Rubber Stamps' to 'Iron Stamps': The Emergence of Chinese Local People's Congresses as Supervisory Powerhouses", *The China Quarterly*, 2002, 171(1), pp.724-740; K. J. O'Brien, *Reform without Liberalization: China's National People's Congress and the Politics of Institutional Change*, New York: Cambridge University Press, 2008.

② P. Gries, "China's 'New Thinkin' on Japan", *China Quarterly*, 2005, 184(4), pp.831-850; J. Reilly, *Strong Society, Smart State: The Rise of Public Opinion in China's Japan Policy*, New York: Columbia University Press, 2012.

③ A. Mertha, "'Fragmented Authoritarianism 2.0': Political Pluralization in the Chinese Policy Process", *China Quarterly*, 2009, 200(4), pp.995-1012.

④ Y. Cai, *Collective Resistance in China: Why Popular Protests Succeed or Fail*, Stanford, CA: Stanford University Press, 2010; L. Li, M. Liu, K. J. O'Brien, "Petitioning Beijing: The High Tide of 2003-2006?", *The China Quarterly*, 2012, 210(2), pp.313-334.

⑤ 同注③。

利领域的改革。①

很多研究表明,中国存在公民与政府机构(尤其是地方政府)的沟通渠道,如与地方政府机构直接联系是公民政治参与最常见的方式②,人大和政协等机构发挥着代表公民意见的功能,对地方政府决策施加着重要影响③。有研究表明中国政府有意识地利用公民意见数据为社会、经济和外交政策决策提供参考④,中国政府在政策制定时广泛利用社会媒体、网络调查和抽样调查来实时、定期地收集公民对特定政策的意见已成惯例⑤。中国社科院成立了中国舆情调查实验室,计划用三年时间对 600 000 个中国公民进行民意调查,并将调查结果提交中央和地方层面的决策者⑥。

---

① M. K. Whyte, *Myth of the Social Volcano: Perceptions of Inequality and Distributive Injustice in Contemporary China*, Stanford, CA: Stanford University Press, 2010.

② T. Shi, *Political Participation in Beijing*, Cambridge, MA: Harvard University Press, 1997.

③ Y. N. Cho, "From 'Rubber Stamps' to 'Iron Stamps': The Emergence of Chinese Local People's Congresses as Supervisory Powerhouses", *The China Quarterly*, 2002, 171(1), pp.724-740; M. Manion, "When Communist Party Candidates Can Lose, Who Wins? Assessing the Role of Local People's Congresses in the Selection of Leaders in China", *The China Quarterly*, 2008, 195(3), pp.607-630.

④ G. King, J. Pan, M. Roberts, "How Censorship in China Allows Government Criticism but Silences Collective Expression", *American Political Science Review*, 2013, 107(02), pp.326-343; S. Heilmann, *Policy-Making through Experimentation: The Formation of a Distinctive Policy Process* // S. Heilmann, E. Perry, *Mao's Invisible Hand: The Political Foundations of Adaptive Governance in China*, Cambridge, MA: Harvard University Press, 2011, pp.62-101.

⑤ P. M. Thornton, *Retrofitting the Steel Frame: From Mobilizing the Masses to Surveying the Public* // S. Heilmann, E. Perry, *Mao's Invisible Hand: The Political Foundations of Adaptive Governance in China*, Cambridge, MA: Harvard University Press, 2011, pp.237-268;翁士洪、叶笑云:《网络参与下地方政府决策回应的逻辑分析——以宁波 PX 事件为例》,《公共管理学报》2013 年第 4 期。

⑥ 中国社会科学院专门成立了致力于舆情民意采集的舆情调查实验室,并计划成立大型舆情调查数据库。详情参见:http://news.xinhuanet.com/2013-02/27/c_114827317.htm。为了及时、客观地了解社情民意,为国家决策提供重要依据,国家统计局成立了社情民意调查中心,同时,各省市也成立相应的调查中心 29 个。详情参见国家统计局社情民意调查网 http://my12340.cn/theme.aspx?classid=27。

(三)财政决策中的政府回应性

国际经验显示,财政政策在政府回应性研究领域具有重要地位[①]。首先,财政政策是政府通过一系列财政收入和支出工具来影响资源配置和财富分配,以实现执政目标的关键政策,是分析政府行为的重要维度[②],因而也成为评估政府回应性的关键指标[③];第二,财政政策的重要性导致其受到社会各界广泛关注,公民会基于个人经验和知识形成对财政预算的特定且稳定的偏好[④],任何国家的财政决策都离不开对公民意见的充分考量;第三,相较于其他政策,研究财政政策更具可行性。研究者可以通过观察年度财政收入和支出情况采集财政数据[⑤],再对照公民对财政预算的偏好即可考察政府回应性的程度及差异。基于以上理由,财政政策成为政府回应性研究的核心领域。

财政政策是中国公共政策的核心政策,而财政决策更是首要的公共决策,受到社会各界的广泛关注。财政政策是中国公民参与时间较早、参与程度较深的领域之一。1998年中国启动公共预算改革,改革的重点之一即是加强公民参与公共预算[⑥]。在公共预算改革实践中,河北、广东、江苏、浙江等很多地方政府已经向本地公民开放预算过程[⑦],典型的开放途径包括召开特定政策预算听证会、整体财政预算安排的听证会、预算民主恳谈会[⑧]等。伴随着公共预算改革的

[①] B. I. Page, R. Y. Shapiro, "Effects of Public Opinion on Policy", *American Political Science Review*, 1983, 77(1), pp.175-190.
[②] H. S. Rosen, *Public Finance*, York: Spriger US, 2004, 68.
[③] B. I. Page, R. Y. Shapiro, "Effects of Public Opinion on Policy", *American Political Science Review*, 1983, 77(1), pp.175-190.
[④] 同上。
[⑤] S. N. Soroka, C.Wlezien, *Degrees of Democracy: Politics, Public Opinion, and Policy*, New York: Cambridge University Press, 2010.
[⑥] 马骏:《中国公共预算改革:理性化与民主化》,中央编译出版社2005年版。
[⑦] 马骏、侯一麟、林尚立:《国家治理与公共预算》,中国财政经济出版社2007年版。
[⑧] 牛美丽:《预算民主恳谈:民主治理的挑战与机遇——新河镇预算民主恳谈案例研究》,《华中师范大学学报(人文社会科学版)》2007年第1期。

稳步推进,地方人大在地方财政决策中的影响也日益增强①,而常态化地了解公民的财政预算偏好也日益成为地方财政决策的重要部分。总之,公民意见对财政决策的影响机制包括公民参与和人大参与,二者影响财政决策的具体机制既有联系,也有很大差异。公民参与主要影响政策输入端,为财政决策提供政策偏好、议程设置和政治支持;人大参与既影响政策议程设定和协商过程,也通过监督和问责来影响政策输出端。考虑到研究目标,本文聚焦于考察政策输入端的公民意见对地方政府财政决策偏好的影响,这里的公民意见指公民及其代表通过正式或非正式渠道表达的对本地财政支出的具体偏好。总之,本项调查实验不仅在理论上有检验转型国家"公民意见-政策连接"之可能性的价值,更具有从实践上评价"预算民主"等财政改革成效的意义。

三、调查实验的设计与实施

考虑到观测现实财政决策的困难性,为在中国语境下探索公民意见对地方财政决策的影响,本文采取调查实验方法开展研究。实验方法是研究者利用控制和操作控制某些因素的变化来理解因果关系的科学方法。研究者通过对被试者随机化分配干预来控制其他混淆变量,操作一组变量,测量结果变量的变化来分析因果关系②。随机化分配干预可以有效地解决选择偏误、控制可观测和不可观测混淆变量的影响,从而提升因果推论的内在效度。实验研究通过设计控制组来提升信度,为干预效应的估计提供测量一致

---

① M. Manion, "When Communist Party Candidates Can Lose, Who Wins? Assessing the Role of Local People's Congresses in the Selection of Leaders in China", *The China Quarterly*, 2008, 195(3), pp.607-630.

② K. Hinkelmann, O. Kempthorne, *Design and Analysis of Experiments*, Volume I: *Introduction to Experimental Design*? Hoboken, New Jersey: Wiley, 2008.

性。调查实验是一种将实验研究与社会调查相结合的创新方法[①],将针对特定子群体的实验结果推广到总体,确保了因果推论的外部效度,近来在社会科学界广受欢迎。为了保证调查实验的信度和效度,本文从对象选择、控制和干预设计、随机化分配干预等方面做出努力。

(一)调查实验的对象

为保证调查实验的效度和信度,调查实验的对象是地方政府公务员。公务员对本地政府决策有切身(real-world)经历,甚至有财政决策参与经历,对地方财政决策的知情度更高,更有能力提供最接近现实政治的信息。因而,以其作为实验对象不仅保证了测量的一致性信度,也强化了实验研究的内在和外在效度。

本项调查实验嵌入在作者组织实施的"地方治理与公共产品调查"。这项调查旨在了解地方政府官员在地方治理中的基本状况、政策偏好、价值观和行为模式。为保护调查对象的隐私并获得合作,也为了确保受访人提供真实答案,本次调查采取完全匿名调查,在地方政府相关部门和地方党校的配合下实施,调查方式为受访人自填式纸质问卷,问卷内容包含背景变量、行为问题和态度问题。同时,我们尽量简化调查问卷和价值中立化以减轻调查对象的负担,以上措施保证了调查实验的测量信度[②]。具体地,调查实施环节如下:调查团队首先向多个地方政府相关部门寻求调查支持,最终获得在26个地级市实施调查的机会;调查团队印刷问卷并将其携带至调研地;在调研地合作者的配合下,依据配额抽样原则寻找受访人;将调查问卷发放给受访人并由受访人独立完成调查问卷;调查团队回收调查问

---

① B. J. Gaines, J. H. Kuklinski, P. J. Quirk, "The Logic of the Survey Experiment Reexamined", *Political Analysis*, 2007, 15(1), pp.1-20.

② T. Meng, J. Pan, P. Yang, "Conditional Receptivity to Citizen Participation: Evidence from a Survey Experiment in China", *Comparative Political Studies*, First Published on December 16, 2014 as doi: 10.1177/0010414014556212.

卷并录入数据开展研究。

调查采取配额抽样,配额依据为调查对象的单位类型和行政级别,单位类型分为党委机关、行政系统、人大/司法/团群三组,行政级别包括副科及以下、正科、副处和正处及以上四类,覆盖华北、华东、华中、华南和西南地区10省26地级市,以上措施保证了调查实验的外部效度。调查实施从2013年5月至2013年11月底,历时6个月,共发放问卷3 500份,回收有效样本3 059个,问卷回收率87.4%。总体而言,本项调研获得地方政府官员的良好合作,绝大多数受访人同意接受调查并完成调查问卷。与社会调查相比,公务人员由于具备更高教育程度,对公共事务有更深入了解,因而调查数据显示的缺失数据比例较低,应答情况的分布也表现出良好的区分度。表4-1描述了样本基本分布,可以发现,调查样本中男性公务员占59%,平均年龄35岁,拥有本科学历的比例最高,达到66%;来自行政机构、党委机构、人大/司法/团群机构的公务员分别占57%、16%和28%;副科及以下公务员为63%,正科干部占25%,副处干部有9%,正处及以上干部为3%。调查样本在基本分布有代表性。

表4-1 调查样本的基本分布

变量名称	样本量	均值	标准差
男性	3 045	0.59	0.49
年龄	2 964	35.41	8.27
大专及以下	3 052	0.15	0.36
本科	3 052	0.66	0.48
研究生及以上	3 052	0.19	0.39
人均GDP	26	59 249	31 947
人口规模	26	493	319
行政机构	3 046	0.57	0.50

续　表

变量名称	样本量	均值	标准差
党委机构	3 046	0.16	0.36
人大/司法/团群	3 046	0.28	0.45
副科及以下	3 020	0.63	0.48
正科	3 020	0.25	0.43
副处	3 020	0.09	0.28
正处及以上	3 020	0.03	0.18

(二) 干预的设计

调查实验通过在调查问卷中设计不同问题对受访人实施干预,即让受访人阅读不同信息,然后对特定问题作出应答,该方法在社会科学领域得到广泛应用。[①] 考虑到地方财政预算的复杂性,调查实验主要考察其中的经济发展和民生福利项目。现阶段地方财政预算项目复杂多样,除了一般公共服务、公共安全等常规性支出,地方财政支出项目主要集中在经济发展和民生福利两大领域。[②] 改革以来,经济发展支出始终在地方财政支出中占重要比例,[③]并成为地方经济增长的主要动力。进入21世纪,中国政府将发展"民生"列为主要施政目标,在公共财政上加强了教育、卫生、社保等民生福

[①] J. Barabas, J. Jerit, "Are Survey Experiments Externally Valid?", *American Political Science Review*, 2010, 104(2), pp.226-242.

[②] 根据财政部提供的财政支出决算信息,现阶段主要的地方财政预算项目包括基本建设支出、固定资产支出、教育和卫生支出、社会保障和就业支出、行政管理和公检法支出、价格补贴支出等。详情参见财政部《2012年地方公共财政支出决算表》,http://yss.mof.gov.cn/2012qhczjs/201307/t20130715_966263.html。

[③] 周黎安:《晋升博弈中政府官员的激励与合作——兼论我国地方保护主义和重复建设问题长期存在的原因》,《经济研究》2004年第6期;周飞舟:《分税制十年:制度及其影响》,《中国社会科学》2006年第6期。

利领域的投入①,且民生福利的筹资和支出责任主要在地方②。简言之,经济发展和民生福利支出是地方政府财政预算的核心关切,因而调查实验同时在这两个支出领域检验公民意见对地方财政决策的影响。

恰当地评估公民意见对地方财政决策的影响还依赖于对上级政府之影响的估计。估计上级政府对地方财政决策的影响既具有实践必要性,也具有逻辑必要性。中国是单一制国家,地方政府是上一级政府的下属机构,在人事、财政和行政权限上从属上级政府,上级政府对地方政府施加着广泛影响。现有财政制度下,上级政府通过一系列政策手段引导(或限制)着地方财政决策,"五年计划"等社会经济发展规划、区域性政策、财权事权划分、财政配套或专项支出等都是上级政府影响地方财政决策的主要途径③。从逻辑上看,为了进行有效的因果推论,有必要排除上级政府对地方财政决策的可能影响。基于以上原因,调查实验分别设置不同"干预"来分析上级政府意见和本地公民意见对地方财政决策的影响。

本文检验两种意见来源对地方财政决策的影响。通过考察上级政府和本地公民在经济发展和民生福利两个支出领域表达不同政策偏好时,地方官员的政策选择来分析地方财政决策中回应公民意见的行为模式。调查实验首先设置一个虚拟情景(见表4-2),该情景要求受访人将自己假设为"某县县委书记",并在情景要求下对某县年度财政预算做出建议。虚拟情景设计在调查实验中应用广泛④,在实验政治学中备受推崇。以县级政府为分析单位是因为县级政府是

---

① M. K. Whyte, *Myth of the Social Volcano: Perceptions of Inequality and Distributive Injustice in Contemporary China*, Stanford, CA: Stanford University Press, 2010.
② 孟天广、孔令英、顾昕:《地级市财政性社会支出的不均等及其分解——基于回归方程的不均等分解》,《中国行政管理》2013年第1期。
③ 李洺、侯一麟:《我国地方财政预算权及其决策过程分析》,《中国行政管理》2008年第7期。
④ D. R. Heise, *Surveying Cultures: Discovering Shared Conceptions and Sentiments*, Hoboken, New Jersey: John Wiley & Sons, 2010.

最主要的地方政府,具有相对独立的财政决策权且接近公民,更容易获得公民对地方财政预算的意见。本文的因变量是研究对象对财政预算中经济发展支出和民生福利支出之比例的偏好。调查实验由一个控制状态和四个干预状态构成,具体设计如下:

表4-2 调查实验的情景设计

干预类型	情 景 设 计
干预一:上级偏好经济发展	上级政府提出五年内将本县所属区域建成地区性经济中心,将经济发展作为党政领导干部考核的重中之重
干预二:上级偏好民生福利	上级政府提出五年内要大力推动本县所属区域民生福利的发展,将民生改善作为党政领导干部考核的重中之重
干预三:公民偏好经济发展	某县居民通过多种渠道建言献策,要求县政府想方设法推动本地经济快速发展
干预四:公民偏好民生福利	某县居民通过多种渠道建言献策,要求县政府想方设法改善本地民生福利状况

控制状态的接受者将阅读如下信息,并提供答案①。

假设您担任某县县委书记职务,您要对某县本年度财政预算提出建议。某县的经济社会发展水平处于全省中等水平,预计本年度财政收入继续增长。除了行政管理、社会治安等财政支出项目外,您认为某县本年度应该在经济发展和民生福利领域如何分配财政收入(两项合计100%)?

1.经济发展超过民生福利;2.经济发展和民生福利持平;3.民生福利超过经济发展

干预一的设计与控制组一致,增加了上级政府偏好经济发展意见"上级政府提出五年内将本县所属区域建成地区性经济中心,将经济发展作为党政领导干部考核的重中之重"。干预二在控制状态的基础上增加了上级政府偏好民生福利的意见。干预三和干预四关注

---

① 为方便阐述,下文将情境实验题目的三个选项依次简称为"经济>福利"、"经济=福利"和"经济<福利"。

本地公民意见，干预三增加了本地公民偏好经济发展的意见，干预四反映本地公民偏好民生福利的意见。

（三）干预分配及平衡性检验

为确保调查实验的效度，我们随机地分配干预给不同研究对象，随机化分配干预的操作方法如下：对每个调查点，在调查之前将问卷按照控制组、干预一、干预二、干预三、干预四的顺序循环排序，然后将排列好顺序的问卷依次发放给研究对象①。调查实验采集的数据显示，本文所应用的干预分配方法很好地实现了随机化分配目标。根据表4-3，不同干预状态的接受者在性别、年龄、教育水平、部门归属、行政级别、工作年限上均不存在显著差异，具有很好的平衡性，为下文因果推论提供了良好基础。

表4-3　不同干预状态群体协变量的平衡性检验

	控制组	上级-经济	上级-福利	公民-经济	公民-福利
性别	61.5%	58.5%	59.1%	59.8%	57.9%
年龄	35.4	35.2	35.6	35.4	35.5
教育水平	2.02	2.08	2.01	2.04	2.04
行政机构	55.7%	55.1%	58.6%	55.2%	58.5%
党委机关	15.6%	16.5%	15.1%	16.1%	15.4%
人大/司法/团群	28.8%	28.4%	26.3%	28.7%	26.1%
行政级别	1.52	1.53	1.50	1.53	1.50
工作年限	10.1	10.3	10.4	10.3	10.4
n	671	1 146	1 242	1 152	1 236

注：a. 表格中呈现了所有控制和干预状态组别的前干预协变量的均值（或比例）；
b. 对所有前干预协变量与干预状态的方差分析的F检验均统计不显著。

---

① 本研究所采取的随机化方法简便易行，既能确保调查实施简便易行，又能保证接受不同干预状态的群体在基本协变量上具有平衡性。

四、地方财政决策:地方财政预算服从上级吗?

(一)干预效果

首先来分析调查实验的发现。在控制状态下,41.9%的地方官员认为某县本年度财政支出中"经济＞福利",30.4%选择"经济＜福利",27.6%偏好"经济＝福利";在接受"上级-经济"意见时,48.8%的调查对象选择了"经济＞福利",26.4%持相反看法,24.9%认为二者应该持平;当接受"上级-福利"意见时,46.8%仍然偏好"经济＞福利",30.2%认为"经济＜福利",23%选择二者持平。

表4-4呈现了利用序次逻辑斯蒂回归(ordinal logistic regression)分析地方官员财政决策选择的影响因素模型。比较各组在财政决策上的差异可以估计"上级-经济"和"上级-福利"干预对地方财政决策的影响:"上级-经济"干预显著地提高了地方官员在财政决策中对经济发展支出的偏好(two-sided t-test $p=0.004$;wilcoxon rank-sum test $p=0.003$)①。当上级政府偏好经济发展时,偏好"经济＞福利"的地方官员变为原来的1.32倍;"上级-福利"干预对财政决策选择没有显著影响(two-sided t-test $p=0.142$;wilcoxon rank-sum test $p=0.132$)。在"上级-福利"干预下地方官员的财政选择出现"两极分化",偏好"经济＞福利"者和偏好"经济＜福利"者的比例均较高,这可能是干预效果不显著的原因之一。在控制其他因素后,"上级-经济"干预对偏好"经济＞福利"的影响有所强化。

---

① 为了保证实验发现的稳健性,我们分别提供了参数检验(two-sided t-test)和非参数检验(wilcoxon rank-sum test)的结果。

表 4-4　公务员在财政决策中"回应上级"的回归分析

		模型(1)		模型(2)		模型(3)		模型(4)	
		回归系数	发生比	回归系数	发生比	回归系数	发生比	回归系数	发生比
实验干预	上级-经济	0.275***	1.316	0.267**	1.306	0.390**	1.477	0.371***	1.450
	上级-福利	0.136	1.146	0.128	1.137	0.140	1.151	0.134	1.144
官员特征	男性			0.104	1.109	−0.001	0.999	0.012	1.012
	年龄			−0.081**	0.922	−0.085**	0.919	−0.090**	0.914
	年龄的平方			0.001**	1.001	0.001**	1.001	0.001**	1.001
	教育水平(参照：大专及以下)								
	大学本科			−0.255***	0.775	−0.310***	0.734	−0.222**	0.801
	研究生及以上			−0.141	0.869	−0.226*	0.798	−0.102	0.903
	部门类型(参照：行政部门)								
	党委机构			0.305***	1.357	0.253**	1.288	0.247**	1.280
	人大/司法/团群			0.039	1.039	0.125	1.134	0.182**	1.200
	行政级别			−0.080	0.923	−0.060	0.942	−0.084	0.919

续表

		模型(1)		模型(2)		模型(3)		模型(4)	
		回归系数	发生比	回归系数	发生比	回归系数	发生比	回归系数	发生比
政治偏好	民生-经济重要性					-0.288***	0.750	-0.294***	0.745
	贯彻上级政策					0.071	1.074	0.054	1.055
	服务公众利益					0.018	1.018	-0.015	0.985
地区特征	Ln(人均GDP)							0.487***	1.626
	经济增长率(2011)							0.081***	1.073
	财政自给率							-1.199***	0.302
截点1		-0.685		-2.272		-4.287		0.902	
截点2		0.387		-1.200		-3.099		2.106	
样本量		2 863		2 741		2 620		2 620	
Log pseudolikelihood		-3 060.9		-2 915.3		-2 621.4		-2 600.3	
Wald chi2		9.07**		37.64***		316.16***		339.09***	
Pseudo R2		0.001 5		0.006 1		0.065 8		0.073 3	

注：* 表示0.10的显著水平；** 表示0.05的显著水平；*** 表示0.01的显著水平。

（二）官员特征与回应上级政府

除了受到上级政府意见的影响，地方官员的财政决策选择还受到自身社会和职业特性的影响。表 4-4 的模型（2）在控制了干预差异后，分析了官员的性别、年龄和隶属部门等官员特征对其财政决策选择的影响。模型（3）进一步分析了官员的政策偏好和政治价值观的影响。

（1）社会背景的影响。性别对公务员的政策选择几乎没有影响；年龄对决策选择有显著的非线性影响，二者间存在 U 型关系。简言之，伴随着年龄增长，公务员偏好"经济＞福利"的倾向先下降再逐步上升；教育水平差异与政策选择显著相关，与大专及以下相比，接受了大学本科教育的公务员偏好"经济＞福利"的发生比降低了 0.199。

（2）任职经历的影响。这里考察公务员隶属部门类型、行政级别对其财政决策选择的影响，只有隶属部门显示了对财政决策选择的显著影响。党委机构偏好"经济＞福利"的发生比是行政部门的 1.280 倍，而其他部门公务员的选择与行政机构没有显著区别；尽管行政级别与偏好"经济＞福利"的倾向存在负向关系，但未达到统计显著。

（3）政策偏好和政治价值观的影响。公务员对本地发展中"经济发展重要，还是民生福利重要"的政策偏好对其政策选择发挥着至关重要的影响，越是认为"民生福利重要"就越偏好"经济＜福利"，反之越认为"经济发展重要"则越会选择"经济＞福利"；认为担任领导干部"贯彻上级政策重要""服务公众利益重要"对财政决策选择没有显著影响。

（三）地区差异与回应上级政府

考虑到地区的经济和财政状况也会影响财政决策选择，本文也考察地方经济发展、财政自给率等因素对服从上级政府的影响。本文以2011年人均GDP和经济增长率来测量地方政府间的经济发展差异,以财政自给率(即地方财政收入占地方财政支出的百分比)来衡量地方政府的财政自主性。

模型4显示,地方经济和财政状况对地方官员对上级政府建议的服从有影响,经济发展水平(人均GDP和经济增长率)强化着公务员偏好"经济＞福利"的发生比,而且这二者的影响效应强劲;高水平的财政自给度确保地方政府具备很大的财政支出自由度,从而显示出对公务员偏好"经济＜福利"的显著强化效应。财政自给率反映地方政府的财政能力,当地方政府财政能力充沛时,地方政府将有更大自由度来分配财政资源,除了保障经济投资,地方政府也有余力将更多财政资源用于提供社会福利。同时,财政越丰沛的地方,纳税人对社会福利和公共产品的要求也更高,地方政府只有提供优越的社会福利才能吸引资本和劳动力。

五、地方财政决策:地方财政预算回应公民吗?

(一)干预效果

本部分考察"公民意见"干预的实验结果。控制组中41.7%的地方官员选择了"经济＞福利",30.6%选择"经济＜福利",27.8%选择二者持平;当地方官员接受"公民-经济"意见时,48.1%的地方官员建议某县的财政预算中"经济＞福利",27.9%持相反看法,其余24.1%认为二者应该持平;当接受"公民-福利"意见时,42.5%选择"经济＞福利",32.6%偏好相反选项民生福利支出应该超过经济发展支出,25%选择二者持平。

表4-5呈现了公民意见干预对结果变量的序次逻辑斯蒂回归结果。具体地,"公民-经济"干预在所有回归模型中均显著地提高了地方官员选择"经济＞福利"的发生比,而"公民-福利"干预则统计不显著。比较三组财政政策选择的差异可以估计"公民-经济"和"公民-福利"干预对地方财政决策的影响:"公民-经济"干预显著地提高了

表 4-5 公务员在财政决策中"回应公民"的回归分析

		模型(1)		模型(2)		模型(3)		模型(4)	
		回归系数	发生比	回归系数	发生比	回归系数	发生比	回归系数	发生比
实验干预	公民-经济	0.202**	1.224	0.179*	1.195	0.250**	1.285	0.239**	1.271
	公民-福利	0.007	1.007	−0.016	0.984	0.031	1.031	0.026	1.026
官员特征	男性			0.100	1.105	−0.023	0.978	−0.015	0.985
	年龄			−0.091**	0.913	−0.089**	0.915	−0.091**	0.913
	年龄的平方			0.001***	1.001	0.001**	1.001	0.001*	1.001
	教育水平(参照:大专及以下)								
	大学本科			−0.125	0.882	−0.215*	0.807	−0.161	0.851
	研究生及以上			−0.050	0.951	−0.138	0.871	−0.063	0.939
	部门类型(参照:行政部门)								
	党委机构			0.157	1.170	0.070	1.073	0.061	1.063
	人大/司法/团群			−0.019	0.981	0.054	1.056	0.084	1.088
	行政级别			−0.024	0.977	−0.019	0.981	−0.036	0.964

续　表

		模型(1)		模型(2)		模型(3)		模型(4)	
		回归系数	发生比	回归系数	发生比	回归系数	发生比	回归系数	发生比
政治偏好	民生-经济重要性					−0.275***	0.759	−0.277***	0.758
	贯彻上级政策					0.071	1.074	0.060	1.062
	服务公众利益					−0.002	0.998	−0.021	0.979
地区特征	Ln(人均GDP)							0.278	1.320
	经济增长率(2011)							0.039***	1.040
	财政自给率							−0.715*	0.489
	截点1	−0.694		−2.304		−4.198		−1.253	
	截点2	0.395		−1.222		−3.004		−0.054	
	样本量	2 821		2 701		2 589		2 589	
	Log pseudolikelihood	−3 040.3		−2 903.9		−2 630.3		−2 623.1	
	Wald chi2	7.52**		22.26**		282.80***		295.17***	
	Pseudo R2	0.001 2		0.003 7		0.059 2		0.061 7	

注：* 表示 0.10 的显著水平；** 表示 0.05 的显著水平；*** 表示 0.01 的显著水平。

地方官员在财政决策中对经济发展支出的偏好(two-sided t-test $p=0.031$;wilcoxon rank-sum test $p=0.029$)。偏好"经济＞福利"的比例增加了6.4％,这个幅度略小于"上级-经济"干预导致的6.9％的提升,而偏好"经济＝福利"和"经济＜福利"的比例分别下降了3.7％和2.7％;"公民-福利"干预对财政决策选择没有显著影响(two-sided t-test $p=0.964$;wilcoxon rank-sum test $p=0.941$)。与"上级-福利"干预类似,"公民-福利"干预下地方官员的政策选择出现了"两极分化"现象,偏好"经济＞福利"和"经济＜福利"的比例分别高达42.5％和32.6％,分化程度超过"上级-福利"干预的影响。

(二) 官员特性与回应本地公民

与上文一致,在控制了干预状态的影响后,表4-5的模型(2)讨论了官员的性别、年龄、行政级别等官员个人特征对其财政决策选择的影响,模型(3)则检验了官员的政策偏好和政治价值观对其财政决策选择的影响。表4-5显示:

(1) 性别、教育对地方官员的政策选择几乎没有影响;年龄仍然对财政决策选择发挥着显著的非线性影响,年龄与偏好"经济＞福利"的政策选择之间存在U型关系。

(2) 隶属部门类型、行政级别对财政决策选择没有显著影响,表4-4中凸显的党委机构偏好"经济＞福利"政策选择的效应在"公民意见"干预中消失了。

(3) 地方官员对本地发展中"经济发展重要,还是民生福利重要"的政策偏好对其财政决策选择仍然发挥重要影响,越偏好"民生福利重要",在财政预算中就越会赋予民生福利更大份额,而政治价值观的细微差异对其财政决策选择没有显著影响。

(三) 地区差异与回应本地公民

表4-5的模型4也检验了地区差异对地方财政决策中回应公民意见的影响。值得注意的是,在"公民意见"干预时,地区间在经济和

财政状况上的差异对政策选择的影响弱化了,经济发展水平对财政决策选择的影响消失了。此外,尽管经济增长率和财政自主度仍然对财政决策选择施加着显著影响,但二者的影响效应有所弱化。这表明,纳入公民对本地财政预算的意见后,原有的地区间财政政策选择差异弱化甚至趋同了。

六、结论:地方政府决策中的"选择性回应"

政府对公民意见的有效回应是任何现代政治系统有效运行的基本要求,当代中国同样需要政府回应性。本文以中国为案例,通过一项对地方官员的调查实验讨论了转型国家公民意见对政府决策的影响,试图从理论和方法上对当前"公民意见-政策连接"研究有所贡献。

调查实验同时在经济发展和民生福利两个政策领域检验了公民意见对地方财政决策的影响。有效的因果推论要求同时分析上级政府意见和本地公民意见对地方财政决策的影响,即调查实验同时检验了不同意见来源在不同政策领域的影响模式。调查实验显示:

(1)上级政府意见和本地公民意见对地方财政决策的影响均只存在于"经济发展支出"领域,而在"民生福利支出"领域没有显著影响。只有当上级政府强调经济发展时,或本地公民要求经济发展时,财政决策选择才会显著地回应上述意见,提高对经济发展的财政投入。在影响幅度上,上级政府意见对地方财政决策的影响略强于本地公民意见。此外,尽管上级政府和本地公民偏好"民生福利"未能导致决策选择的显著回应,但这两种意见均引起财政决策选择的"两极分化"现象,即偏好"经济>福利"和"福利>经济"的比例均相对较高。

(2)官员个体特征对财政决策选择有重要影响。在控制了性别、单位归属和行政级别后,年龄对"经济>福利"政策选择发挥着U型影响,伴随着年龄增长,公务员选择"经济>福利"的倾向先下降后上升;控制其他因素后,党委机构比行政部门更偏好"经济＞福利",但该影响在"公民意见"干预中消失了,这可能是党委机构更重视公民意见,公务员的政策偏好对其政策选择有至关重要的影响,越认为"经济发展重要"就越会选择"经济＞福利"。

（3）地方政府间的经济和财政状况差异也影响财政决策选择。经济发展水平和经济增长率对选择"经济＞福利"有正向影响,而财政自给度大力强化了选择"福利＞经济"倾向。尽管"公民意见"干预中地方财政能力差异对财政决策选择的影响有所弱化,但财政自给率高的地方仍然凸显出更重视社会福利投入的态势。地方政府对财政能力的强化,从提升财政自由和纳税人福利需求两个途径,促进了地方财政分配中社会福利支出相对于经济增长投入的优先性。

综上所述,转型国家在某些政策领域也具有政府回应性[①]。具体到本文,一些地方政府有效地回应了公民偏好经济发展的意见,但未能回应其偏好民生福利的诉求。究其实质,地方政府在政策制定上呈现出明显的"选择性",一方面选择性地执行上级要求[②],另一方面选择性地回应公民意见。简言之,对于公民意见,地方政府采取"选择性回应"策略。选择性回应的基本特征是地方政府仅回应某些特定政策领域的公民意见,而忽视其他政策领域的公民诉求,选择的主动权由地方决策者把握。以地方财政决策为例,一些地方决策者偏好在经济领域回应公民诉求,而无视福利领域的公民意见。选择性回应反映了地方决策者同时受"自上而下"考核体制和"自下而上"代表制度影响下的策略性行为模式,选择性回应的形成是现体制下上级权威、地方决策者和地方公民三者间策略互动的均衡状态。具体到本文,在上级权威既定的条件下,地方财政决策中决策者对经济议

---

① T. Meng, J. Pan, P. Yang, "Conditional Receptivity to Citizen Participation: Evidence from a Survey Experiment in China", *Comparative Political Studies*, First Published on December 16, 2014 as doi: 10.1177/0010414014556212.

② K. J. O'Brien, L. Li, "Selective Policy Implementation in Rural China", *Comparative Politics*, 1999, 31(2), pp.167-186.

题的选择性回应取决于议题显著度和官民共享政策偏好。

首先,为何地方政府回应性"选择性"地体现在经济发展领域而不是民生福利领域?议题显著度(issue salience)是形成政府回应性具体模式的关键机制,公民意见对政府决策的影响更可能发生在显著度高的政策领域而非显著度低的政策领域。① 议题显著度是政府回应公民意见的核心机制。一方面,公民更可能将自己关心的政策议题与政府评价联系起来,从而政府官员也对公民高度关注的议题更有回应性。当公民越经常地关注和评价特定政策时,官员越会感受到公民对决策行为的关注和监督,也越可能会遵循公民意见来决策②;另一方面,议题显著度高意味着公民在特定政策上具备更为成熟和稳定的政策偏好。公民对特定政策的持续关注会促使其获得更充分信息,展开更深刻、广泛的政策讨论,最终形成成熟且稳定的政策意见③。就中国而言,经济发展议题的显著度明显高于民生福利议题。经济发展议题在过去三十多年里得到普遍关注,并在全社会范围内进行了多次深入讨论,并逐步形成了"经济发展为中心""市场经济替代计划经济"等社会共识;反之,民生福利议题缘起于近来政府的福利改革,尽管在短期内得到了广泛关注,然而该议题讨论的深度、广度和意见整合的程度显然弱于经济发展议题。简言之,地方政府的经济回应性源于经济议题的高显著度。

其次,地方政府的经济回应性还取决于官员和公民共享的政策偏好。官员与公民共享的政策偏好是将公民意见吸纳到政府决策过程的另一重要机制。Hill 和 Hinton-Anderson 的研究表明,即使在西方民主国家,公民意见和政府决策的关系也不仅取决于公民意见,还取决于官员意见,尤其是公民与官员共享的意见往往互相强化着

---

① C. Wlezien, S. N. Soroka, *Inequality in Policy Responsiveness?* // P. K. Enns, C. Wlezien, *Who Gets Represented?* New York: Russell Sage Foundation, 2011, pp.285-310.
② V. L. Hutchings, *Public Opinion and Democratic Accountability: How Citizens Learn about Politics*, Princeton, New Jersey: Princeton University Press, 2003.
③ B. I. Page, R. Y. Shapiro, "Effects of Public Opinion on Policy", *American Political Science Review*, 1983, 77(1), pp.175-190.

推动政策过程。① 因此将官员政策偏好纳入分析有助于理解地方政府在经济领域的"选择性回应",偏好经济发展是公民与官员共享的政策偏好。转型中国的官员偏好经济发展既有转型国家的共性,也有中国的独特性:一方面,转型国家的统治精英最为关切社会秩序,其实施自由市场经济政策的目标是维持稳固的社会秩序②,比如拉美精英在经济政策上相对积极、偏好自由市场经济是因为经济发展对于维持社会稳定有好处③;另一方面,转型中国独特的政府考核体制塑造出基于经济绩效的政治锦标赛④。即使当前中央政府倡导发展"民生",考虑到经济增长是刚性绩效,地方官员在分配财政支出时偏好"经济发展"的比例仍大幅领先"民生福利"。

作为一种策略性行为,选择性回应并非一成不变,而是依据地方决策者与上级权威、本地公民的互动关系动态演变的。简言之,选择性回应并不等同于经济回应性,因而应该慎重看待地方决策者对公民福利偏好的不回应。尽管公民福利偏好未能显著提升财政决策对福利支出的偏好,但这并不意味着公民福利意见不可能得到回应,而可能是现阶段存在公民福利意见影响政府决策的限制。随着上级权威考核内容的更新、福利议题日益显著化,官员的政策偏好也会随之调整,地方决策中对公民福利偏好的回应性也会强化。一方面,现阶段中国的福利政策从属于(或混合于)经济政策,经济绩效是上级权威考核的刚性内容,福利绩效尚未成为地方决策者的首要关切。另一方面,民生福利政策在中国属于新兴政策,而新兴政策由于尚未制

---

① K. Q. Hill, A. Hinton-Anderson, "Pathways of Representation: A Causal Analysis of Public Opinion-Policy Linkages", *American Journal of Political Science*, 1995, 39(4), pp.924-935.

② S. Feldman, Stennerk, "Perceived Threat and Authoritarianism", *Political Psychology*, 1997, 18(4), pp.741-770.

③ D. Stevens, B. G. Bishin, R. R. Barr, "Authoritarian Attitudes, Democracy, and Policy Preferences among Latin American Elites", *American Journal of Political Science*, 2006, 50(3), pp.606-620.

④ 周黎安:《晋升博弈中政府官员的激励与合作——兼论我国地方保护主义和重复建设问题长期存在的原因》,《经济研究》2004年第6期。

度化或显著化而较难回应公民需要①。可以推测,伴随着民生福利政策逐渐独立于经济发展政策,以及民生福利政策的日益制度化,公民偏好民生福利的意见也可能会影响政府决策。

  总之,本文发现转型国家的地方政府决策并非不回应公民意见,而是在某些(如经济发展)政策领域"选择性"地回应民意,前提是这些政策领域具有高显著度、公民和决策者具有共享的政策偏好。简言之,本研究至少从三个角度为转型中国政府回应性的提升提供了理论和经验启发:(1)地方政府应确保公共政策过程向公民开放,以此来提升各类政策议题的显著度,推动公民在相关议题领域开展公共讨论和协商,培育成熟且稳定的政策偏好;(2)上级政府可以改革考核体制的考核内容和方式,考核体制定义地方决策者的政策偏好,改革考核内容和方式有助于调节地方决策者政策偏好和地方公民的政策偏好的一致性;(3)提升地方政府的财政自给能力可以为地方政府松绑,有助于提升地方政府对非经济(生产性)议题的回应性。

  致谢:感谢清华大学张小劲教授、景跃进教授,北京大学沈明明教授、严洁副教授,台湾大学张佑宗教授,爱荷华大学唐文方教授等对本文初稿的建议。

[本文原载于《公共管理学报》2015 年第 3 期。]

---

① J. Raven, P. Achterberg, Van Der Veenr, M. YERKES, "An Institutional Embeddedness of Welfare Opinions? The Link between Public Opinion and Social Policy in the Netherlands (1970-2004)", *Journal of Social Policy*, 2011, 40(2), pp.369-386.

评《转型中国的公民意见与地方财政决策——基于对地方政府的调查实验》

李 辉*

孟天广、杨平和苏政在《转型中国的公民意见与地方财政决策——基于对地方政府的调查实验》(以下简称《公民意见与地方决策》)考察了中国公民意见如何影响政府决策这一重要问题,通过一项插入实验法的调查数据分析,几位作者发现在经济发展和民生福利两项关键政策上,中国的地方政府会"选择性"地回应公民意见。作为一篇评论性的文章,接下来将会从选题、理论建构、研究方法三个方面总结本项研究的贡献和意义。然后从三个方面对本项研究的前景和基本观点做一些纯粹个人性的学术批评。

首先是选题。本文的选题——地方政府对公民意见的回应性——对于理解中国政治意义深远。因为在政治学理论中,长久以来学者认为,只有在选民可以通过大规模选举决定政治家们的政治前途的条件下,政治家或者政府才会由于对选票的需求回应公民的意见。在这个理论背景下,政治学发展出了一套选举民主下的政府回应性理论,这派理论认为政府的回应性来自对选民选票的渴求。但显然,实际上所有的政府都会多多少少回应老百姓的诉求,只是可能回应的程度和动机不同。于是,把这一理论照搬来解释中国政府的回应性时就碰到现实问题,因为中国地方政府的产生不同于西方的竞选形式。在这样一种情况下,中国的地方政府会如何回应老百姓的诉求?这种回应性又来自哪里?孟天广、杨平和苏政的研究展现了在回答这一问题上所做的努力。

---

* 李辉,复旦大学国际关系与公共事务学院。

其次来看全文的理论建构。《公民意见与地方决策》一文,虽然使用的研究方法是定量方法,但并没有局限于对以往研究中所提出的假设做简单的"检测",而是希望能够利用中国的经验和数据构建属于自己的独特理论,这种努力特别值得肯定。作者们首先梳理了三种来自西方经验的理论——"温度调节器模型"、"宏观系统模型"和政治制度模型①,然后清醒地认识到这三种理论在解释中国经验上明显水土不服。因此,中国政治学者不能仅仅适用中国的数据来检测西方理论的适用性,而是要在理论上有所创新。作者们以财政政策为例,认为:"公民意见对财政决策的影响机制包括公民参与和人大参与,二者影响财政决策的具体机制既有联系,也有很大差异。公民参与主要影响政策输入端,为财政决策提供政策偏好、议程设置和政治支持;人大参与既影响政策议程设定和协商过程,也通过监督和问责来影响政策输出端。"②因此,在中国的现实背景下,公民意见影响政府决策主要是通过不同形式的公民参与实现的,而不是通过大规模的竞争性选举。

第三是本文所使用的研究方法。实际上本文最大的亮点可能就是其所使用的研究方法——调查实验法。为了强调这种研究方法的贡献,作者们把"调查实验"四个字放在了文章的副标题中,以突出这种研究方法的重要性。调查实验法并不是最近才流行起来的研究方法,在问卷调查中插入实验设计其实在心理、消费、商业等领域很早就被广泛采用,其可以帮助解决传统调查方法中所经常遇到的"选择性偏差""社会意愿偏差""因果机制不明确"等问题。作者们阐述了在本项研究中采用调查实验法的主要目的在于"解决选择偏误、控制

---

① 最后一个为评论人所总结的,因为作者们在文中号称有三种研究"公民意见-政策连接"的理论,但是只归纳了前两个模型,没有看到第三个模型,只讲了"一些研究考察了多数代表制和比例代表制等选举制度对公民意见影响公共政策的调节作用,还有研究考察权力的垂直分割(联邦制-单一制)和水平分割(行政-立法分权程度)对'公民意见-政策连接'的影响",所以暂且归纳为"政治制度模型"。

② 孟天广、杨平、苏政:《转型中国的公民意见与地方财政决策——基于对地方政府的调查实验》,《公共管理学报》2015年第3期。

可观测和不可观测混淆变量的影响,从而提升因果推论的内在效度。"①

但是从后面对调查实验实际操作过程的介绍来看,实验设计符合本文的研究目标。为了检验地方政府的官员在做决策时,主要考虑的是"来自上面的考核目标"还是"来自下面的老百姓诉求",在调查实验中使用了"虚拟场景法"。被调查对象被随机分到四个干预组里,干预组一虚拟了上级对经济发展考核的压力("上级-经济"干预),干预组二虚拟了上级对民生福利考核的压力("上级-福利"干预),干预组三虚拟了民众对经济发展的诉求("公民-经济"),干预组四虚拟了民众对民生福利发展的诉求("公民-福利")。平衡性检验保证了四个干预组与控制组之间在性别、年龄、教育水平、工作机关等方面没有显著性差异。在随后的回归分析中,研究者们发现:(1)"上级-经济"干预显著地提高了地方官员在财政决策中对经济发展支出的偏好;(2)"上级-福利"干预对财政决策选择没有显著影响;(3)"公民-经济"干预显著地提高了地方官员在财政决策中对经济发展支出的偏好;(4)"公民-福利"干预对财政决策选择没有显著影响。

最后,在总结全文的贡献之后,笔者也提出几点纯粹个人性的批评。

第一,本文的研究问题虽然是"政府回应性"问题,但实际上的落脚点是一个政府决策的问题。但如果从这个问题出发,那么就必须注意到,决策是一个非常复杂的博弈过程,尤其是在财政预算这样的关键性决策上。虽然作者们比较了自下而上的民意和自上而下的政策压力,但并不足以完整概括地方政府官员在决策时的考虑。因为从理论上来说,官员完全有可能绕过这两个影响因素而独立做出决策,这种决策可以只满足自己或者自己圈子里的人的利益,既不回应

---

① 孟天广、杨平、苏政:《转型中国的公民意见与地方财政决策——基于对地方政府的调查实验》,《公共管理学报》2015年第3期。

上级,也不回应民意。同时,一些地方政府官员有很强的伪装和表演能力,一项政策出台,可能看起来是满足上级或者回应老百姓的需求。因此,四个干预组的场景设计,可能过度简化了地方官员的决策考虑。

第二,全文在结论中提出了一个非常有意思的核心概念——选择性回应。主要理由在于,定量部分的分析发现,地方政府在回应上级和老百姓对经济发展的需求时显得特别积极,但是上级和老百姓对民生福利的诉求却没有明显提升地方政府的回应性。作者们没有对这一核心概念做更深层次的挖掘,所谓的选择性到底指的是什么,仅仅是在回应的"议题"上有选择吗?如果是这样的话,这个概念实际上并不足以区分中国和西方国家在回应性上的本质区别。因为几乎所有国家和政府,在回应选民需求上都是选择性的,并不存在一个完全回应外在需求的回应性政府。

第三,研究方法和研究目标之间还是存在一定的间隙。虽然本文的研究方法是非常严谨和规范的,对数据的分析处理和结果的解读也非常专业、得当。但是基于调查实验法对决策进行研究,实际上因变量还是官员在"想象中"的决策结果,并不是官员在实践中的决策结果。

多渠道强干预、框架与抗争结果
——对 40 个拆迁抗争案例的模糊集定性比较分析

黄荣贵　郑　雯　桂　勇*

内容摘要：本文结合中国政治的特点提出理解抗争成功的探索性分析框架，指出政治机会与框架对抗争结果具有较强的解释力，而"客观的"政治机会不仅包括中央干预，还包括央媒支持性报道和有利的制度框架。文章使用模糊集定性比较分析方法对 2003—2012 年 40 个具有社会影响力的拆迁抗争案例进行系统的比较。结果表明，中央干预与央媒支持性报道并存的"多渠道强干预"是抗争成功的充分条件，而"多渠道强干预"则取决于有利的制度环境和抗争者的多重混合框架化策略。此外，本文通过对案例的分析展示了成功抗争中的动力机制。本研究不仅丰富了抗争结果研究，还拓展了政治机会结构理论和框架化研究。

关键词：框架　政治机会　多渠道强干预　抗争结果　拆迁

一、问题的提出

近年来，抗争研究成为学界关注的焦点，相关研究包括环保与

---

* 黄荣贵，复旦大学社会发展与公共政策学院；郑雯，复旦大学新闻学院；桂勇，复旦大学社会发展与公共政策学院。

邻避抗争①、农民抗争②、工人抗争③、业主抗争④、拆迁抗争⑤。这些研究借鉴社会运动理论，从资源动员、政治机会、框架化等角度对抗争组织、动员与策略进行了较为深入的考察。虽然上述研究增进了我们对抗争参与和动员的认识，但它们忽视了对抗争结果的考察。肖唐镖和孔卫拿⑥在回顾中国群体性事件结果和后果的研究后指出，国内学者的研究相对滞后，表现为研究理论导向不明确、分析框架缺乏、经验研究不系统等。对此，有研究者认为抗争研究的重点有必要从"用什么武器"转向"武器为何有效"⑦。在此脉络下，本研究试图回答如下问题：在中国，究竟什么因素能够影响抗争的成功？⑧这里的成功指抗争达到预期目的。

本文以征地拆迁抗争事件为案例，较为系统地探讨具有一定社会影响力的抗争得以成功的影响因素。目前，拆迁抗争已成为我国

---

① Y. Sun, D. Zhao, "Multifaceted State and Fragmented Society: Dynamics of Environmental Movement in China", in D. Yang, ed., *Discontented Miracle: Growth, Conflict, and Institutional Adaptations in China*. Singapore: World Scientific Publisher, 2007.

② 参见 K. O'Brien, L. Li, *Rightful Resistance in Rural China*. Cambridge: Cambridge University Press, 2006；应星：《草根动员与农民群体利益的表达机制》，《社会学研究》2007 年第 1 期。

③ 程秀英：《从政治呼号到法律逻辑：对中国工人抗争政治的话语分析》，《开放时代》2012 年第 1 期；佟新：《延续的社会主义文化传统——一起国有企业工人集体行动的个案分析》，《社会学研究》2006 年第 1 期。

④ 陈鹏：《当代中国城市业主的法权抗争》，《社会学研究》2010 年第 1 期；张磊：《业主维权运动：产生原因及动员机制》，《社会学研究》2005 年第 6 期。

⑤ 吕德文：《媒介动员、钉子户与抗争政治：宜黄事件再分析》，《社会》2012 年第 3 期。

⑥ 肖唐镖、孔卫拿：《当代中国群体性事件的后果》，《经济社会体制比较》2011 年第 2 期。

⑦ 黄振辉：《表演式抗争：景观、挑战与发生机理》，《开放时代》2011 年第 2 期。

⑧ 对抗争结果和抗争后果这两个概念的讨论，可参见 E. Amenta, N. Caren, "The Legislative, Organizational, and Beneficiary Consequences of State-orientated Challengers", in D. A. Snow, S. A. Soule, H. Kriesi, eds., *The Blackwell Companion to Social Movements*, Oxford: Blackwell Pub, 2004；M. Cress, A. Snow, "The Outcomes Homeless Mobilization: The Influence of Organization, Disruption, Political Mediation, and Framing", *American Journal of Sociology*, 2000, 105(4)；M. Giugni, "Was it Worth the Effort? The Outcomes and Consequences of Social Movements", *Annual Review of Sociology*, 1998, 24(1).

转型过程中抗争的典型代表。根据《中国社会心态研究报告(2012—2013)》对天涯社区维权类帖子的统计,强拆事件占全部网络维权事件的20.1%。建设部2002年1—8月份所受理的来信中涉及拆迁问题的占28%,上访批次中反映拆迁问题的占70%,拆迁类集体上访占集体上访批次的83.7%[①]。征地拆迁也被认为是群体性事件的三驾马车之一。在此背景下,研究拆迁抗争有助于加深我们对民众抗争动力及政府回应策略的认识。

我们通过媒体报道和互联网收集了发生于2003—2012年间的40个案例,对其进行系统的比较分析,试图超越个案的特殊性来揭示有社会影响力的抗争得以成功的条件。尽管案例比较分析不具有统计学意义上的概化能力,但与现有的单案例分析和少量案例简单比较分析[②]相比,系统的案例比较分析更有可能揭示解释条件与结果之间存在的联系模式,有助于深化我们对抗争结果影响因素的认识[③]。本研究试图在以下三个方面做出努力:(1)初步检验社会运动文献对我国抗争结果的解释力;(2)结合中国政治体系的特点和中国抗争研究的理论洞见,较为系统地总结非西方国家中抗争成功的条件,并指出政治机会和框架化的重要性;(3)提出并检验央媒支持性报道和有利的制度框架对抗争结果的影响,从而拓展"客观的"政治机会结构的研究。

二、文献回顾与分析思路

(一)抗争结果的影响因素:西方与中国的经验

西方文献从社会运动组织的特征、抗争策略、框架化、公共舆论

---

① 赵凌:《拆迁十年悲喜剧》,载《南方周末》2003年9月4日。
② 张磊:《业主维权运动:产生原因及动员机制》,《社会学研究》2005年第6期;俞志元:《集体性抗争行动结果的影响因素》,《社会学研究》2012年第3期;Y. Cai, *Collective Resistance in China*. Stanford, Calif: Stanford University Press, 2010.
③ M. Cress, A. Snow, "The Outcomes Homeless Mobilization: The Influence of Organization, Disruption, Political Mediation, and Framing", *American Journal of Sociology*, 2000, 105(4).

与政治机会等角度解释社会运动的结果。① 其中,资源动员理论强调社会运动组织的重要性。甘姆森指出,具有如下特征的社会运动更可能成功:单议题诉求、使用选择性激励、使用破坏性策略、有良好的科层制、采取中央集权式管理架构、无派系斗争。② 对美国民权运动的研究指出,社会运动组织的密度和策略的多样化水平对联邦民权预算具有影响。③ 克劳沃德和皮文则指出,破坏性策略有助于提高穷人抗争的成功概率④,"骨干组织"而不是社会运动组织在抗争中发挥重要作用⑤。

对甘姆森的数据的再分析表明,政治危机才是影响社会运动结果的关键。⑥ 后续研究也指出,政治机会结构是解释社会运动影响的关键。⑦ 然而,并非所有研究都支持政治机会结构理论。⑧ 此外,有研究者从代议制民主的角度指出公共舆论是理解政治机会影响机制

---

① E. Amenta, N. Caren, "The Legislative, Organizational, and Beneficiary Consequences of State-orientated Challengers", in D. A. Snow, S. A. Soule, H. Kriesi, eds., *The Blackwell Companion to Social Movements*, Oxford: Blackwell Pub, 2004; M. Giugni, "Was it Worth the Effort? The Outcomes and Consequences of Social Movements", *Annual Review of Sociology*, 1998, 24(1).

② William A. Gamson, *The strategy of social protest*, Wadsworth Pub Co, 1990. 引自 M. Giugni, "Was it Worth the Effort? The Outcomes and Consequences of Social Movements", *Annual Review of Sociology*, 1998, 24(1).

③ S. Olzak, E. Ryo, "Organizational Diversity, Vitality and Outcomes in the Civil Rights Movement", *Social Forces*, 2007, 85(4).

④ F. F. Piven, R. A. Cloward, *Poor People's Movements*, New York: Vintage Books, 1979.

⑤ A. Cloward, F. Piven, "Disruption and Organization: A Rejoinder [to William A. Gamson and Emilie Schmeidler]", *Theory and Society*, 1984, 13(4).

⑥ A. Goldstone, "The Weakness of Organization: A New look at Camson's the Strategy of Social Protest", *American Journal of Sociology*, 1980, 85(5).

⑦ P. Kitschelt, "Political Opportunity Structures and Political-Pmtest: Anti-Nuclear Movements in Four Democracies", *British Journal of Political Science*, 1986, 16(1); H. J. McCammon, C. S. Muse, H. D. Newman, T. M. Terrell, "Movement Framing and Discursive Opportunity Structures", *American Sociological Review*, 2007, 72(5); C. Rootes, "Explaining the Outcomes of Campaigns against Waste Incinerators in England", in A. McCright, T. N. Clark, eds., *Community and Ecology*. Bingley, UK: Emerald Group Publishing Limited, 2006.

⑧ S. Olzak, E. Ryo, "Organizational Diversity, Vitality and Outcomes in the Civil Rights Movement", *Social Forces*, 2007, 85(4).

的基础①。尽管有研究肯定公共舆论的重要性②,但学界对此尚未取得共识③。

框架化策略也会影响抗争的结果。克莱斯与斯诺对美国无家可归者组织的研究揭示了框架化的重要性:在达致目标的6个因果路径中,3个路径同时包含了诊断和预后框架,2个路径包含了预后框架。④ 类似地,框架也是影响美国妇女参政权利运动的重要因素。⑤ 新近的研究则发展话语机会结构概念来解释框架化的有效性:就女性陪审团运动而言,与支配性法律话语相一致的框架更有效。⑥

此外,研究者逐渐意识到抗争行动与结果之间的复杂关系。⑦ 政治中介模型指出,政治环境是连接行动和政策结果的中介变量。若长期的结构性政治条件有利,社会运动自身即能影响公共政策;若短期的政治机会结构相对有利,较低水平的动员即可影响公共政策;若短期的政治机会结构不那么有利,社会运动需要采取进取性策略才

---

① P. Burstein, "Social Movements and Public Policy", in M. Giugni, D. McAdam, C. Tilly, eds. , *How Social Movements Matter*. Minneapolis: University Minnesota Press, 1999.

② P. Burstem, A. Linton, "The Impact of Political Parties, Interest Groups, and Social Movement Organizations on Public Policy", *Social Forces*, 2002, 81(2).

③ E. Amenta, N. Caren, S. J. Olasky, "Age for Leisure? Political Mediation and the Impact of the Pension Movement on US Old-age Policy", *American Sociological Review*, 2005, 70(3); H. J. McCammon, C. S. Muse, H. D. Newman, T. M. Terrell, "Movement Framing and Discursive Opportunity Structures", *American Sociological Review*, 2007, 72 (5).

④ M. Cress, A. Snow, "The Outcomes Homeless Mobilization: The Influence of Organization, Disruption, Political Mediation, and Framing", *American Journal of Sociology*, 2000, 105(4).

⑤ H. J. McCammon, "Stirring Up Sufi-age Sentiment: The Formation of the State Woman Suffrage Organizations, 1866-1914", *Social Forces*, 2001, 80(2).

⑥ H. J. McCammon, C. S. Muse, H. D. Newman, T. M. Terrell, "Movement Framing and Discursive Opportunity Structures", *American Sociological Review*, 2007, 72(5).

⑦ M. Cress, A. Snow, "The Outcomes Homeless Mobilization: The Influence of Organization, Disruption, Political Mediation, and Framing", *American Journal of Sociology*, 2000,105(4); M. Giugni, "Useless Protest? A Time-Series Analysis of the Policy Outcomes of Ecology, Antinuclear, and Peace Movements in the United States, 1977-1995", *Mobilization: An International Quarterly*, 2007, 12(1).

能影响公共政策。①

抗争结果的影响因素也逐渐受到中国抗争研究者的关注。对业主维权的研究指出,维权骨干的领导、业委会的建立和有效动员、适当的策略、业主丰富的关系资源、地方政府支持、对权益的合法化、开发商势力相对较弱是房地产领域维权取得成功的关键,但媒体报道的影响相对有限。②对环保行动的分析显示,国家与社会都不是铁板一块,不同国家部门、不同级别政府、媒体、市民社会中不同行动者的联盟关系和对立联盟之间的较量决定了集体行动的结果。③俞志元则指出,抗争者和政府之间的关系是影响抗争成功的重要资源;同时,她还强调媒体报道和政治机会的重要性。④蔡永顺采取"成本-收益"视角分析群体性事件的成败,并指出政府满足诉求的成本、抗议者的议题关联策略、抗议者与上级政府的社会关系、抗议的力度和非暴力性是影响结果的重要因素。⑤总之,现有研究指出,由于正式组织缺位,积极分子和社会关系扮演重要的角色;适当的策略有助于抗争成功;政治机会是影响抗争结果的关键。

(二) 分析思路

尽管现有文献增进了我们对抗争结果的认识,但它们也存在一些局限。政治机会既源自结构变化,也源自政治系统所释放的信

---

① E. Amenta, N. Caren, S. J. Olasky, "Age for Leisure? Political Mediation and the Impact of the Pension Movement on US Old-age Policy", *American Sociological Review*, 2005, 70(3).
② 张磊:《业主维权运动:产生原因及动员机制》,《社会学研究》2005年第6期;俞志元:《集体性抗争行动结果的影响因素》,《社会学研究》2012年第3期。
③ Y. Sun, D. Zhao, "Multifaceted State and Fragmented Society: Dynamics of Environmental Movement in China", in D. Yang, ed., *Discontented Miracle: Growth, Conflict, and Institutional Adaptations in China*. Singapore: World Scientific Publisher, 2007.
④ 俞志元:《集体性抗争行动结果的影响因素》,《社会学研究》2012年第3期。
⑤ Y. Cai, *Collective Resistance in China*. Stanford, Calif: Stanford University Press, 2010.

号。① 研究中国抗争的文献主要强调上级政府干预的重要性②。本文认为有必要结合中国政治制度拓展政治机会结构理论。

理解抗争的结果必须考虑国家的角色,因为国家的扩张使每个公民均无法置身于国家之外;国家拥有垄断性资源,它的再分配活动深刻地影响不同社会阶层之间的利益格局;政治力量能够最终决定不同群体的身份和结构位置,甚至可以动用立法手段③。在此背景下,不同行动者之间的资源与影响力差距迥异,且最强大的行动者往往存在于政治体系中,这一点在拆迁与土地政治中尤为明显。1997年国务院颁布了《关于进一步深化住房制度改革加快住房建设的通知》,明确将房地产列为国家支柱产业,土地开发从此成为各省经济发展的重要推动力④。自 1994 年分税制改革以来,土地开发和转让不仅是地方政府巩固自身权力的手段,也是地方财政的重要来源⑤,这为地方政府参与征地拆迁提供了巨大的动力。当土地等要素日益变得值钱,被拆迁者保护其利益的动机也随之高涨,从而激化了拆迁者和被拆迁者之间的矛盾。在拆迁纠纷中,抗争者的对手具有资源、组织和政策上的优势,在缺乏外界支持的情况下,抗争者往往难以成功。另一方面,拆迁抗争涉及民生之本、社会影响巨大,国家也要在社会力量的博弈中平衡利益格局、维持大局稳定。国家的主导性地位意味着中央政府最有可能成为群体间利益纠纷的平衡性力量,而中央政府干预则是影响抗争成败的关键。

---

① D. S. Meyer, D. C. Minkoff, "Conceptualizing Political Opportunity", *Social Forces*, 2004, 82(4).
② Y. Cai, *Collective Resistance in China*. Stanford, Calif: Stanford University Press, 2010.
③ 谢岳:《抗议政治学》,上海教育出版社 2010 年版。
④ 李国武、范远:《地区经济增长中的土地开发》,《中央财经大学学报》2013 年第 5 期。
⑤ Y. Hsing, *The Great Urban Transformation*. Oxford: Oxford University Press, 2010;周飞舟:《生财有道:土地开发和转让中的政府和农民》,《社会学研究》2007 年第 1 期。

在多层级的弹性政治结构中①,中央政府有条件地给予地方政府自主权来处理抗争,使绝大多数抗争局限于地方层面;同时,中央政府保留了对地方政府的制约力,在可控的范围内选择性地为社会诉求提供表达的出口并维持国家的合法性与稳定。本文认为,代表国家的中央政府至少可以通过三种方式影响抗争结果。

首先,中央政府直接干预抗争事件,从而决定抗争的成败。现有文献对此已有深入的论述②,在此无需赘述。

其次,央媒的支持性报道对抗争结果具有不可忽视的影响,应看作与直接干预不同的政治机会。理论上,中央政府干预是科层制、组织化的干预方式,而央媒具有"事业性"和"市场性"双重属性③。经验上,中央媒体参与报道的案例不一定得到中央政府的干预;反之,中央政府干预也不意味着中央媒体都对该案例进行报道。本文认为,国家支持的媒体,特别是中央媒体对抗争事件的支持性报道集中体现了上级政府对抗议活动的态度,是一种源自上级政治系统的、公开的信号。尽管这种信号不是直接的指令式干预,但它有助于抗议者发现政治机会,能强化抗争者的信心和组织动员能力,会影响地方政府的回应策略和中央政府的干预行为,并最终促使抗争成功。值得一提的是,央媒的支持性报道更多反映了体制内行动者与事件之间的关系,而不是公众与事件之间的关系,因此应该理解为政治机会而不是社会影响力。

第三,中央政府的介入还体现在法律法规的变迁上。回顾拆迁制度的变迁历程可知,2001年的《城市房屋管理拆迁条例》规定"被拆迁人拒绝拆迁的,实行强制拆迁",基本确立了有利于地方政府和开发商的拆迁制度。此后十多年来拆迁制度不断调整,但"双重标

---

① Y. Cai, "Power Structure and Regime Resilience: Contentious Politics in China", *British Journal of Political Science*, 2008, 38(3).
② Y. Cai, *Collective Resistance in China*. Stanford, Calif: Stanford University Press, 2010.
③ 李良荣:《论中国新闻媒体的双轨制》,《现代传播》2003年第3期。

准"的法规环境持续存在,不同行动者援引不同的制度规则为自身进行辩护。2004年的宪法修正案及2007年的《物权法》明确了对公民私有财产的保护,标志着我国拆迁抗争制度环境的明显改善。尽管《物权法》的效力高于《城市房屋管理拆迁条例》,国家在制度变迁中并未系统性地理顺与拆迁相关的法律法规体系。2011年《国有土地上房屋征收与补偿条例》正式颁布,与拆迁相关的制度环境趋于完善。

伴随法律制度的变动,制度环境与抗争之间的关系值得我们深入分析。本文认为,法律制度不仅影响抗争方式[1],还影响抗争的结果。由于合法性是抗争面临的重要难题[2],有利的法律与政策有助于增强诉求的合法性,降低地方政府采取压制性对策的可能性。如果说过往抗争行动导致法律与政策的调整[3],那么制度调整本身意味着中央政府希望地方政府能够妥善地处理社会矛盾,从而制度调整本身也表明了中央的态度,可看作基于"信号"的政治机会。此外,拆迁抗争者采取集体抗议支持下的诉讼策略来维护自身权益,给地方法院的判决带来了压力,这在一定程度上限制了地方政府的违规行政行为[4]。由于有影响力的抗争的当事人一般会竭力运用所有的机会和资源,重要的法律制度变化将为当事人提供新的抗争资源,意味着"客观的"政治机会在扩大。

由于法律具有多重含义,其适用性是一个充满争议的议题[5]。在拆迁领域,地方政府倾向于援引《城市房屋管理拆迁条例》和相关强

---

[1] K. O'Brien, L. Li, *Rightful Resistance in Rural China*. Cambridge:Cambridge University Press, 2006;陈鹏:《当代中国城市业主的法权抗争》,《社会学研究》2010年第1期。

[2] 应星:《草根动员与农民群体利益的表达机制》,《社会学研究》2007年第1期。

[3] Y. Cai, *Collective Resistance in China*. Stanford, Calif:Stanford University Press, 2010.

[4] X. He, "Maintaining Stability by law:Protest-Supported Housing Demolition Litigation and Social Change in China", *Law and Social Inquiry*, 2014, 39(4).

[5] M. McCann, "law and Social Movements", in A. Sarat eds., *The Blackwell Companion to Law and Society*. Oxford:Blackwell Pub, 2004.

制拆迁手续,被拆迁者则倾向于引用新的法律法规。在制度变迁中,法律法规的调整改变了地方政府和被拆迁者可利用的法律资源,同时也使不同行动者对法律制度的适用性产生了不同的解读。面对"不稳定"的制度环境,中央政府的介入再次成为关键要素。

除上文提及的弹性政治结构外,中央政府对拆迁抗争的干预还取决于拆迁抗争者所使用的框架。经济补偿的合理性是拆迁纠纷的核心,而每个拆迁单位的补偿从几十万到几百万甚至上千万不等,是一个可观的数目。在某种程度上,拆迁过程中存在"地方政府与民争利"现象,是一个重要的利益再分配过程。若处理不当,拆迁事件可能会造成巨大的社会影响,甚至关乎社会稳定。拆迁抗争聚焦经济诉求而不是意识形态诉求意味着中央政府干预的政治风险较低,而拆迁抗争的社会影响力较大这一事实则为中央政府干预提供了动力。在此情境下,当拆迁者使用多重框架来论证诉求的正当性,且使用的框架与中央政府的社会治理理念相容或相一致时,抗争者更有可能引起中央政府的注意并得到中央政府的干预。

尽管框架化对西方社会运动结果具有较强的解释力[1],但国内社会学界尚未系统地检讨框架对抗争结果的影响,为数不多的框架化文献主要关注动员过程[2]。然而,现有文献为分析框架和抗争结果的关系提供了有价值的见解。由于抗争行动通常具有明确的利益诉求,框架化的首要任务是合法性和合理性论证。比如,工人抗争使用

---

[1] M. Cress, A. Snow, "The Outcomes Homeless Mobilization: The Influence of Organization, Disruption, Political Mediation, and Framing", *American Journal of Sociology*, 2000, 105(4); H. J. McCammon, C. S. Muse, H. D. Newman, T. M. Terrell, "Movement Framing and Discursive Opportunity Structures", *American Sociological Review*, 2007, 72 (5); H. J. McCammon, "Stirring Up Sufi-age Sentiment: The Formation of the State Woman Suffrage Organizations, 1866-1914", *Social Forces*, 2001, 80(2).

[2] 程秀英:《从政治呼号到法律逻辑:对中国工人抗争政治的话语分析》,《开放时代》2012年第1期;佟新:《延续的社会主义文化传统——一起国有企业工人集体行动的个案分析》,《社会学研究》2006年第1期;夏瑛:《从边缘到主流:集体行动框架与文化情境》,《社会》2014年第1期。

社会主义文化传统[1]、政治性呼号、国家政策和法规[2]等话语对诉求进行辩护。此外,抗争可见度、合法性和与公众共鸣度在很大程度上依赖于框架化过程与话语机会结构[3]。基于上述研究,本文认为框架存在于宏观社会政治文化中,特定的框架通过促进"国家"对抗争诉求的共鸣来获得中央政府的干预,从而在特定情境中改变可资利用的政治机会。

就拆迁抗争而言,争议进入媒体与公众的视野前,抗争者往往采用"弱者的武器"进行抗争;争议进入媒体和公众视野后,对拆迁制度进行反思和批评将上升到更为核心的地位[4]。由于我国城市土地开发模式是以较为全面的"制度变化"为基础的[5],这意味着"违反制度"框架具有较强的力量。此外,新中国成立后与物权相关的立宪使现代与传统产权体系形成断裂,在行动者的记忆和历史记载中物权的认定也具有"剥夺性质",从而引发认知冲突。与之相关,在房改前,房屋产权结构经历了多次变革并导致部分住房产权不清[6],这些历史遗留问题促使抗争者从历史中寻找诉求合理性,包括集体主义与社会主义话语[7]。由于农村土地归集体所有,农民持有土地属于国家这一信念,倾向于将"国家"视为"父母";这一特定的感知、利益的权衡、

---

[1] 佟新:《延续的社会主义文化传统——一起国有企业工人集体行动的个案分析》,《社会学研究》2006年第1期。

[2] 程秀英:《从政治呼号到法律逻辑:对中国工人抗争政治的话语分析》,《开放时代》2012年第1期。

[3] H. J. McCammon, C. S. Muse, H. D. Newman, T. M. Terrell, "Movement Framing and Discursive Opportunity Structures", *American Sociological Review*, 2007, 72(5).

[4] 吕德文:《媒介动员、钉子户与抗争政治:宜黄事件再分析》,《社会》2012年第3期。

[5] L. Weinstein, X. Ren, "The Changing Right to the City: Urban Renewal and Housing Rights in Globalizing Shanghai and Mumbai", *City and Community*, 2009, 8(4).

[6] M. Zhou, J. Logan, "Market Transition and the Commodification of Housing in Urban China", *International Journal of Urban and Regional Research*, 1996, 20(3).

[7] Y. Hsing, *The Great Urban Transformation*. Oxford: Oxford University Press, 2010; H. B. Shin, "The Right to the City and Critical Reflections on China's Property Rights Activism", *Antipode*, 2013, 45(5).

农村的生计方式和习惯以及嵌入于农村社会的"讲道理"共同决定了农村征地中的抵抗行动[①]。与这些文献相一致,笔者对拆迁抗争案例的考察发现,"违反制度"、"弱者"、"社会主义"与"集体主义"等框架常被拆迁抗争者所使用。

基于上述分析,本文从理论上指出抗争框架通过影响"国家"干预(中央直接干预和央媒的支持性报道)的可能性而影响抗争结果,而抗争框架的影响在很大程度上嵌入于外部制度框架。考虑到现有文献较少从框架化视角解释中国的拆迁抗争,本文不直接提出关于特定框架影响效应的具体命题,而是通过对案例的比较和归纳来揭示存在的经验联系模式。

三、研究方法

(一) 案例来源与资料收集方式

本文的研究对象是发生于2003—2012年间的40个拆迁抗争案例。研究拆迁抗争出于如下目的:拆迁抗争既包括农村居民的抗争,也包括城市居民的抗争,抗争主体来自多个阶层,包含农民、工人、城市底层、城市新兴中产阶级等,表现出丰富的抗争形态。

选择2003年为起点有三个原因:第一,2003年被认为是21世纪初新抗争形态的起点年[②]。第二,"中国最具标志性拆迁事件"发生于2003年[③]。第三,这10年间,与拆迁相关的法律法规经过若干次调整,为考察制度环境与抗争结果之间的关系提供了有利条件。

作者通过媒介和互联网报道确认案例,该方法已经被广泛应用

[①] 朱晓阳:《小村故事:地志与家园2003—2009》,北京大学出版社2011年版。
[②] 赵鼎新:《社会与政治运动讲义(第二版)》,社会科学文献出版社2012年版,第4页。
[③] 本刊记者:《标志性强制拆迁事件》,《财经》2009年12月21日第26期。

于西方的社会运动研究①和中国的抗争研究②。尽管通过媒介选择案例存在选择性偏误,但这并不意味着我们应该彻底放弃该方法。第一,我们应该结合具体情景来评估该方法是否优于先前的方法③。考虑到现有研究主要是单案例分析,案例比较将有助于更系统地发现抗争成功的影响条件。第二,学界对偏误选择的研究较为深入④,使我们能较准确地理清研究结论的适用范围。实际上,本文并非要揭示所有抗争的成功条件,而仅试图解释有社会影响力的抗争的成功条件。此外,与定性比较分析方法相一致⑤,本文的案例选择原则有助于提高案例的可比性。第三,随着中国媒体的市场化⑥,媒体报道争议性事件的空间越来越大⑦。基于上述分析,作者认为本研究的数据收集方式具有适当性。

数据收集的步骤如下:(1)选择知网"中国重要报纸全文数据库"作为案例来源库,使用关键词"拆迁"进行全文搜索,得到 13 024 篇报道。(2)通读这些报道并提炼出被两家以上媒体报道过的拆迁事件作为研究对象。(3)考虑到少量抗争事件由网络曝光,引发重大社会影响,却未能被传统媒体报道,笔者综合新浪等大型门户网站的有关信息对案例库加以补充。所选择的案例具有如下特征:由公

---

① J. Earl, A. Martin, D. McCarthy, A. Soule, "The Use of Newspaper Data in the Study of Collective Action", *Annual Review of Sociology*, 2004, 30.
② Y. Cai, *Collective Resistance in China*. Stanford, Calif: Stanford University Press, 2010.
③ J. Earl, A. Martin, D. McCarthy, A. Soule, "The Use of Newspaper Data in the Study of Collective Action", *Annual Review of Sociology*, 2004, 30, p.69.
④ J. McCarthy, L. Titarenko, C. McPhail, P. Rafail, B. Augustyn, "Assessing Stability in the Patterns of Selection Bias in Newspaper Coverage of Protest During the Transition from Communism in Belarus", *Mobilization: An International Quarterly*, 2008, 13(2).
⑤ B. Rihoux, B. Lobe, "Case for Qualitative Comparative Analysis (QCA)", in David Byrne, Charles C. Ragin, eds., *The SACE Handbook of Case-Based Methods*. LA: Sage, 2009.
⑥ L. Li, L. Liu, "30 Years' Reform of China's Mass Media", *Asia Europe Journal*, 2009, 7(3-4).
⑦ D. Stockmann, "Who Believes Propaganda? Media Effects during the Anti-Japanese Protests in Beijing", *The China Quarterly*, 2010, 202.

共工程或商业开发土地征用而引发,核心诉求为拆迁赔偿;抗争活动指向地方政府或开发商;抗争者与对手之间存在对抗性关系,且矛盾的解决会改变双方的利益;抗争者多于2人。最后,作者收集并深入阅读与案例相关的媒体报道、二手文献资料、已披露的访谈记录、法院辩护词(判决书)、横幅标语、图片、公开信、博客微博等网络文本、学术文章,并在此基础上对案例的属性进行编码。限于资料可获得性,大部分案例的资料总量从十多个文本到数十个文本不等,少量具有重大影响力的案例的文本数达到百余个。数据收集过程持续半年以上,作者通过对不同来源资料进行交叉校验,数据具有较高的信度和效度。

(二)分析策略:模糊集定性比较分析

定性比较分析适用于中小样本的案例比较研究。该方法借助集合理论来建立解释条件和结果变量之间的必要关系与充分关系。就充分关系而言,定性比较分析有助于识别结果发生的多重并发原因,即不同解释条件的组合共同导致特定结果的发生,而同一结果的发生可能有不同的组合性原因。在定性比较分析中,大写字母表示条件发生,小写字母表示条件不发生,操作符"*"表示同时发生,操作符"+"连接两个可替代性因果路径。比如,"A*b+B*c=Y"表示有两个因果路径可以导致Y的发生,其中路径A*b表示A发生并且b不发生,路径B*c表示B发生并且c不发生。

为了克服传统明确集定性比较分析要求所有变量为二分变量这一缺陷,拉金①提出了以模糊集为基础的定性比较分析。模糊集定性比较分析采取模糊集得分来表示结果和解释条件发生的程度,其得分原则上可以是0至1之间的任何数值,因此能较好地避免数据转变过程中的信息损失,更加准确地反映案例的实际情况。该方法已

---

① C. Ragin, *Redesigning Social Inquiry*. Chicago: University of Chicago Press, 2008.

被应用于社会运动研究[①]。

在分析中,研究者首先要明确模糊集赋值原则及取值的含义,然后根据一致性和覆盖率指标来判断结果与解释条件之间的关系。一致性指标可用于判断特定条件(组合)是否看作结果的充分条件或必要条件。若解释条件(组合)X 是结果 Y 的充分条件,则 X 的模糊集得分应该小于或等于 Y 的模糊集得分,而对应的一致性用如下指标衡量:

$$Consistency\ (X_i \leqslant Y_i) = \sum [min(X_i, Y_i)] / \sum X_i$$

当该指标大于 0.8 时,说明有 80% 以上的案例符合一致性条件,可认为 X 是 Y 的充分条件。当一致性得到满足后,研究者可以进一步计算覆盖率指标:

$$Coverage\ (X_i \leqslant Y_i) = \sum [min(X_i, Y_i)] / \sum Y_i$$

该指标描述了解释条件(组合)X 对结果 Y 的解释力。[②] 覆盖率指标越大,则说明 X 在经验上对 Y 的解释力越大。类似地,我们可以计算 Consistency($Y_i \leqslant X_i$) 来评估 X 是否可看作 Y 的必要条件。若该指标大于 0.9,我们可认为 X 是 Y 的必要条件。

在探索性分析中,研究者可以使用上述指标来评估单变量的必要性和充分性。然而,在分析结果的多重并发原因时,研究者首先需要借助一致性指标建构真值表,以此呈现解释条件和结果变量的不同组合,接下来可使用布尔最小化算法对真值表进行简化,从而得到导致结果发生的因果路径[③]。

在定性比较分析中,若所选择的解释条件较多,变量组合的数量

[①] E. Amenta, N. Caren, S. J. Olasky, "Age for Leisure? Political Mediation and the Impact of the Pension Movement on US Old-age Policy", *American Sociological Review*, 2005, 70(3).

[②] 如果一致性指标得分远小于 0.8,则覆盖率指标没有实质性含义,不需要计算。

[③] C. Ragin, *Redesigning Social Inquiry*. Chicago: University of Chicago Press, 2008.

将呈几何级数增加,从而使结果变得过于复杂而难以理解。现有方法论文献建议先从理论上阐明不同变量交互影响结果的机制,然后在分析中引入相应的变量①。鉴于现有大部分抗争结果的文献仅指出影响结果的因素,少有阐明不同因素如何共同影响抗争结果②,本文将先分别考察各理论的解释因素,然后再综合评估不同因素的交互作用。

(三) 变量测量

由于比较分析方法本身并不能提供解释条件选择的指南,研究者需要根据现有知识选择解释条件③。基于现有文献,作者将着重考察政治机会、资源动员、抗议策略与框架化等解释条件。尽管抗争的社会影响力和曝光度可能会影响其结果,本文并未将它们作为解释条件引入分析。首先,本文的目标是解释有社会影响力的抗争事件的结果,案例选择方式本身意味着被研究案例的社会影响力具有较高的同质性,大致可看作常量。其次,抗争的社会影响力和曝光度在很大程度上取决于媒体报道以及意见领袖的介入。本文所比较的绝大多数案例均被传统媒体所报道,而新媒体报道及意见领袖介入将作为资源动员的测量指标引入分析。基于上述两个原因,我们没有把社会影响力作为独立的变量引进分析。

本文采用 6 值赋值方案。④ 为了减低赋值的主观性,本研究遵循

---

① E. Amenta, J. D. Poulsen, "Where to Begin: A Survey of Five Approaches to Selecting Independent Variables for Qualitative Comparative Analysis", *Sociological Methods and Research*, 1994, 23(1).

② 例外见 E. Amenta, N. Caren, S. J. Olasky, "Age for Leisure? Political Mediation and the Impact of the Pension Movement on US Old-age Policy", *American Sociological Review*, 2005, 70(3); M. Cress, A. Snow, "The Outcomes Homeless Mobilization: The Influence of Organization, Disruption, Political Mediation, and Framing", *American Journal of Sociology*, 2000, 105(4).

③ D. Caramani, *Introduction to the Comparative Method with Boolean Algebra*. LA: Sage., 2009, pp.52-55.

④ 在该赋值方案中,模糊集得分可以取如下值: 1,0.8,0.6,0.4,0.2,0;其中,1 表示条件发生,0 表示条件未发生,其他取值介乎两者之间。

质性文本分析的程序可信性原则①。三位作者详细讨论赋值的规则，在此基础上对案例进行编码，并对出现的差异进行讨论，直到取得共识。由于部分条件/结果发生的程度不具有明显的区分度，实际取值不完全涵盖6种分值。本研究的被解释变量"抗争成功"指抗争诉求的实现程度，其中"1"表示抗争诉求得以实现而抗争者未付出重大代价；"0.6"表示抗争诉求虽然得以实现，但抗争者付出重大代价，即"惨胜"的结果；"0"则表示抗争失败。统计分析显示，35%的案例抗争成功，22.5%的案例惨胜，42.5%的案例抗争失败。

政治机会用三个指标测量，分别是中央政府干预（CGOV）、中央媒体支持性报道（CMEDIA）和有利的制度框架（OBOPP）。就中央政府干预变量而言，1表示中央通过发布通知或以国务院特派工作组方式参与事件处理，发布政策法规条例，对抗争者支持或对地方政府处罚；0.6表示中央政府介入事件，但未明确表态；0表示未干预。其中，32.5%的案例赋值为1，5%的案例赋值为0.6，62.5%的案例赋值为0。

央媒支持性报道的赋值同时考虑央媒的社会影响力及其态度倾向，且保证报道时间处于抗争发生后、抗争结果落实前。其中，1表示新华社总社、《人民日报》、中央电视台、《新华每日电讯》等中央媒体明确支持抗争者；0.8代表《中国青年报》、《检察日报》、《法制日报》报道且支持抗争；考虑到央媒报道本身有利于事件扩大影响力，对纠纷解决具有一定的正面影响，本研究使用0.6代表以上中央级媒体报道事件，但无明显态度偏向；0代表无央媒支持性报道。

有利的制度框架指相关法规、制度对被拆迁者的有利程度。这一变量旨在考察中央政府通过修改法律法规的方式间接介入拆迁纠纷，反映了客观的政治机会结构②的扩大。其中，0表示外部制度很

---

① Udo Kuckartz, *Qualitative Tut Analysis*, LA: Sage, 2014.
② S. Tarrow, *Power in Movement*. Cambridge: Cambridge University Press, 2011.

不利,被拆迁者面临强拆,无可供援用的法律武器(2001—2004 年);0.4 表示私有财产原则上被承认但没有具体保障条款(2004 年《宪法》第四次修正案出台到 2007 年《物权法》出台);0.6 表示被拆迁者的权益得到一定的制度保障,《城市房地产管理法修正案》提出"维护被征收人的合法权益"、"保障被征收人的居住条件"(2007—2010 年);0.8 表示制度环境较为有利,此时旧的《城市房屋拆迁管理条例》已经被废除;1 表示制度环境有利(2011 年 1 月后),此时新的《国有土地上房屋征收与补偿条例》出台,就补偿标准、强拆者的刑事责任等进行了较为详细的界定。

资源动员的测量包括动员网络[1]、意见领袖支持和新媒体介入[2]。动员网络测量抗争者使用的社会关系,其中 1 表示帮朋众多,包括直系亲属和抗争者同盟;0.4 代表得到多位亲人的支持;0 表示抗争者孤军奋战。就意见领袖支持而言,1 表示有意见领袖介入;0 表示没有。就新媒体介入而言,1 表示三家或以上全国性网站报道或转载,形成全国联动;0.4 表示有 1—2 家全国性网站报道或转载;0 表示没有全国性网站报道。新媒体介入变量测量与抗争同步发生的报道,而不是回溯性报道。由于数据可获得性的限制,作者未测量抗争规模;然而,如下两因素在一定程度上弥补了这一不足:一,动员网络大致可看作规模的代理测量;二,媒体报道与抗争规模之间存在正向关系[3],因此案例间变异在一定程度上得到控制。

抗争策略测量抗争形式所具有的客观属性,包括破坏性策略、暴

---

[1] 张磊:《业主维权运动:产生原因及动员机制》,《社会学研究》2005 年第 6 期;俞志元:《集体性抗争行动结果的影响因素》,《社会学研究》2012 年第 3 期。
[2] 吕德文:《媒介动员、钉子户与抗争政治:宜黄事件再分析》,《社会》2012 年第 3 期。
[3] J. McCarthy, L. Titarenko, C. McPhail, P. Rafail, B. Augustyn, "Assessing Stability in the Patterns of Selection Bias in Newspaper Coverage of Protest During the Transition from Communism in Belarus", *Mobilization: An International Quarterly*, 2008, 13(2).

力性策略和表演性策略①。破坏性策略指威胁公共秩序/安全的抗争行为,其中 1 表示涉及重大人员伤亡;0.8 表示使用土炮等违规武器危害公共秩序;0.6 表示轻微扰乱公共秩序;0 表示无破坏性行为发生。暴力性策略主要考虑抗争行为是否具有暴力表征,其中 1 表示自焚等极端行为;0.8 表示发生暴力袭击但没危及生命;0.6 表示存在暴力威胁;0 代表未采用暴力性策略。就表演性策略而言,1 表示抗争者主动公开事件且抗争具有戏剧性、表演性;0.6 代表抗争事件由第三方公开且抗争具有戏剧性;0 表示抗争不具有戏剧性。

框架化反映抗争者通过话语方式呈现抗争行动和诉求的策略。抗争框架不一定由抗争者独立提出来,而是抗争者与媒体、公众在抗争过程中互动的结果,因此这里仅关注特定框架是否被使用。凡是在抗争中采取该框架,则赋值为 1,否则为 0。笔者从案例中归纳了四种框架,分别是"弱者框架"(WEAK)、"社会主义框架"(SOCIALISM)、"集体主义框架"(COLLECTIVISM)和"违反制度框架"(RU_VIOLATION)。弱者框架强调抗争者的弱者身份②,凸显强权压迫下的弱势群体形象。"社会主义框架"源自社会主义意识形态和在革命中形成的党/群关系,抗争者借助具有中国特色的意识形态价值理念和符号,将个体抗争与"社会主义正义"相联系,孤立抗争对象以获取合法性支持。集体主义框架源自抗争者对个人利益与集体利益、私人利益与公共利益之间关系的理解,既包括使用集体主义的话语论证诉求的合法性,也包括抗争者批评抗争对象违背或扭曲集体主义原则。违反制度框架强调拆迁领域具体的法律法规,如是否向法院申请过强制拆迁等。

---

① E. Amenta, N. Caren, "The Legislative, Organizational, and Beneficiary Consequences of State-orientated Challengers", in D. A. Snow, S. A. Soule, H. Kriesi, eds., *The Blackwell Companion to Social Movements*, Oxford: Blackwell Pub, 2004; M. Giugni, "Was it Worth the Effort? The Outcomes and Consequences of Social Movements", *Annual Review of Sociology*, 1998, 24(5); Y. Cai, *Collective Resistance in China*. Stanford, Calif: Stanford University Press, 2010; 黄振辉:《表演式抗争:景观、挑战与发生机理》,《开放时代》2011 年第 2 期。

② 董海军:《作为武器的弱者身份:农民维权抗争的底层政治》,《社会》2008 年第 4 期。

四、分析结果

（一）什么因素影响抗争的成功？

文章首先考察单个解释条件与抗争结果的关系。结果显示（表5-1），中央政府干预、央媒支持性报道和有利制度框架的必要条件一致性均小于0.9，不能看作抗争成功的必要条件。中央政府干预和央媒支持性报道这两个变量的充分条件一致性得分为0.79和0.78，略小于0.8这一标准，可看作近似的充分条件。中央政府干预和央媒支持性报道的充分条件覆盖率分别为0.58和0.70，比较这两个指标可知，央媒支持性报道对抗争结果的解释力略强。有利制度框架的充分一致性为0.6，不足以构成抗争成功的充分条件。综上可知，政治机会对抗争结果具有重要的影响，但仅考虑政治机会不足以解释抗争成功。

表5-1 单因素的必要性和充分性分析

解释条件	必要一致性	必要覆盖率	充分一致性	充分覆盖率
中央政府干预	0.58	—	0.79	0.577
央媒支持	0.70	—	0.78	0.701
有利制度框架	0.81	—	0.60	—
动员网络	0.82	—	0.66	—
新媒体介入	1.00	0.538	0.54	—
意见领袖介入	0.28	—	0.49	—
破坏性策略	0.15	—	0.41	—
暴力性策略	0.36	—	0.34	—
表演性策略	0.82	—	0.60	—
弱者	0.53	—	0.39	—
社会主义	0.70	—	0.50	—
集体主义	0.47	—	0.66	—
违反制度	0.56	—	0.54	—

就动员理论而言,动员网络和互联网意见领袖支持既不是抗争成功的必要条件,也不是充分条件。新媒体以联动报道的方式介入可以看作有社会影响力拆迁抗争成功的必要条件。几乎所有成功的拆迁抗争均得到广泛的新媒体报道。进一步分析显示,新媒体报道并不是抗争失败的必要条件,说明该条件并非"琐细的"必要条件。然而,新媒体联动报道不是抗争成功的充分条件。就抗争策略而言,不管是破坏性、暴力性还是表演性策略,均不足以构成抗争成功的充分条件。类似地,任何单一的框架化方式都不足以构成抗争成功的充分条件。

接下来,笔者选择各理论对应的一组变量作为解释条件,建构真值表并对其进行布尔最小化来寻找抗争结果的因果路径(表5-2)。对政治机会结构理论三个变量的分析显示,有两个组合导致抗争成功:(1) 三个条件同时存在,该路径解释了绝大部分的成功案例;(2) 同时存在中央政府干预和央媒支持性报道。这两个组合进一步简化为"中央政府干预 * 央媒支持性报道"。该因果路径的充分性一致性为0.87,覆盖率为0.57,表明被研究案例中约57%的成功结果可被该路径解释。可见,政治机会结构理论对拆迁抗争的结果具有较强的解释力。

表5-2 各理论对抗争成功的解释:模糊集定性比较分析

理论	因果路径	一致性	原生覆盖率	惟一覆盖率
政治机会	CGOV * CMEDIA	0.87	0.57	0.57
资源动员	IS	—	—	—
抗争策略	IS	—	—	—
框架	F1: weak * SOCIALISM * COLLECTIVISM	1	0.26	—
	F2: SOCIALISM * COLLECTIVISM * ru_violation	1	0.16	0.05
	F3: WEAK * socialism * collectivism * RU_VIOLATION	1	0.05	0.05
	[solution]	1	0.36	

注:IS表示不足以构成充分条件,此时一致性等指标无意义,使用"—"表示。

对资源动员三个变量的分析显示,任何组合均不足以解释抗争的成功。类似地,抗争策略三个变量的任何组合均不足以导致抗争成功。

四个框架的不同组合对抗争成功具有一定的解释力。定性比较分析识别了三个因果路径,分别为(F1)"不使用弱者框架,使用社会主义和集体主义框架";(F2)"使用社会主义和集体主义框架,不使用违反制度框架";(F3)"使用弱者和违反制度框架,不使用社会主义与集体主义框架"。比较这三个路径可以发现,社会主义框架与集体主义往往同时出现,但它们不与弱者框架或违反制度框架同时出现。比较这三个路径的原生覆盖率和唯一覆盖率[①]可知,路径F1的解释力最大,路径F3的解释力最小。即社会主义框架和集体主义框架在拆迁抗争中扮演着重要的角色。尽管这三个基于框架的路径均满足充分条件一致性标准,但它们仅解释约36%的抗争成功案例(总覆盖率为0.36),解释力远小于政治机会结构(对应覆盖率为0.57)。一种可能的解释是框架化策略通过影响中央政府回应而间接影响抗争结果,这种间接效应降低了框架化策略的直接解释力。

综上,资源动员与抗争策略无法有效解释抗争的成功,框架对抗争成功结果具有中等大小的解释力,而政治机会具有较强的解释力。尽管现有研究指出政治机会结构对抗争成功具有决定性的作用[②],它们仅强调上级政府的干预是否发生,而较少详细说明上级政府干预的不同模式及不同干预模式对抗争结果的影响。本文不仅证实了中央干预的重要性,还进一步指出中央媒体支持性报道的解释力比中央政府直接干预具有更大的解释力;当中央部门的干预同时发生于多个制度渠道且通过体制内的央媒向社会公开时,中央干预对抗争

---

① 原生覆盖率衡量特定因果路径所能解释的案例数。然而,部分案例可能会被多个因果路径所解释,因此原生覆盖率无法有效反映某个因果路径独立于其他因果路径的解释力。与原生覆盖率不同,惟一覆盖率衡量有多少案例仅能被特定因果路径所解释。

② Y. Cai, *Collective Resistance in China*. Stanford, Calif: Stanford University Press, 2010.

结果的影响最为有效。笔者将这种干预模式称为"多渠道强干预模式"。

(二) 抗争成功条件的稳健性分析

有人可能会认为,在"惨胜"的结果中,抗争者付出了重大代价,与失败更为类似,应编码为0.4而不是0.6。考虑到模糊集定性比较分析结果对编码取值具有一定的敏感性[①],有必要对分析结果进行稳健性检验。

笔者对"惨胜"重新编码为0.4并重复上文的分析,所得结论基本不变。在单因素分析中,除"新媒体介入"外,其他解释条件均不是抗争成功的必要条件;所有的解释条件均不是抗争成功的充分条件,其中"中央政府干预"和"央媒支持"的一致性得分降低为0.72和0.71。这表明,当我们提高抗争成功的标准时,抗争结果更难被单一因素所解释。接下来,作者重复分析各理论对抗争成功的解释力。结果显示,资源动员与抗争策略无法有效解释抗争成功,而框架与政治机会对抗争成功具有一定的解释力。就框架而言,我们识别出与上文一样的因果路径,它们的总覆盖率为0.397。然而,当我们提高抗争成功的标准时,需要"直接干预"、"央媒报道"和"有利的客观机会结构"同时存在,抗争才会成功,该路径能解释约46.5%成功的案例,其解释力依然大于框架的解释力。

笔者进一步考察了中央政府干预和央媒支持性报道这两个变量赋值规则对结论稳健性的影响。笔者将中央回应但态度中立重新编码为0.7并重复分析,结论保持不变。类似地,即使将央媒支持性报道变量中的0.4和0.6重新编码为0.3和0.7,结论也保持不变。

(三) 作为变量的政治机会

中央干预并非存在于所有抗争案例之中,这就要求研究者回答

[①] S. E. Skaaning, "Assessing the Robustness of Crisp-set and Fuzzy-set QCA Results", *Sociological Methods and Research*, 2011, 40(2).

"什么条件下中央政府会干预"这一问题。现有文献对这一问题的研究相对滞后①。蔡永顺②指出,中央干预在一定程度上取决于抗争活动是否有足够的力量,而后者取决于抗争者的资源与策略。上文的分析则指出,框架化策略对中央政府"多渠道强干预"的发生具有重要的影响。

本小节将考察资源动员、抗争策略、框架化策略对中央"多渠道强干预"的影响。结果显示(表5-3),资源动员三个维度无法解释中央"多渠道强干预"的发生。三种抗争策略也不足以构成中央强干预的充分条件。然而,不同框架的组合能够较有效地解释中央"多渠道强干预"的发生,其中路径F1是"使用弱者、社会主义和集体主义框架,不使用制度违背框架",该路径解释约10%的案例;路径F2是"不使用弱者框架,使用集体主义和违背制度框架",该路径解释约30%的案例。这两个路径共解释约38%的中央强干预案例,初步支持了本文的观点:框架化是理解国家干预的关键所在。上文指出,拆迁制度在过去10年的若干次调整在很大程度上影响了抗争者可资利用的政治机会。分析显示,约60.1%的成功抗争发生在有利的制度框架中。对特定抗争事件而言,制度框架具有稳定性,是抗争者进行动员、选择策略和提出框架的外部环境,也是影响中央政府回应的外部条件,因此本文进一步分析制度框架与框架化策略的共同影响。分析揭示了四个路径,包括(IF1)"有利的政策环境,使用社会主义和集体主义框架,不使用违反制度框架";(IF2)"有利的政策环境,使用社会主义框架和违反制度框架,不使用弱者框架";(IF3)"有利的政策环境,使用集体主义和违反制度框架,不使用弱者框架";(IF4)"同时使用集体主义、社会主义和违反制度框架,不使用弱者框架"。这一组路径的总覆盖率为0.507,说明一半以上中央强干预模

---

① Y. Cai, *Collective Resistance in China*. Stanford, Calif: Stanford University Press, 2010, p.5.
② Y. Cai, *Collective Resistance in China*. Stanford, Calif: Stanford University Press, 2010.

式被框架与外部制度环境所解释。考察这四个路径可发现,其中三个路径包含有利的政策环境,而不含"有利的政策环境"的路径的唯一覆盖率非常小,这说明中央"多渠道强干预"主要发生于对抗争者有利的制度环境中。就所使用的框架而言,一些抗争者同时使用集体主义和社会主义话语,本文称之为"传统文化框架"(IF1);另一些抗争者则同时采取基于现行政策的"违反制度"框架和若干文化框架,笔者将其称为"混合框架"(IF2—IF4)。三个包含"混合框架"的路径能解释约 34.9% 的中央"多渠道强干预"案例。值得一提的是,尽管 65% 案例使用了弱者框架,但三个"混合框架"均不包括弱者框架,说明该框架对抗争结果的影响非常小。

表 5-3 "多渠道强干预"发生的条件

理论	因果路径	一致性	原生覆盖率	惟一覆盖率
资源动员	IS	—	—	—
抗争策略	IS	—	—	—
框架	F1:WEAK * SOCIALISM * COLLECTIVISM * ru_violation	1	0.08	0.08
	F2:weak * COLLECTIVISM * RU_VIOLATION	0.95	0.30	0.30
	[solution]	0.96	0.38	0.38
政策环境 * 框架	IF1:OBOPP * SOCIALISM * COLLECTIVISM * ru_violation	1	0.16	0.16
	IF2:OBOPP * weak * SOCIALISM * RU_VIOLATION	0.93	0.21	0.08
	IF3:OBOPP * weak * COLLECTIVISM * RU_VIOLATION	1	0.18	0.05
	IF4:weak * SOCIALISM * COLLECTIVISM * RU_VIOLATION	0.93	0.22	0.10
	[solution]	0.94	0.51	—

注:IS 表示不足以构成充分条件,此时一致性等指标无意义,使用"—"表示。

为了直观地展示外部政策和框架对抗争结果的共同影响,作者对某拆迁案例进行进一步分析。在该案例中,涉及被拆迁的教师于2010年底遭遇停职和停薪。2011年1月25日至27日,《东方早报》、《新华每日电讯》和《人民法院报》分别报道了事件。其中,《新华每日电讯》指出"株连"式拆迁是对公民权利的侵犯、对法治的践踏①。2011年2月1日《人民法院报》也指出,该拆迁事件属于变相强拆行为,违反了1月19日通过的《国有土地上房屋征收与补偿条例(草案)》,该行为将引发干群关系紧张、引起群众的不满②。同时,新区管委会对事件展开调查,并提出补发工资、道歉和检讨等处理意见。针对该事件,中纪委和监察部于3月发出通知,要求加强对拆迁政策的监督,制止和纠正违法拆迁行为。上述案例表明,新条例颁布后,央媒更有可能从法治和违反规则等角度对拆迁抗争进行报道;另一方面,我们可以看到干群关系等社会主义话语可同时与依法抗争等话语并存③。类似地,江西某案例更清晰地展示了框架对地方政府行为的影响。在《中国青年报》调查期间,一位工作人员自信地认为"像这种拆迁的新闻,全国上下一般都不报道。"④然而,当《法治日报》结合抗争者的话语就地方政府是否应该动用行政资源为商业开发拆迁、公务员受株连是否有法律依据、房屋拆迁条例和物权法之间的关系提出质疑,地方政府不得不迅速地回应相关质疑⑤。

(四)理解中央强干预的影响因素

为什么在特定的政策环境下采取特定的框架化方式更有可能获得中央"多渠道强干预"呢?作者结合现有研究从宏观上讨论中央政

---

① 单士兵:《拆迁搞"株连"有伤人文伦理》,载《新华每日电讯》2011年1月6日。
② 王伟健:《拆迁搞株连,谁之过?》,载《人民法院报》2011年1月27日。
③ C. K. Lee, "The 'Revenge of History': Collective Memories and Labor Protests in North Eastern China", Ethnography, 2000, 1(2);佟新:《延续的社会主义文化传统——一起国有企业工人集体行动的个案分析》,《社会学研究》2006年第1期。
④ 涂超华:《江西丰城拆迁株连调查》,载《中国青年报》2008年1月10日。
⑤ 陈修琪、李青:《江西丰城"株连拆迁"存多处法律疑问》,载《法治日报》2008年1月15日。

府应对拆迁抗争的可能动机。自 2003 年以来,"维稳"逐渐成为社会治理的核心,这在 2005—2008 年期间得到进一步的加强,形成以非零和"讨价还价"为核心的制度安排①。在某种程度上,维稳体制成为中央干预抗争的基础。就干预动机而言,中央政府在制定/修订土地政策时需要平衡多个冲突性目标:一方面,在不违背"土地国有"原则的基础上提高土地利用效率并促进经济发展;另一方面,需要保护耕地并确保粮食安全②。然而,在土地开发与城市发展过程中,土地出让金成为地方政府岁入的重要来源。在经济利益驱动下,一些地方政府的违规行为屡见不鲜,不仅导致了拆迁抗争,加剧了社会矛盾,还影响保护耕地的政策目标。保护耕地、维护社会稳定及规范地方政府行为为中央政府提供了干预的动力。

有研究指出,国家合法性是中央政府干预的重要动机③。近 10 年来,国家通过多种方式重建合法性,其重点已逐渐从经济绩效和民族主义转向以意识形态和制度建设为导向的新路径④,包括新的意识形态理念(如和谐社会)、传统文化及具有中国特色的社会治理与民主制度建设(如法治)。在此背景下,社会主义、集体主义和违反制度话语与国家合法性建设中的意识形态、传统文化和制度建设具有一致性,这不仅给予抗争者动员与组织的合法性⑤,还强化了诉求的合法性。面对具有合法性的诉求,中央政府不作为可能会对国家合法性带来负面影响,因此这些框架化策略有助于获得中央干预。其次,

---

① C. K. Lee, Y. Zhang, "The Power of Instability: Unraveling the Microfoundations of Bargained Authoritarianism in China", *American Journal of Sociology*, 2013, 118 (6).
② G. C. S. Lin, S. P. S. Ho, "The State, Land System, and land Development Processes in Contemporary China", *Annals of the Association of American Geographers*, 2005, 95(2).
③ Y. Cai, *Collective Resistance in China*. Stanford, Calif: Stanford University Press, 2010.
④ H. Holbig, B. Gilley, "Reclaiming Legitimacy in China", *Politics and Policy*, 2010, 38(3).
⑤ 佟新:《延续的社会主义文化传统——一起国有企业工人集体行动的个案分析》,《社会学研究》2006 年第 1 期。

国家合法性建设也是制度变迁的动力①。就拆迁政策变迁而言,政策调整既是中央政府对过往抗争的回应②,也是中央政府为了提高国家合法性、维护社会稳定而做出的努力。在此脉络下,使用违背制度的框架有助于抗争成功。最后,同时使用多种与国家合法性建设一致且彼此相容的框架能够从不同的角度引发不同中央政府部门的支持,使框架化的效果最大化。

总之,中央"多渠道强干预"是影响抗争成功的关键。维稳体制和国家多重政策目标是中央干预的前提,而国家对合法性建设的强调意味着框架化策略是获得中央干预的关键途径。当抗争者同时使用多个与国家合法性建设相一致的"混合框架"来合法化其诉求时,他们更有可能获得中央政府的"多渠道强干预"。

五、结论与讨论

本文以拆迁抗争为例,使用模糊集定性比较分析方法比较了发生于2003—2012年间的40个拆迁抗争案例,以此来探讨有社会影响力的抗争事件得以成功的条件。研究发现,中央政府干预与央媒支持性报道共存是抗争成功的充分条件,本文将该干预模式称为"多渠道强干预";尽管框架化策略对抗争结果具有一定的解释力,但框架化策略仅通过提高中央的"多渠道强干预"而间接影响抗争的结果,其中社会主义、集体主义和违反制度框架对抗争具有较为重要的影响。总之,政治机会结构理论与框架化理论对抗争结果具有较强的解释力。

虽然外在的制度环境既不是抗争成功的充分条件也不是必要条件,但这并不意味着有利的制度环境对抗争结果没有影响:(1) 大部

---

① B. Gilley, "Legitimacy and Institutional Change: The Case of China", *Comparative Political Studies*, 2008, 41(3).
② Y. Cai, *Collective Resistance in China*. Stanford, Calif: Stanford University Press, 2010.

分成功的案例发生于较为有利的制度环境中;(2)稳健性分析显示,一旦提高抗争成功的标准,有利的外部制度与中央"多渠道强干预"共存才是成功的充分条件;(3)当外部的制度较为有利时,框架化策略更有可能提高中央政府干预的可能性。可见,"客观的"政治机会结构不仅包括"碎片化国家"(如中央政府直接干预),有利的外部制度环境也是"客观的"政治机会的重要维度。当然,即使面对相同的"客观的"政治机会,抗争者对政治机会的认识与运用也不尽相同,今后的研究需要进一步考察"客观的"政治机会、抗争者"感知的"政治机会和实际运用的政治机会对抗争结果的影响。

政治机会特别是中央政府干预对抗争成功的重要性佐证了现有理论[①]。同时,本文进一步阐明了中央"多渠道强干预"模式的重要性。中央干预仅仅是抗争成功的因果路径的一个因素,中央干预与央媒公开支持一起共同构成抗争成功的充分条件。比较中央干预与央媒公开支持这两个因素对抗争结果的影响可以发现,两者的充分性在伯仲之间,但央媒公开支持具有更大的解释力。这一发现可以通过分析抗争动力得到解释。在抗争中,结果由抗争者、对手(通常是地方政府)、公众和上级政府四方互动所决定。若中央政府仅通过直接干预影响抗争,虽然能够直接影响地方政府对抗争的应对策略,但抗争者和公众往往难以了解中央政府的立场和态度,难以有效利用源自上级政府干预的政治机会;相反,当央媒公开支持抗争时,抗争者更容易发现和利用源自上级干预的政治机会,更容易获取公众支持,从而提高抗争者与地方政府的抗争能力,增加抗争成功的可能性。此外,当中央干预和央媒支持性报道共存时,抗争者能够获得多个盟友的支持,从而更有可能获得成功。基于上述分析,我们可以根据上级政府干预的渠道以及干预是否具有公开性对政府干预模式进行类型化。根据该类型化方式,本文所指的"多渠道强干预"是同时

---

① Y. Cai, *Collective Resistance in China*. Stanford, Calif: Stanford University Press, 2010.

发生于多个渠道、具有公开性的中央干预模式。值得一提的是,上述理论解释更多是基于现有理论的推测,有待今后的经验研究的证实或证伪。

研究结果也表明,中央"多渠道强干预"的发生与资源动员和抗争策略没有稳健的关系,但框架化能够较好地解释中央"多渠道强干预"的发生。其中,集体主义、社会主义和违反制度框架在拆迁抗争中扮演较为重要的角色,而弱者框架并不利于抗争成功。我国的"维稳体制"和土地政策的多重冲突性目标是中央政府强干预的前提,而中央政府对国家合法性的关注在一定程度上为抗争者提供了抗争的空间。抗争者使用与国家合法性建设相一致的话语能够强化诉求的合法性,增加中央政府不回应的负面影响,从而有助于获得中央政府的支持性干预。这表明框架化不仅通过引发公众的共鸣、动员潜在的参与者而影响抗争结果[1],还可以通过直接影响上级特别是中央政府的支持而影响抗争结果。国家对意识形态和合法性的强调使后一种影响机制更为重要。今后需要通过深入研究上级政府部门的决策过程来揭示框架化与政府回应之间的因果机制。

由于本文考察的案例时间跨度近十年,媒体对早期抗争的报道可能会影响后期抗争的框架化,从而间接影响抗争成功的可能性。如果这一推论成立,早期抗争的框架化与后期抗争的框架化之间应该存在系统性差异。为了检验该推论,作者以 2008 年作为分界点将案例分为两种类型,并考察这两个时期的框架是否存在系统性的差异。进一步分析发现这两个时期的框架不存在系统性差异,因此上述推论未得到数据的支持。其次,前期经媒体报道的事件是否会通过扩散过程影响到后期的事件,从而存在反馈效应呢?笔者认为,这种反馈是存在的,最为重要的反馈效应在于中央政府根据前期拆迁抗争事件调整与拆迁相关的政策和制度,从而影响后期拆迁抗争的

---

[1] E. Amenta, N. Caren, "The Legislative, Organizational, and Beneficiary Consequences of State-orientated Challengers", in D. A. Snow, S. A. Soule, H. Kriesi, eds., *The Blackwell Companion to Social Movements*, Oxford: Blackwell Pub, 2004.

动力。在拆迁这一特定议题中,政策调整的方向有利于被拆迁者,拓展了拆迁抗争的政治机会,进而反过来促进中央政府干预,有助于抗争的成功。值得一提的是,这一反馈循环的存在并不挑战本研究的发现。

最后,本文还存在一些局限。首先,使用媒体报道作为案例来源可能存在选择性偏误。抗议性事件是否被媒体报道受到事件类型、涉及的议题、媒体机构、事件规模、支持者的地位等因素的影响[①]。这里所考察的案例均具有较大的社会影响力,研究结论也主要解释了具有一定社会影响力的抗争案例,并不一定适用于缺乏社会影响力的抗争事件。今后需要通过进一步拓宽研究范围来检验上述发现是否能够解释更加地方化的抗争。其次,由于数据收集方式的局限,本文尚未能考察制度化抗争策略以及地方媒体报道的影响。最后,本文的研究目的是通过案例比较来解释抗争成功的影响因素,并初步提出维权抗争的解释框架,这意味着作者并没有对每个案例进行深入的分析,发掘影响因素与抗争结果之间的动态机制。今后的研究需要采取深入访谈来解释行动者的动机和策略对抗争结果的影响。特别是,深入探讨抗争者与地方政府对央媒报道释放的信号的理解和基于该理解的行动将有助于充实本研究关于多渠道强干预的论点。

[本文原载于《社会学研究》2015 年第 5 期。]

[①] J. Earl, A. Martin, D. McCarthy, A. Soule, "The Use of Newspaper Data in the Study of Collective Action", *Annual Review of Sociology*, 2004, 30; J. McCarthy, L. Titarenko, C. McPhail, P. Rafail, B. Augustyn, "Assessing Stability in the Patterns of Selection Bias in Newspaper Coverage of Protest During the Transition from Communism in Belarus", *Mobilization: An International Quarterly*, 2008, 13(2).

因果机制的建立与完善
——评《多渠道强干预、框架与抗争结果》

孙小逸*

现有的抗争研究大多关注抗争的组织动员过程，而对于抗争结果的研究则相对比较滞后。而事实上，在中国的政治环境下，理解抗争结果可能比动员过程更加重要。这一方面是因为当今中国并不存在制度化、成规模的社会运动组织，大部分抗争是抗争者自发组织起来的。主要通过社交媒体等平台进行组织联络，组织者和领导者的作用并不显著。另一方面，中国的抗争事件大多以权益性诉求为主，一旦权益性诉求得到满足，抗争行动随之解散。由于不具有持续性，难以凸显组织动员和资源供给的重要性。在这样的情况下，相比抗争动员过程，我们更需要理解的是，抗争取得成功的条件是什么？

黄荣贵、郑雯和桂勇的《多渠道强干预、框架与抗争结果》试图对抗争结果的影响因素进行系统的考察。黄文收集了2003—2012年40个具有社会影响力的拆迁抗争案例，运用模糊集定性比较分析方法，对这些案例的抗争结果进行考察。文章提出两个主要的研究发现。第一，中央政府的干预和央媒的支持性报道是抗争成功的充分条件，而资源动员、抗争策略等则对抗争结果并不存在显著影响，由此说明在中国，政治机会结构理论对拆迁抗争的结果具有较强的解释力。研究中国抗争政治的相关文献大多将政治机会结构理解为中央政府对地方政府如何处理抗争事件的直接干预[①]。黄文的贡献在于拓展了中央政府的干预形式，不仅仅存在直接干预，同时还存在通

---

* 孙小逸，复旦大学国际关系与公共事务学院。
① Y. Cai, Collective Resistance in China. Stanford, Calif: Stanford University Press, 2010.

过央媒对抗争事件的支持性报道而传递出来的中央政府的干预信号,这种信号不仅能增强抗争者的信心,同时也会影响地方政府的回应策略。

第二个主要发现是有利的政策环境和框架化策略,共同影响中央政府多渠道强干预的发生。有利的政策环境主要考察的是,不同历史时段下有关拆迁的法律法规对被拆迁者的有利程度。随着时间的推移,相关法律法规不断朝着更有利于保护被拆迁者的方向发展。框架化策略主要是抗争过程中被使用的话语,文中主要归纳了"弱者框架"、"社会主义框架"、"集体主义框架"和"违反制度框架"四种框架。研究发现,在有利的政策环境下,运用迎合中央政府治理理念的话语框架,能够有效提高中央政府干预的可能性。此处,黄文的贡献在于将之前的结论往前推进一步,在各种抗争因素之间建立起一个逻辑链条,从而更加清楚地解释不同的抗争因素与抗争结果之间相互作用的因果机制。

然而,黄文所提出的因果机制仍有值得进一步商榷之处。首先,政策环境的调整变迁本身就反映了中央政府对拆迁问题的态度,即将施政重点从单一追求经济增长逐步转移到能够平衡处理社会矛盾、维持社会稳定。从这个意义上来说,政策变迁本身就代表了中央政府发出的政治信号。黄文用这个政治信号来解释中央政府的干预和央媒的支持性报道(也是政治信号),也并没有阐明不同政治信号之间的相互关系,其中的因果机制显得含糊不清。

其次,黄文用抗争框架是否与主流话语相一致来推测中央政府干预和央媒支持性报道的可能性,本身无可厚非,然而对抗争框架的测量却存在不小的问题。根据框架化理论,框架主要是指抗争者所采用的话语和口号,而文中只看框架是否在媒体报道中出现过。很有可能这些并非是抗争者所采用的框架,而是媒体在报道过程中自行定义的,从而影响到框架本身的可靠性。更重要的是,黄文用媒体报道中出现过的框架来推测央媒是否会对抗争事件进行支持性报道,从而推测中央政府干预的政治信号,难免有同义重复之嫌。

总得来说，黄文运用多案例研究和定性比较分析法，推进了中国抗争结果的研究，同时也开拓性地尝试在各种抗争因素与抗争结果之间建立因果机制。然而在建立因果机制的过程中，如何准确测量相关变量，以及如何准确阐明不同变量间的关系，仍是一个需要不断探索的话题。

定性研究范例

行政区划调整中上下级间的协商博弈及策略特征
——以 SS 镇为例

张践祚　刘世定　李贵才

[评论人：席天扬]

行政区划调整中上下级间的
协商博弈及策略特征
——以 SS 镇为例

张践祚　刘世定　李贵才*

内容提要：行政区划调整的过程中常常发生上下级政府的互动,然而学界对其运作机制的理论探讨和具体案例的经验研究尚显不足。本文以中国近年来行政区划调整的现实为基础,在理论分析中引入空间和位序因素,建构了两个相互联系的理论模型,即政府区划决策-收益模型和上下级间的方案"协商博弈"模型。继而借助模型对 SS 镇的区划调整案例进行考察,探究政府在区划决策和互动中的行为逻辑。本研究表明,博弈参与者在具体环境中采用的策略特征包括以内博外、零正嵌套、平衡共赢等,博弈策略的选择受环境因素与政府能动性两方面影响。此外,本文的理论探讨推进了政府行为的分析和上下级互动机制的讨论,对政府内各层级在其他领域的互动也有一定借鉴意义。

关键词：行政区划调整　政府行为　区划决策-收益　协商博弈　策略特征

一、引　　言

　　行政区划是国家实施政治、经济和社会治理的重要空间安排。某一尺度的行政区划,可被视为特定行政层级单元对应的一个空间

---

* 张践祚,国家发展和改革委员会;刘世定,北京大学社会学系;李贵才,北京大学城市规划与设计学院。

单元与管辖范围①。在中国当前的行政管理体制下,行政区划规定了各级地方政府(包括省级、地市级、县级、乡镇级等多个层级)行使经济社会发展管理职能,提供基础设施和教育、医疗等公共服务的空间范围。因此对某一层级地方政府而言,行政区划不仅是最显见的空间坐标,更是其实施治理的空间载体。

改革开放以来,中国经历的快速经济发展和社会变迁,对城市和区域的空间格局产生了重要影响。这种影响不仅表现为各类资源的空间布局变化,还伴随着区域间关系的变化,并体现在行政区划变动上。因此,撤县设市、撤地设市、撤县(市)设区、市辖区范围调整、乡改镇、乡镇撤并、镇改街道和村改居等形形色色的区划调整经常发生,各级行政区数量也随之变化。其中,地区从1982年的170个减少到2013年的14个,地级市从1982年的109个增加到2013年的286个,表明地区建制已逐步退出历史舞台,地级市成为地级行政管理单元的主要形式;县级市从1982年的133个猛增到1996年的445个,达到最高值,随后逐步减少,到2013年为368个;市辖区稳步增加,从1982年的527个增加到2013年的872个;县的数量呈递减之势,从1982年的1998个减少到2013年的1442个。此外,区划调整还呈现出一定的区域差异,在经济社会发展迅速且水平较高的东部地区,行政区划变动更加频繁②。

行政区划的频繁调整激发了学术界的研究兴趣。有学者指出,行政区划伴随的区域发展意涵在中国各级政府中表现得很突出③。

---

① Gopal Krishan, "The World Pattern of Administrative Area Reform", *The Geographical Journal*, 1988, 154(1).
② 魏衡、魏清泉、曹天艳、赵静:《城市化进程中行政区划调整的类型、问题与发展》,《人文地理》2009年第6期。
③ Yu Zhou, Xin Tong, "An Innovative Region in China: Interaction between Multinational Corporations and Local Firms in a High-Tech Cluster in Beijing", *Economic Geography*, 2003, 79(2); Jae Ho Chung, Tao-chiu Lam, "China's 'City System' in Flux: Explaining Post-Mao Administrative Changes", *The China Quarterly*, 2004, p.180; Bonai Fan, Ming Zhang, Chen Fang, Jing Wang, "Government Waste in China: Situation, Causes, and Countermeasures", *Asian Survey*, 2010, 50(4).

与此相应，不少学者对行政区划与经济发展的关系进行了研究[1]，指出行政区划促成了具有中国特色的"行政区经济"现象[2]，阻碍了区域经济一体化[3]。区划调整可以破除制度瓶颈，促进区域经济发展[4]。但也有研究指出，区划调整并非必然促进经济增长，还需关注行政分权、财政分权、区域竞争和地方官员政治激励等因素[5]。

除了对行政区划与经济发展关系进行的讨论，也有学者对区划调整与城市空间扩张的关系展开了研究，其中既包括理论探讨[6]，也有对北京[7]、上海[8]、广州[9]、深圳[10]等城市的具体分析，以及对珠三角城市群[11]和长三角城市群[12]的讨论。上述研究指出，区划调整作为一种重要的制度安排，会带来城市、城市群空间结构的变化，但并非推

---

[1] 参见张京祥、吴缚龙：《从行政区兼并到区域管治——长江三角洲的实证与思考》，《城市规划》2004年第5期；陶希东：《跨省区域治理：中国跨省都市圈经济整合的新思路》，《地理科学》2005年第5期；刘承良、余瑞林、熊剑平、朱俊林、张红：《武汉都市圈经济联系的空间结构》，《地理研究》2007年第1期；卓凯、殷存毅：《区域合作的制度基础：跨界治理理论与欧盟经验》，《财经研究》2007年第1期。

[2] 刘君德：《中国转型期凸现的"行政区经济"现象分析》，《理论前沿》2004年第10期。

[3] 王健、鲍静、刘小康、王佃利：《"复合行政"的提出——解决当代中国区域经济一体化与行政区划冲突的新思路》，《中国行政管理》2004年第3期。

[4] 李金龙、王宝元：《地方政府管理体制：区域经济一体化发展的重要制度瓶颈》，《财经理论与实践》2007年第1期。

[5] 王贤彬、聂海峰：《行政区划调整与经济增长》，《管理世界》2010年第4期。

[6] 张京祥、沈建法、黄钧尧、甄峰：《都市密集地区区域管治中行政区划的影响》，《城市规划》2002年第9期；李开宇、魏清泉：《我国城市行政区划调整的问题与发展趋势》，《规划师》2007年第7期。

[7] 李绍纯：《北京行政区划格局解析》，《北京规划建设》2004年第5期。

[8] 汪宇明、刘君德、戴均良：《上海大都市区行政区划体制研究》，《人文地理》2000年第6期。

[9] 李开宇：《行政区划调整对城市空间扩展的影响研究——以广州市番禺区为例》，《经济地理》2010年第1期。

[10] 张召兵、李贵才：《城市内部行政区划创新研究——以深圳市为例》，《特区经济》2009年第6期。

[11] 魏立华、阎小培：《快速城市化中城市规划和行政区划的关系研究——以珠江三角洲为例》，《城市规划》2004年第2期。

[12] 徐梦洁、陈黎、林庶民、王慧：《行政区划调整与城市群空间分形特征的变化研究——以长江三角洲为例》，《经济地理》2011年第6期。

动城镇化、促进区域发展的惟一手段，还须考虑经济发展阶段、区域经济联系和产业结构等要素。除了肯定区划调整在破除体制束缚、促进空间结构扩展和优化的正面作用，也有研究指出，区划调整需要警惕缺少产业推动、缺少长远规划和整体协调，以及借机扩充政府班子、增设管理机构等不良倾向[①]。因此要从制度重构、政策导向和空间整合等方面入手，实现区划调整后协调发展的目标[②]，并逐步通过区界重组取代传统的撤县（市）设区、区县合并，实现城市规模扩张向功能与内涵提升的转变[③]。

综观现有研究，基本的处理方式是将行政区划或区划调整视为一个既成事实，即作为外生变量纳入分析，而罕有学者将其视为内生变量，探究行政区划调整的运作过程。这主要是因为人们普遍认为，区划调整作为城市发展和规划的重要手段，应该朝着优化的方向进行。因为就规划的本质来说，其基本思想就是实现特定空间的"优化"。如当代规划大师彼得·霍尔所言，规划行为的意义就在于编制一个有条理的行动流程，使预定目标得以实现[④]。

但是，现实中的行政区划调整是否体现了这种单向度的"优化"意涵？其反映的是寻求惟一最优解的逻辑，还是存在着其他逻辑？这一过程中，政府各级主体的行为策略和互动机制是怎样的？循着这些问题，本文将从内生视角展开研究，关注经济社会快速发展背景下的区划调整，尝试挖掘其中蕴含的逻辑。

在本文以下部分，我们将首先对行政区划调整进行理论分析，建构上下级之间围绕行政区划调整互动的理论分析模型；继而采用模型与案例对话的方法对一个区划调整个案进行分析，深入考察上下

[①] 汪宇明、王玉芹、张凯：《近十年来中国城市行政区划格局的变动与影响》，《经济地理》2008年第2期。
[②] 甄峰、简博秀、沈青、郑俊：《城市管治、区划调整与空间整合——以常州市区为例》，《地理研究》2007年第1期。
[③] 殷洁、罗小龙：《从撤县设区到区界重组——我国区县级行政区划调整的新趋势》，《城市规划》2013年第6期。
[④] Peter Hall, *Urban and Regional Planning*, London: Routledge, 2002.

级围绕区划调整的博弈过程及其蕴含的策略特征;最后是对全文的总结与讨论。

需要说明的是,本文的个案资料来自作者于2013年7月、8月和2014年3月、11月、12月对F市、N区和SS镇的田野调查。

二、行政区划调整的理论分析

在本节,我们将对行政区划调整进行理论层面的一般性探讨,为案例研究提供分析基础。鉴于这一领域中尚缺乏逻辑清晰的理论模型,我们的讨论将伴随理论模型的建构来展开。如马克斯·韦伯所言,理论模型具有理想特征,它是现实的简化,旨在突出某些逻辑关联,虽然和现实不能等同,但它提供了一种参照,可以帮助我们洞悉现实中的某些关系。

在不同的国家制度结构中,区划调整有不同的制度约束和程序安排。本文讨论的是在中国层级制政府结构中的区划调整。在此结构中,依据直观想象,区划调整具有明显的自上而下特征。因此在区划调整的研究文献中,调整过程的内部机制常常被认为过于简单而不予讨论。这里隐含的假定是,区划调整是一个上级政府确定方案、下级政府服从执行的过程。如果借用博弈论术语来概括,这是一种"独裁者博弈"。即在博弈中,某一方作为"独裁者",他提出的任何方案,另一方均不具有拒绝的权利,而必须接受。[①]

然而我们在田野调查中发现,行政区划调整的现实运作过程与此逻辑并不相符,其中贯穿着上下级政府间的互动。事实上,在中华人民共和国《国务院关于行政区划管理的规定》(1985年1月15日发布,沿用至今)中,就为上下级间的互动提供了制度基础。例如《规定》指出,在行政区划变更时,要"制定变更方案,逐级上报审批",这

---

① 科林·凯莫勒:《行为博弈——对策略互动的实验研究》,贺京同、韩梅、那艺、李新月、冀嘉蓬、杨继东译,中国人民大学出版社2006年版。

便留有了上下级间的互动余地。有关政府内部上下级之间的关系和互动机制,近年来虽有不少研究①,特别是周雪光、练宏构建了政府内部上下级部门间的谈判模型,对于分析上下级的谈判式互动具有重要开创意义②。不过,上述研究尚未延伸至以行政区划等空间治理为特征的上下级互动领域。本文在这一方向上的努力将是对上下级互动分析的一个有益的丰富。

在理论工具上,本文将采用博弈论的分析框架。一方面透视区划调整中上下级之间的博弈环境要素及其影响,另一方面提炼各级政府的博弈策略特征。直观上看,在现有的博弈论分析工具中,协调博弈理论比较贴近。

最早提出协调博弈问题的是美国经济学家谢林。他认为,协调博弈就是具有多重均衡点,且每个均衡点都符合纳什均衡的博弈。③在谢林的基础上,库珀和克劳福德等学者指出协调博弈不但具有多个均衡,而且这些均衡可以进行帕累托排序,其对应的主体收益分配和博弈的总福利水平存在差异。④ 在明确了协调博弈基本内涵后,学者们展开了丰富的研究。库珀等讨论了单边互动和双边互动在不同

---

① Andrew G. Walder, "Local Governments as Industrial Firms: An Organizational Analysis of China's Transitional Economy", *American Journal of Sociology*, 1995, 101 (2); Yingyi Qian, Barry R. Weingast, "Federalism as a Commitment to Market Incentives", *The Journal of Economic Perspectives*, 1997, 11(4); Yingyi Qian, Gerard Roland, "Federalism and the Soft Budget Constraint", *American Economic Review*, 1998, 88(5);周雪光:《"逆向软预算约束":一个政府行为的组织分析》,《中国社会科学》2005年第2期;周雪光:《运动型治理机制:中国国家治理的制度逻辑再思考》,《开放时代》2012年第9期;周黎安:《转型中的地方政府:官员激励与治理》,格致出版社、上海人民出版社2008年版;周飞舟:《锦标赛体制》,《社会学研究》2009年第3期;曹正汉:《中国上下分治的治理体制及其稳定机制》,《社会学研究》2011年第1期;周雪光、练宏:《中国政府的治理模式:一个"控制权"理论》,《社会学研究》2012年第5期。

② 周雪光、练宏:《政府内部上下级部门间谈判的一个分析模型——以环境政策实施为例》,《中国社会科学》2011年第5期。

③ Thomas C. Schelling, *The Strategy of Conflict*, Cambridge: Harvard University Press, 1960.

④ Russell W. Cooper, Douglas V. DeJong, Robert Forsythe, Thomas W. Ross, "Selection Criteria in Coordination Games: Some Experimental Results", *The American Economic Review*, 1990, 80 (1); Vincent P. Crawford, "Adaptive Dynamics in Coordination Games", *Econometrica*, 1995, 63(1).

博弈类型(合作型博弈与风险规避型博弈)中发挥的差异性作用。①盖尔分析了动态协调博弈,指出在博弈人数一定的时候,博弈周期越短,均衡结果越向帕累托最优收敛。② 还有学者注意到了协调博弈中存在策略不确定问题。海克等指出,博弈主体的策略不确定可能导致协调失灵,这种失灵常见于缺乏沟通的"心照不宣式协调博弈"③;海涅曼等认为,协调博弈的均衡点不能呈现出博弈主体的具体行为和策略,也无法从中推断是否有策略不确定性问题,因此要通过私人信息或信号,评估博弈主体的行动策略④。这促使不少学者专门讨论协调博弈中的信息、信号问题。鲁宾斯坦指出主体间信息分布不对称与信息对称条件下的博弈均衡完全不同⑤,米亚特和华莱士进而提出,博弈主体将更多注意力转向内生信息的获取非常重要⑥。海涅曼等则在信息属性差异的基础上提出,私人信息有效沟通条件下的协调博弈,其结果更接近占优均衡。⑦

由于协调博弈存在多个均衡,因此博弈均衡到底出现在哪个位置就成为关键问题。谢林对此有一定探讨,并通过一系列实验得出了均衡选择结果通常取决于参与人的经验、文化、心理等联想,使某些均衡点较之其他均衡点更突出,各方也相信这个点是大家更容易

---

① Russell W. Cooper, Douglas V. DeJong, Robert Forsythe, Thomas W. Ross, "Communication in Coordination Games", *The Quarterly Journal of Economics*, 1992, 107(2).

② Douglas Gale, "Dynamic Coordination Games", *Economic Theory*, 1995, 5(1).

③ John B. Van Huyck, Raymond C. Battalio, Ricahard O. Beil, "Tacit Coordination Games, Strategic Uncertainty, and Coordination Failure", *The American Economic Review*, 1990, 80(1).

④ Frank Heinemann, Rosemarie Nagel, Peter Ockenfels, "Measuring Strategic Uncertainty in Coordination Games", *The Review of Economic Studies*, 2009, 76(1).

⑤ Ariel Rubinstein, "The Electronic Mail Game: Strategic Behavior under 'Almost Common Knowledge'", *The American Economic Review*, 1989, 79(3).

⑥ David P. Myatt, Chris Wallace, "Endogenous Information Acquisition in Coordination Games", *Review of Economic Studies*, 2012, 79(1).

⑦ Frank Heinemann, Rosemarie Nagel, Peter Ockenfels, "The Theory of Global on Test: Experimental Analysis of Coordination Games with Public and PrivateInformation", *Econometrica*, 2004, 72(5).

想到的、习惯选择的,从而达成相对稳定的均衡。① 此后,杨和梅塔等人通过更严密的实验支持了谢林的观点,指出协调博弈均衡的稳定性取决于参与人对其他人选择相同行动的信念。② 宾默尔也在分析以自利为动机的生存博弈时指出,维持均衡的规则往往出自一套人们信仰或认同的习惯规则。③ 不过,克劳福德和哈勒提出,博弈人在博弈的初始阶段通常会寻求自身处于优势的策略,并希望由此达成的均衡可以成为有影响力的先例,使此后的博弈结果向该均衡点收敛。④ 科斯菲尔德也指出,协调博弈中任意一个均衡点和博弈过程中主体的随机策略调整均取决于初始状态。⑤ 但卡琼和卡莫尔认为,博弈主体在寻求自身高收益时所达成的初始均衡可能是非效率的,只有当博弈兑现的交易费用很高昂时,博弈主体才会通过协调达成更有效率的均衡,这是一种"最大限度规避损失"的策略原则。⑥ 奥曼则认为,博弈主体在协调博弈前无成本、非约束的交流,能使博弈结果向更具有效率的均衡点收敛。⑦

应该承认,协调博弈理论的研究在不断深化,而且其中的某些特质(如存在多均衡点和主体间协调的可能性)与区划调整中政府各层级的互动有相通之处。但必须注意到,已有的协调博弈理论分析大

---

① Thomas C. Schelling, *The Strategy of Conflict*, Cambridge: Harvard University Press, 1960.

② H. Peyton Young, "The Evolution of Conventions", *Econometrica*, 1993, 61(1); Judith Mehta, Chris Starmer, Robert Sugden, "The Nature of Salience: An Experimental Investigation of Pure Coordination Games", *The American Economic Review*, 1994, 84(3).

③ 肯·宾默尔:《博弈论与社会契约(第1卷):公平博弈》,王小卫、钱勇译,上海财经大学出版社2003年版。

④ Vincent P. Crawford, Hans Haller, "Learning How to Cooperate: Optimal Play in Repeated Coordination Games", *Econometrica*, 1990, 58(3).

⑤ Michael Kosfeld, "Stochastic Strategy Adjustment in Coordination Games", *Economic Theory*, 2002, 20(2).

⑥ Gerard P. Cachon, Colin F. Camerer, "Loss-Avoidance and Forward Induction in Experimental Coordination Games", *The Quarterly Journal of Economics*, 1996, 111(1).

⑦ Robert J. Aumann, "Correlated Equilibrium as an Expression of Bayesian Rationality", *Econometrica*, 1987, 55(1).

都是经济学家在给定条件下推导出的逻辑结果,按照刘世定、张惠强的分类,其属于"实验的博弈理论",而非"真实环境中的博弈论"[①]。现实区划调整过程中的上下级博弈是发生在政府治理的真实情境下的,环境要素的复杂多变无法事先做出预设,且政府这个博弈主体在区划调整中的行为特征和策略选择也绝不同于实验条件下简单的"参与人"。只有对其行为特征进行专门讨论,才能展开更有效的博弈分析,从区划调整过程中挖掘出有分析意义的互动机制。

鉴于此,我们将建构一个上下级间的方案"协商博弈"模型,并把它和政府空间区划决策-收益模型结合起来。前者用以刻画上下级间博弈的基本过程,后者则凸显政府的空间决策特征。由于上下级间的方案"协商博弈"模型以政府的收益考量为基础,因此我们将先讨论政府空间区划的决策-收益模型,然后再讨论"协商博弈"模型。

(一) 政府区划决策-收益模型

在行政区划调整过程中,直接相关的主体就是上级政府和其辖区内的下级政府,因而我们把区划调整分析中的行动主体分为两类,即上级政府和下级政府。在本节,上级政府和下级政府都限于地方政府范围。我们假定,不论上级政府还是下级政府都追求其预期净收益(即总收益和总成本的差额)的最大化。此处的政府收益,既包括政府获得的可支配资源,也包括其治理活动获得的社会赞许,是政府自身对这二者综合价值的评估。显然,政府收益并不等同于其辖区的全社会收益。另外为简化起见,我们将上级政府和下级政府都视为整体行动者,而不区分政府内各部门、各类官员的行为策略与收益差异。

从中国当前的等级区划体制着眼,区划调整主要涉及两个方面:

---

① 刘世定、张惠强:《组织研究中的博弈论方法》,《吉林大学社会科学学报》2013年第6期。

(1)区划空间范围的调整;(2)辖区级别位序的调整。空间范围与辖区级别位序这两个因素,都影响着政府的净收益。据此,在其他条件给定的前提下,政府与区划相关的净收益函数可以表示为:

$$NR_1 = f(s_i, l_i) \qquad (1)$$

式(1)中,NR_i表示某级地方政府的净收益,s_i是该地方政府的辖区空间范围,l_i为辖区级序(级别位序)。自变量l_i是一个定序变量,对任何一级地方政府来说,辖区级序越高,潜在可支配资源越多,因而净收益是辖区级别的增函数。自变量s_i是一个连续变量,它和地方政府净收益间的关系比较复杂,需要展开论述。

在我们的模型中,假定上级政府的辖区范围不变,但下级政府的区划范围可能改变,其变化不仅影响下级政府的净收益,也影响着上级政府的净收益。下级政府的净收益直接受自身区划范围的影响,上级政府的净收益则受下属各政府辖区分布状态的影响。

为简化起见,我们假定随自身辖区面积的扩大,下级政府的边际净收益具有先递增后递减的倒U型变动特点。这一特点和下级政府辖区治理的边际成本随面积增加先递减、后递增有关。同时假定在上级政府辖区范围内,设立多个下级政府比只设立一个下级政府获得的边际净收益要更大。可以用图6-1来表示这种关系。

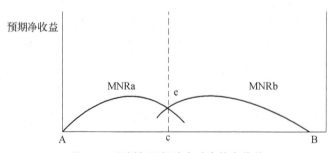

图6-1 区划与两级地方政府的净收益

在图6-1中,假定某地区的上级政府管辖2个下级政府,即下级政府A和B。为方便说明,我们将二维的面积用一维的线段表示,横轴从 A 到 B 的线段表示整个地区的面积。由 A 点越向右意味着下级政府 A 的区划面积越大;由 B 点越向左意味着下级政府 B 的区划面积越大。纵轴表示预期净收益。MNRa 是 A 的预期边际净收益曲线,MNRb 是 B 的预期边际净收益曲线,e 点为两条曲线的交点。在 e 点处,MNRa=MNRb,下级政府 A 和 B 的总和预期净收益达到最大。假定上级政府的预期净收益与下级政府 A、B 的总和预期净收益正相关,那么上级政府的预期净收益在 e 点最大。通过 e 点做垂线相交于横轴的 c 点,就是上级政府划分下级政府区划的最优点。对上级政府来说,不论将规划线确定在 ec 线的左侧还是右侧,其预期净收益都将受到损失。

由上面的阐述可知,上级政府调整下级政府区划,使自身预期净收益最大化的条件是各下级政府辖区面积的预期边际净收益相等。用公式表达如下:

$$\frac{\partial NR_1}{\partial s}=\frac{\partial NR_2}{\partial s}\cdots\cdots=\frac{\partial NR_n}{\partial s} \qquad (2)$$

式(2)中,$\frac{\partial NR}{\partial s}$ 为下级政府辖区面积的边际净收益。公式(2)也可以记成:

$$MNR_1=MNR_2=\cdots\cdots=MNR_n \qquad (3)$$

如果上级政府的预期净收益不是和下级政府的总和预期净收益正相关,那么情况就要复杂一些。这时,上级政府调整下级行政区划使自身预期净收益最大化的条件是:各下级政府辖区面积为上级政府提供的预期边际净收益相等。但从形式角度看,只要将 $\frac{\partial NR}{\partial s}$ 或 MNR 视为下级政府辖区面积为上级政府提供的预期边际净收益即可。其道理相同,故不再赘述。

需要注意,虽然 MNRa=MNRb 是上级政府的最优规划条件,但对下级政府而言,只要其预期边际净收益仍大于零(即 MNR>0),

就没有实现自身预期净收益的最大化。事实上,现实中的区划调整,在假定满足公式(2)的同时,使所有下级政府均实现"MNR=0"是不存在的。因此在图6-1中,我们设定e点对应的MNRa和MNRb均为正。这意味着,即使假定上下级政府对净收益大小的评价是一致的,e点也不是稳定的均衡点,下级政府有偏离这一点的激励。

上面的论述虽然只涉及一个上级政府,但也可以扩展到两个乃至多个上级政府区划决策的情况。当下级政府区划的调整不仅要经过其直接的上级政府决定,而且要经过更上级的政府决定时,追求自身净收益最大化的更上级政府也会基于上述原则考虑下级政府的区划调整对其收益造成的影响。

(二)上下级间的方案协商博弈

在上下级间的方案"协商博弈"模型中,我们假定行政区划调整中存在发生互动关系的两级政府。上级政府具有方案的最终决定权,而下级政府具有提出不同方案供协商的商议权。每一级政府在区划调整中都试图实现更大的预期净收益,而两级政府在可能的区划调整方案和预期净收益间的逻辑关系上只具有有限认知能力,这使它们之间存在围绕方案进行协商的可能性。在协商过程中,双方认知能力得以改善,且预期净收益将进行相应调整。我们借助图6-2中的展开式来说明该博弈过程的特点。

在图6-2中,a表示上级政府的预期净收益,b表示下级政府的预期净收益。(a_X, b_X)表示上级政府和下级政府的预期净收益组合,其关系为 a1<a2<a3,b1<b2,b3≤b2。

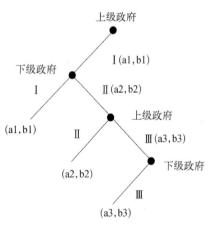

图6-2 两级政府间的方案"协商博弈"

在模型中,上级政府首先提出方案Ⅰ,按照方案Ⅰ,两级政府的预期收益是$(a1,b1)$,下级政府将对此方案做出反应。如果是独裁者博弈,那么下级政府只能接受这个方案。但是在我们的模型中,下级政府具有商议权,因此,下级政府具有两个策略:接受方案Ⅰ,或提出方案Ⅱ。如果接受方案Ⅰ,博弈结束;如果提出方案Ⅱ,博弈继续。

对下级政府来说,运用商议权提出的方案Ⅱ,需要既能增加自己的预期净收益,又能对上级政府有利,这样才有现实意义。也就是说,方案Ⅱ的预期收益组合必须具有"$a1<a2,b1<b2$"的特征。如果没有"$b1<b2$",下级政府没有提出新方案的激励;如果没有"$a1<a2$",新方案不足以说服一级政府放弃方案Ⅰ,考虑乃至接受方案Ⅱ。下级政府之所以能够提出对上级政府更有利的方案,主要和上级政府对于区划调整的多种可能方案与预期净收益间的关系只具有有限认知能力相关。

这一轮博弈不同于讨价还价博弈。在我们熟知的讨价还价博弈中,虽然同样存在一方提出方案,另一方相对提出其他方案的情况,但是两个方案所对应的预期净收益在博弈参与者间是此消彼长的,即"$a1>a2,b1<b2$",而不是协商博弈中的"$a1<a2,b1<b2$"。之所以有此差别,是因为在讨价还价博弈中,博弈参与双方都有退出权,只要合作比退出净收益高,在合作范围内的净收益此消彼长是可以接受的。但在协商博弈中,上级拥有方案的最终决定权,下级方没有退出或拒绝权,只有商议权,因此不可能提出减少拥有最终决定权的上级净收益的方案。

当下级政府提出方案Ⅱ之后,上级政府有两个策略,一是采纳方案Ⅱ,博弈结束;二是从方案Ⅱ受到启发,发现至少对上级政府更好的方案,从而提出方案Ⅲ(由于存在$a2>a1$的关系,因此我们假定理性的上级政府不会选择坚持方案Ⅰ)。从净收益的角度看,方案Ⅲ首先具有$a3>a2$的特点,这是上级政府提出新方案的激励所在。至于$b3$的大小,存在各种可能,它可能大于、等于或小于$b2$。不过在这一模型中,我们设定$b3\leqslant b2$。之所以如此设定,一是凸显上级政府具有最终决定权,这种决定权使它可以不满足下级政府的净收益要求;二是因为下级政府预期净收益最大化的区划格局,通常对上级政府来说不是最优的(原因详见前述的政府区划决策—收益模型)。

由于对上级政府来说,方案Ⅲ的预期净收益大于方案Ⅱ,因此它的占优策略是提出方案Ⅲ。在模型中,面对方案Ⅲ,下级政府选择接受,博弈就此结束。就现实性而言,下级政府如果有使上级政府和自身预期净收益都增加的方案,序贯博弈还可能继续下去。但这里的逻辑和前述下级政府提出方案Ⅱ时相同,故出于模型简化的考虑,此处不再赘述。

三、SS镇行政区划的变迁历程

在运用理论模型考察在SS镇行政区划调整中上下级政府间的博弈过程之前,有必要对其行政区划的变迁历程作一简述。

(一)第一次调整

SS镇的第一次区划调整发生在2005年。这次调整的背景主要有两点:一是N区于2003年初完成"撤市设区"调整,从G省直辖的N市变成了F市管辖的N区;二是F市在2004年下半年开始对"F市城市总体规划(2005—2020年)"进行修编,而这次修编成为N区力主推动第一次区划调整的直接原因。

2002年12月,国务院发文(国函〔2002〕109号)同意了G省对其下辖的F市行政区划调整的方案。经过调整,N市等4个县级市被撤销,在原基础上设立F市N区等4个区,以原4个县级市的行政区域作为新成立的4个区的行政区域。原F市的主城区和SW区同时撤销,与原属N市的NZ镇(面积76.7平方公里)合并设立CC区(F市新的主城区)。2003年1月8日,N区正式挂牌成立。

对N区而言,这次区划调整使其不但从省直辖的县级市变成F市管辖的一个区,在边界勘定时,原属辖区的NZ镇也被F市划入其新主城区。NZ镇经济实力很强,是全省有名的"富镇",在2001年被评为省"乡镇企业十强镇",在全省1 500多个乡镇中居第7位。显然,繁荣的NZ镇被F市"划走",对行政上被降格的N区来说可谓"雪上加霜",这也为后来N区积极推动SS的区划调整埋下了伏笔。

2004年,F市在完成"撤市设区"工作后,准备对城市总体规划进行修编,预计在2005年发布新版的"F市城市总体规划(2005—2020年)"。在该城市总体规划中,F市提出了"2+5组团"的发展战略,N区的SS组团位于"5"组团中的第3位,在所有7个组团中仅列第5位。

F市此次城市总体规划修编的主导思路是"南拓",因此没有把太多注意力投向居于北部的N区。从"2+5组团"的排序便可看出,F市不太重视SS组团。然而N区很看重SS组团这一片区,在此次城市总体规划修编之前,N区就提出了将其做成全国最大产业园的构想(不过恰逢国家提出严格控制各地开发区的土地规模,使得N区设想未能达成)。因此N区不愿接受SS组团在"2+5组团"中仅列第5位的局面,于是N区在综合权衡后提出了区划调整的想法。在F市同意后,N区于2005年1月完成了辖区内部的区划调整,将SS街道等4个镇(街道)合并,成立SS镇。调整后,SS镇的辖区面积从79.23平方公里大幅增加到256.09平方公里。

在SS区划调整完成的时候,F市城市总体规划的修编工作仍在进行中。由于这次调整,SS组团的产业规模明显扩大,产业功能也更加丰富。因此在2005年8月正式公布的"F市城市总体规划(2005—2020年)"中,SS组团从"2+5组团"中"5"组团的第3位升至第1位,居所有组团的第3位。

(二) 第二次调整

SS镇的第二次区划调整发生于2013年3月。这次调整的直接背景是F市在2012年将F高新技术产业开发区(国家级高新区,以下简称"F高新区")的核心园迁入N区,并初步明晰F高新区N核心园、N高新技术产业开发区（省级高新区，以下简称"N高新区"）和SS镇的管理架构和职能分工，基本实现了多个管理平台的有效对接。

2010年，N区的新一届区委、区政府提出了东、中、西三大片区的发展理念。在三大片区中，中部片区属"重点开发区"，包括SS镇及周边区域。其中SS镇的辖区面积最大，发展基础最雄厚，因此是该片区的核心力量。

基于SS镇的优越条件，N区萌生了申请独立的国家级高新区的念头，并将此想法上报给了F市。但F市认为，市里已经有一个国家级高新区了，即F高新区，因此不太赞成其提议。F高新区成立于1992年，属于很早的国家级高新区，但发展状况不甚理想，在2011年4月G省对省内国家级高新区的考核中，列全省倒数第一。另外，F高新区采取的是"一区五园"发展模式，在这5个园区中，N园（依托N高新区和SS镇）实力最强，且与SS镇"园镇融合"效果良好。因此F市认为可以把F高新区的核心园迁入N区，既满足其对国家级高新区平台的诉求，也能借助其力量加快F高新区发展。

经过权衡，N区接受了F市的提议。因此F高新区核心园于2012年顺利落户N区，成立N核心园，与N区的省级高新区合署办公。事实上，F市只是把F高新区核心园的牌子挂到了N区，N核心园的主要领导和工作人员沿用了原班人马，且架构基本一致，形成了"两块牌子，一套人马"的管理格局。此外，由于SS镇党委书记兼任N区常委、F市国家级高新区管委会常务副主任、N高新区党工委书记等职务，使得N核心园与SS镇也形成了较好的对接。

F高新区核心园落户N区后，N核心园范围达400平方公里，由SS镇及其周边区域组成。2013年3月，为促进N核心园发展，巩固优势地位，N区再次提出扩大SS镇区划范围，并获得了F市的同意。此次调整后，SS镇面积从256.09平方公里增加到330.6平方公里，其面积在F市所有镇（街）中高居榜首，成为G省屈指可数的大镇。

四、组团排序调整过程的博弈分析

由 SS 镇两次区划调整历程可知,虽然发生区划变动的是 SS 镇,但幕后的博弈是在 F 市和 N 区之间展开的,正是这两方的博弈目标与 SS 镇行政区划密切相关,才有了 SS 镇的两次区划调整。从本节开始,我们将对 F 市和 N 区之间的博弈进行考察。由于现实比抽象模型更具体,因此在考察中不仅要说明模型中的逻辑如何体现,而且有必要提炼各主体有怎样的博弈策略特征。

(一)下级政府商议权的行使机会

行政区划是政府治理活动的稳定框架,其调整只有在特定时机才会出现。但调整时机的出现也并不意味着下级政府获得了商议权的行使机会。在政府等级结构中,下级政府行使商议权有两个重要条件:第一,有区划决定权的上级政府的有限认知能力达到一定程度,使之在预期净收益和不同区划方案之间不能建立起自认为确定的联系,因此无法断定最优方案。如果上级政府能看清问题所在,并做出区划如何调整的决断,那么下级政府即使原则上有商议权,通常也会由于担忧商议无效且会在上级心中留下不良印象而选择缄默。第二,制度上规定了商议程序,且有相对充分的协商时间。

这两个条件在 2004 年 F 市准备对城市总体规划进行修编、预计在 2005 年发布新版"F 市城市总体规划(2005—2020 年)"的情境下同时具备了。

首先,跨期 15 年的城市总体规划涉及方方面面,存在大量不确定性因素。面对这样的情况,F 市政府认知能力的有限性不可避免地显现出来,集思广益成为市政府的必然要求。在城市总体规划修编前期,F 市政府虽然提出了"2+5 组团"的发展战略,并将 N 区的 SS 组团放在 7 个组团第 5 位,但这还只是一个粗线条的构想,其中存在着可改变的空间。

其次,城市总体规划的修编通常需要聘请专业的规划机构承担。本次"F市城市总体规划(2005—2020)"的修编,是由中国城市规划设计研究院、G省城市发展研究中心和F市城市规划勘测设计研究院共同完成的。3家单位从着手修编,到总体规划方案的正式公布,用了1年多时间。修编期间,规划编制单位需要向城市各职能部门(发改、财税、国土、城建、规划、交通、环保、医疗卫生、教育等)收集相关资料、数据和图纸,并进行实地调研。这为N区与F市的博弈提供了重要的时间空档。

最后,在城市总体规划的修编过程中,包含着市内各区和各职能部门参与讨论、提出意见的制度程序安排(F市定期组织召开"意见征询会"),这就为下级政府行使商议权提供了制度保障。N区提出通过调整内部行政区划以提升SS组团位序的策略,就是在此环境下形成的。

(二)"以内博外"策略

我们在前面指出,行政区划调整中有两个主要因素,即区划空间范围和辖区位序,它们影响着政府的预期净收益。对N区政府来说,要想取得更大的预期净收益,这两个因素均在考虑之列。

然而,N区政府要想提出改变本级区划范围的议案,其必要条件是这种改变能够使F市增加预期净收益,并且它还必须顾及其他区级政府的反应,这在当时是不现实的。特别是在1年前,N市刚刚被撤市改区,其繁荣的NZ镇也被并入F市的主城区,调整后的区划关系正在磨合。此时若提出本级区划调整的建议,显然不合时宜。

相比之下,设法在规划中提升N区政府下辖的SS组团的位序则具有可操作性,N区政府也比较有实施的动力。一般而言,对地方政府来说,其所在的发展组团在整个辖区的相对地位与其预期净收益是高度正相关的。特别是城市总体规划提出的组团位序,将对未来发展发挥重要指导作用,直接关系到规划期内城市发展的侧重点,与政府投资、产业政策和基础设施建设等方面密切相关,事关各片区的切身利益。因此，地方政府有提升自身相对地位的动力。由上文可知，F市起初把SS组团放在"2+5组团"战略中的第5位，N区政府很想改变这一靠后位序。但将想法转变为现实，需要适当的策略。

在SS组团位序调整方面，N区考虑过不同的行使商议权的方案。可供选择的方案主要有两个：一是直接向F市陈述SS组团的发展重要性和潜力，并据此要求提升其位序；二是调整SS组团在N区内部的行政区划，只加强其分量，而暂时回避位序调整问题。后一策略，我们称之为"以内博外"，即通过内部调整来改变外部博弈格局。

对N区来说，这两个策略相比，方案2更具优势和可操作性。首先，方案1直接否定F市政府的"2+5组团"原方案，这样的行动可能会给F市领导留下不好的印象，提升位序的目标没达成，还损害了与F市的上下级关系，落得个"鸡飞蛋打"的结果。相对而言，调整SS片区行政区划的方案2则回避了提升SS组团位序、改变"2+5组团"原方案的敏感问题，在政府等级结构中的风险比较低；其次，F市政府对"2+5组团"的排序是经过考虑的，但调整SS片区行政区划则未曾考虑，这意味着方案2在弥补F市政府认知能力的不足方面有一定优势，因而更可能被考虑或接纳；最后，方案2通过调整内部区划，可以重新整合辖区内部资源，强化SS组团产业功能，为经济增长提供更有力的支撑。这既有利于N区预期净收益的增加，也有利于F市预期净收益的增加，这种双赢格局更具吸引力。因此，N区采取了方案2，抓住城市总体规划修编的时机，运用商议权向F市政府展开了协商博弈。

此时F市也有三个选择，一是改变"2+5组团"原方案，同意提升SS组团位序；二是保持"2+5组团"原方案，且不同意SS的区划调整；三是保持"2+5组团"原方案，但同意SS的区划调整方案。

从F市的角度看，如果在N区提升SS组团位序的要求下改变"2+5组团"原方案，将有损于作为上级政府的威信，也可能招致辖区内其他下级政府在"2+5组团"排序调整问题上竞相攀比,甚至威胁到新的城市总体规划能否按时修编完成。因此,相对于保持原方案,同意提升SS组团位序、改变"2+5组团"原方案显然是一个劣策略。

不过,如果N区避开改变"2+5组团"排序的敏感问题,仅就SS片区的区划调整提出建议,则是可以考虑的。虽然F市把发展的主导思路定为"南拓",但如果同意SS片区的区划调整,可以有效整合SS街道等4个镇(街)资源,以便N区进行整体布局,打造具有竞争力的发展片区,推动北部地区发展。长远来看,这对F市的整体发展也是有利的,且不需要自己付出什么成本,只需同意N区的提议即可实现。反之,如果不同意,则不能获得北部地区发展带来的收益。因此,在N区提出调整SS片区行政区划建议的时候,F市选择同意是更为有利的策略。此时N区与F市的协商博弈格局可以加以形式化,如矩阵1所示:

		N区	
		直接向F市要求提升SS组团位序	调整SS片区行政区划(回避提升SS组团位序问题)
F市	改变"2+5组团"原方案,同意提升SS组团位序	a1,b1	—,—
	保持"2+5组团"原方案 不同意SS的区划调整	a2,b2	a3,b3
	保持"2+5组团"原方案 同意SS的区划调整	a4,b4	a5,b5

矩阵1 关于SS组团位序的协商博弈

矩阵1中,a表示F市政府的预期净收益,b表示N区政府的预期净收益。如前文所述,在N区政府的预期净收益中,$b2<b1$,$b2<b3<b1$。考虑到F市政府同意概率(p)对预期收益的影响,对N区政府来说,$p \cdot b5+(1-p) \cdot b3 > p \cdot b1+(1-p) \cdot b2$,因此它的最优策略是"调整SS片区行政区划(回避提升SS组团位序问题)";在

F市政府的预期净收益中,a1＜a2,a2＝a3,a3＜a5,因此"同意SS的区划调整"是最优策略。这样,F市政府与N区政府的均衡策略是:(同意SS的区划调整,调整SS片区行政区划),即(a5,b5)。

后面的故事是,在F市的首肯下,N区迅速完成了SS片区的区划调整,新SS镇的面积从79.23平方公里增加到256.09平方公里。事实上,区划面积的增加固然重要,但"街道"向"镇"的转变更为关键。我们通过调查得知,虽然街道和镇同为N区管辖的科级行政单位,但街道的行政编制数量远少于镇,具体职能部门的管理权限也有明显差别——调整前,SS街道设主任1人,副主任3人,内设机构为9个,包括社会事务办公室等8个办公室和财政管理所；调整后,新SS镇领导职数猛增,镇党委书记1人,镇长1人,镇党委副书记(专职)1人,副镇长3人,镇党委委员17人。新SS镇还调整了内设机构,组建了由11个综合性办事机构和3个区镇双重管理机构共同组成的职能部门。以国土资源管理为例,SS街道时期设置的是规格较低、偏重服务的"城镇建设办公室",主要负责街道、村建设规划、土地使用和建筑市场的管理,处理土地纠纷,实施土地监察；新SS镇则设置了规格较高、偏重管理的"国土城建和水务局",在原有职能的基础上,增加了协调基础设施和公用事业的建设管理、配合开展城乡建设的规划工作、指导协调征地拆迁工作等重要职责,管理权限大幅扩展。另外,新SS镇税收增加非常显著。在统计口径改变的2004年当年,其工商税收总额(9.4亿元)就达到2003年的5.25倍,2005年更是增至13.1亿元,远超N区其他镇街,在F市也属屈指可数的税收重镇。

在N区2005年1月完成SS片区的区划调整时,F市城市总体规划的修编工作仍在进行。此次调整后,SS片区的建设用地面积、产业规模、工商税收、人口规模等指标显著提升,SS组团实力明显加强。因此,F市最终满足了N区提高SS组团位序的愿望——在2005年8月公布的"F市城市总体规划(2005—2020年)"中,SS组团从"2+5组团"中"5"组团的第3位升至第1位,居所有7个组团的第

3位,并被列为F市新的重点开发区。

五、高新区调整中的博弈分析

在本节中,我们将考察SS镇第二次行政区划调整中发生的博弈。这是伴随F市政府和N区政府之间围绕高新区调整而出现的。这一轮博弈包含5个重要的"节点":(1)N区政府向F市提出申请设立国家级高新区的建议;(2)F市政府提出不同方案;(3)N区政府接受F市政府的迁园方案;(4)N区政府再次建议扩大SS镇区划范围;(5)F市政府同意SS镇区划扩大。这次区划调整过程中,不论是协商博弈的具体条件,还是双方采用的策略特征,均与上节有所不同。

(一)N区对商议权的主动利用和"零正嵌套"策略

在SS组团的重点开发区地位被确定后的几年,该组团及其所在的N区迅速发展。2010年,N区在党委、政府换届后,新一届区委、区政府提出了将全区划分成东、中、西三大片区的新发展构想。SS镇所在的中部片区属"重点开发区",而SS镇辖区面积最大,经济基础最雄厚,成为"重点开发区"中的核心力量。依托迅速成长的发展条件,N区产生了以SS镇为基础申请设立一个独立的国家级高新区的想法,并汇报给了F市。由此推动了上下级间的新一轮协商博弈。

与上一轮博弈不同,这轮博弈的方案首出方是下级政府。N区的积极态度和以下背景有关:一是该区经济实力不断提升,在F市有了更大的话语权;二是该区新一届领导班子上任,新官上任新作为的政府逻辑带来了激励和压力;三是N区在F市的主要竞争者S区于2009年8月被G省批准实行综合改革试验,F市已在经济、社会、文化等方面赋予了S区很多地级市管理权限。

第三个因素有必要作进一步交代。S区成为G省综合改革试验区后,F市于2009年先后两次向S区大范围下放行政审批权限:10

月下放了第一批378项行政审批和日常管理权限事项，同年12月的第二批下放了238项。这些权限涉及F市发展改革局、市经贸局等23个职能部门，基本涵盖了地级市所有重要的经济社会发展管理权。按照F市的文件要求，上述行政审批权限自2010年1月1日起正式交由S区独立行使。我们注意到，自2010年后，G省政府或省直属部门在发布官方文件的时候，其抬头均改为了"各地级以上市人民政府，S区人民政府"或"各地级以上市XX局，S区XX局"。官方文件抬头的悄然改动表明，此番放权改革后的S区已经不再是F市的一个普通市辖区了，其权限和地位明显提升。这种形势强化了N区提升位序的紧迫感。我们通过对N区区委书记的访谈了解到，N区之所以要争取国家级高新区平台，一是希望获得部分地级市管理权限，二是需要在对外交往时拥有更高的谈判地位，尤其要增强对高新技术产业、高端制造业、现代服务业等知名企业的吸引力。

从策略角度看，N区有关在该区申请一个国家级高新区的方案，形式上依然是前述"以内博外"策略的再次运用：通过在内部建立高新区，以提升本区与其他位序竞争区的相对地位。但是，在第一轮博弈中，位序提升虽然是N区试图实现的目标，但在策略上N区选择了暂时回避；在本轮博弈中，独立申请国家级高新区的要求一经提出，提升位序的目的就十分明显了，这必定引起和N区有位序竞争关系的其他市辖区的关注。

因此，这里存在三方——即N区政府、F市政府、与N区有位序竞争关系的其他区政府——之间的博弈。围绕位序提升的博弈，在同级政府中带有零和博弈的特点，其中伴随着摩擦。而N区在把申请国家级高新区作为发展本区经济、提升本区位序的策略提出时，却同时带入了另一个性质的博弈，即可以带来双赢结果的正和博弈（该博弈是在N区政府和F市政府之间以协商博弈的形式展开的）。N区政府预计，如果申请国家级高新区成功，不仅对N区发展有利，对F市政府提升区域影响力也有好处。由此可知，N区提出申请国家级高新区这一策略，带有"零正嵌套"的特点。"零正嵌套"策略，可以弱化与同级政府间的潜在冲突。在N区政府提出申请想法的环节上,三方博弈格局可以通过矩阵2说明。

		N区			
		申请		不申请	
F市	同意	a1,b1,c1	a2,b2,c2	—,b3,c3	—,b4,c4
	拒绝	a5,b5,c5	a6,b6,c6	—,b7,c7	—,b8,c8
		支持	不支持	支持	不支持
		位序竞争区			

矩阵2　高新区申请中的博弈

在矩阵2中,N区政府有两个策略:申请高新区或不申请。和N区有位序竞争关系的其他区政府的策略包括:支持N区政府申请或不支持。F市政府也有两个策略:同意N区政府的申请或拒绝。a、b、c分别表示F市政府、N区政府和位序竞争区政府的预期净收益。

对N区政府来说,其重要的收益关系有这样几点:如果申请国家级高新区的提议F市政府同意,而位序竞争区又支持,即预期净收益为b1,那是再好不过的;如果提出申请想法,F市政府同意,位序竞争区不支持,预期净收益将为b2,且b2＜b1,但比不提申请的收益高,申请仍然值得;如果提出申请要求,F市政府拒绝,位序竞争区又反对,则此时的收益比不提出申请时还低,即b6最小,那就不如不提。这里的关键是F市政府的态度。所以,N区政府在是否提出申请问题上,需要估计F市政府同意与否的概率(p)。当$p \cdot b2+(1-p) \cdot b6 > b7$时,N区便会向F市提出申请国家级高新区的想法(这里我们假定N区政府将位序竞争区不支持其申请的概率估计为1)。事实上,N区政府的确向F市提出了申请设想。

(二)F市政府的修正方案:平衡共赢策略

F市政府接到N区申请后,并未迅速回应N区。因为对F市政府来说,其回应要兼顾到上级政府的反应、N区的积极性和其他区的态度等因素。

我们在调查中了解到,申请建立国家级高新区需要上报省政府,审核通过后再报国务院,经国务院批复同意后才能建立。整个过程周期长,成败难料。特别是,在N区2010年提出申请国家级高新区设想后不久,F市原有的国家级高新区(F高新区)在G省的检查考核排名中名列最后一名。此时,若F市再向上级政府提出要设立一个国家级高新区,显然是很不明智的。因此,F市最终没有同意N区"另起炉灶"申请国家级高新区的设想。

但为了不挫伤N区在高新区建设上的积极性,并将此积极性引导到改善F高新区发展面貌上来,同时考虑到N区与其他市辖区的位序平衡,F市政府提出了一个修正方案。这一方案包括两个要点:(1)将境况欠佳的F高新区的核心园从CC区迁入产业基础雄厚、发展势头良好的N区,这样既满足了N区对国家级高新区的诉求,又能借助其力量带动F高新区加速发展;(2)将F市高新区核心园从CC区迁入N区的同时,把S区的LP园区也确定为新的核心园,即形成"双核心园"格局。

对F市政府的回应策略,N区有两个策略:坚持原方案(独立申请国家级高新区),或接受修正案。N区的位序竞争区也有两个策略:支持或不支持。下面我们通过矩阵3来说明三者间的博弈格局。

		F市			
		同意N区申请		提出修正案	
N区	坚持原方案	a1,b1,c1	a2,b2,c2	a3,b3,c3	a4,b4,c4
	接受修正案	—,b5,c5	—,b6,c6	a7,b7,c7	a8,b8,c8
		支持	不支持	支持	不支持
		位序竞争区			

矩阵3　高新区回应方案中的博弈

矩阵3中，a、b、c分别表示N区政府、F市政府、位序竞争区政府的预期净收益。对N区来说，如果F市政府同意它的申请方案，即使申报最后没有成功，也是较优之选。我们通过对N区区委书记的访谈了解到，在提出申报国家级高新区时，他们就知道申请成功并非易事，对此是有思想准备的，但还是向F市提出了申请设想，希望获得支持。事实上，只要F市政府同意N区申报，就会先向N区下放一部分地级市管理权限，提升其地位，加快其发展，以争取G省政府和国务院的批准。

然而，我们已经知道，F市政府没有同意N区提议，并提出了修正案。对于F市政府提出的修正案，不论位序竞争区支持与否，N区均认为"接受修正案"优于"坚持原方案"。究其原因，首先是因为在等级结构中，下级政府固执地坚持扩大自身权限的想法，会带来负面效应，对与上级的长期关系不利；其次，如果N区政府不接受修正方案，与其有竞争关系的S区的LP园就将成为惟一的新核心园，N区的位序会因此下降，显然更不利。概言之，当位序竞争区支持F市政府的修正方案时，N区收益$a_7 > a_3$；当位序竞争区不支持F市政府的修正方案时，$a_8 > a_4$，两者的较优收益均对应着N区"接受修正案"的策略。同理，对位序竞争区来说，支持市政府的修正案比不支持的收益更高，即$c_7 > c_8$，并大于其他诸项选择的收益。这样，F市政府、N区政府、位序竞争区政府的均衡策略组合为：（提出修正案，接受修正案，支持修正案），即（a_7, b_7, c_7）。

需要指出，对N区政府而言，接受修正案只是在给定F市政府策略的前提下的最优选择，而非整个博弈格局中的最优选择。只要条件发生变化，N区仍有动力追求更好的格局。

在就市政府修正案达成共识后，N区通过国家级高新区的平台达到了强化事权、提升级别的目标。F高新区核心园迁入N区后，F市随即将54项市级管理权限下放至F高新区管委会，由N核心园承接，其中涉及市发展改革局、市外经贸局、市国土规划局等六个职能部门，涵盖了投资项目审批、外商投资企业设立、国有土地使用权划拨审批等重要管理权限。调查中,SS镇行政服务中心的一位负责人称,事权下放后,N核心园内注册资本1亿美元以下的外商投资企业的设立、变更、并购、注销等审批都可以在N核心园内完成,这为N区的招商引资提供了更大自由度;此外,涉及国土规划审批的25项权限(如国有土地使用权划拨审批、建设用地项目预审审批、工业用地出让、租赁审批、农用地转建设用地审批、土地征收初审、规划选址许可等)的下放,使N区在统筹发展用地上拥有了更大自主权。

(三)内生的机会:区划调整商议权的再运用

F市高新区核心园迁入N区以后,F市政府划定N核心园的面积为400平方公里,范围与N区原有省级高新区、N区中部片区基本重合,覆盖了SS镇全域及其周边一些镇区。当时SS镇的辖区面积是256.09平方公里,占整个核心园的2/3。也就是说,N核心园内的部分区域在行政区划上不属于SS镇。

这里产生了镇区管理与高新区核心园管理的协调问题。这个问题伴随核心园迁入的决策而生,属于高新区调整内生的产物。面对这一情况,N区有两个选择:一是再次提议扩大SS镇区划范围,理顺管理关系,促进N核心园和SS镇协同发展,巩固N核心园在F市五个高新园中的领先地位;二是维持SS镇区划现状,稳步发展N核心园。F市也有两个选择,一是同意N区提议,二是不同意其提议。此时的博弈格局如矩阵4所示(a、b分别表示F市政府、N区政府的预期净收益):

		N区	
		扩大SS镇区划范围	维持现状
F市	同 意	a1,b1	a3,b3
	不同意	a2,b2	—,—

矩阵4 关于SS镇区划能否扩大的博弈

如果仅从N区自身发展角度考虑,扩大SS镇区划范围能够降低管理运行的成本,是为上选,即$b1>b3$。但是处在行政等级结构中,N区必须考虑F市政府的反应。这里的微妙之处在于SS镇在2005年已经进行过一次扩充调整,再次提出扩大的时机是否适宜。不过N区领导认为,扩大SS镇区划范围对F市的发展是有利的,况且SS镇与N核心园的管理关系问题,是伴随F市政府的"迁园"方案所产生的,解决其带来的新问题顺理成章。所以,考虑到市政府可能的反应后,N区再次行使了行政区划调整的建议权。不过,N区在向F市提议扩大SS镇区划时,特别强调了此举对于促进N核心园发展的意义,并将理顺N核心园管理关系解读为提升N核心园及F高新区整体实力的重要制度保障。

从F市角度看,如果SS镇区划范围扩大,确实有利于N区整合资源,加速N核心园发展,增强F高新区的整体实力,提高F高新区在G省国家级高新区的相对位序,以及F市的区域影响力。且N核心园并没有真正意义上的独立财政,其运转完全依赖于N区和SS镇的财政划拨(两级政府各占50%),如果N区和SS镇发展得更好,两级政府的财政收入将增加,对N核心园的财政划拨额度也自然会"水涨船高"。因此对F市而言,当N区提出扩大SS镇区划范围的时候,同意其提议便是比否定更有利的选择,即$a1>a2$。

在F市的同意下,N区于2013年初完成了SS镇的区划调整,SS镇的辖区面积增加到330.6平方公里,占N区总面积的30%。我们在调查中获知,2013年SS镇的地区生产总值达767亿元,占整个N区的35.3%;全镇工商税收总额达71.72亿元,占N区地方公共财政预算总收入的49.1%。SS镇多项经济指标在F市所有镇街中高居榜首,优势愈加凸显。另外,N核心园在F高新区五个园区中的领先地位也进一步巩固,为N区中部片区的发展提供了坚实基础。

另外,F高新区在N核心园的带动下形成了良好的发展态势,高新区整体实力明显提升。在2013年8月G省对全省六个国家级高新区的最新考核排名中,F高新区一扫颓势,跃居第3位。

六、总结与讨论

在本文中,我们从中国近年行政区划调整的现实出发,探讨了政府层级结构导致区划调整中上下级博弈的某些特征。

在理论分析上,我们建构了两个相互联系的理论模型,即政府区划决策-收益模型和上下级间的方案协商博弈模型,并借助它们洞悉政府在区划调整决策和互动中的行为逻辑。在政府区划决策-收益模型中,我们不仅将政府的预期边际净收益最大化假定和空间因素结合起来,而且强调了社会学特别关注的相对位序因素的影响。上下级间的方案协商博弈模型,是建立在上级政府的有限认知能力假定和特定的制度框架基础上的。这一模型既不同于政府层级间关系分析的"独裁者模型",也不同于一些学者从经济学、政治学、组织学等视角对政府中讨价还价现象的分析[1],更不同于公共选择理论中以民主制度为模本的理论模型[2]。在本文中,协商博弈模型被用于行政区划调整过程的分析,但它也对政府各层级间在其他领域中的互动分析有借鉴意义。从这个角度说,本文的理论探讨推进了对政府行为的分析与上下级间互动机制的讨论。

利用在田野调查中获得的地方政府区划调整个案资料,我们考察了区划调整如何在两级地方政府的博弈中实现。通过案例与理论模型的对话,我们不仅考察了理论模型所揭示的逻辑如何在现实条件下展现,还提炼了博弈参与者在具体环境中所用策略的特征,如以

---

[1] 殷华方、潘镇、鲁明泓:《中央—地方政府关系和政策执行力:以外资产业政策为例》,《管理世界》2007年第7期;杨龙、彭彦强:《理解中国地方政府合作——行政管辖权让渡的视角》,《政治学研究》2009年第4期;艾云:《上下级政府间"考核检查"与"应对"过程的组织社会学分析:以A县"计划生育"年终考核为例》,《社会》2011年第3期;周雪光、练宏:《政府内部上下级部门间谈判的一个分析模型——以环境政策实施为例》,《中国社会科学》2011年第5期。

[2] James Buchanan, "A Contractarian Paradigm for Appling Economics Theory", *American Economic Review*, 1975, 65(2); Dennis Mueller, *Public Choice* (*Second Edition*), London: Cambridge University Press, 1989.

内博外、零正嵌套、平衡共赢等。我们认为，这些策略的提炼，不仅有助于认识政府间关系的某些微妙之处，而且对于理解环境因素如何对政府行为造成影响甚至构成制约，也具有参考价值。

需要说明的是，本文为了使分析模型更加简洁，将上下级政府分别作为一个整体纳入区划调整过程的讨论。但需要注意，政府是由不同部门和利益团体构成的，这些主体也有各自的决策-收益模型以及相应的博弈策略，而且这些策略力量很可能会通过某种方式传导至上级或下级政府的行为中，甚至影响博弈走向。篇幅所限，本文无法建构更细致的理论模型，挖掘更深入的策略传导机制，但我们会在下一步的研究中进行专门讨论。这个讨论不仅有助于提高分析的现实性，还能推进上下级互动机制的理论探讨。

本文案例涉及到的一个区、镇在十年中发生了多次区划变动。从区划通常具有稳定性的角度看，这样的变动频率是很高的。通过案例可以看到，这和迅速发展的经济、各地方政府在发展中的竞争有密切关系。因此，通过区划调整议题的分析，既能透视更大范围的经济社会变迁，也能洞察这种变迁的推动力量。

在本文中，对预期净收益的追求构成了政府区划调整的基本动力。然而，政府的预期净收益和其获取的实际净收益不能混同，和其整个辖区的社会净收益更不是一个概念。从SS镇案例看，F市政府和N区政府通过区划调整，均增加了实际收益。但我们对于区划调整结果的描述，只是出于保持故事连续性的考虑，而非对区划调整结果的评估。无疑，在处于快速发展转型期的中国，通过较长时段的观察，对区划调整的经济社会绩效进行客观评估，对"成功的"或"不成功的"区划调整案例进行总结和反思是非常有价值的，这既能对其他地区的区划调整提供借鉴和警示，具有重要的公共政策价值，也符合社会学研究的"责任伦理"要求。但对于区划调整效果的规范性分析，需要以更全面深入的田野调查和有说服力的评估模型为基础，这项工作有必要在后续研究中完成。

［本文原载于《社会学研究》2016年第3期。］

评《行政区划调整中上下级间的协商博弈及策略特征》

席天扬[*]

近年来,社会科学领域的研究呈现日益增强的跨学科特征:各学科范式相互融合,来自不同领域的议题重合交叠。该文即是一例:三位城市规划领域的学者,用经济学博弈论的分析框架,研究行政区划变动的政治维度,并最终发表在社会学权威期刊上。

行政区划的设置和行政权的分配是重要议题,无论在公共管理、城市规划还是经济学中都有广泛的文献讨论。该文独辟蹊径,以上下级政府之间就区划设置和权力归属展开的博弈为切入点,展示了中国特色的公共治理机制的运行逻辑。乍看之下,上下级之间能够进行对等的"博弈"似乎与常识不符,因为中国在行政组织架构上属于单一制国家,上级政府通过人事任命、财政、行政许可等手段控制下级政府的施政,并对下级政府颁布的政策有否决权。但事实上,上下级之间的博弈不仅常见,而且必要,是中国政府改进公共治理效率的机制保障。这是因为下级政府往往距离基层和市场更近,相较上级政府具有信息优势,从而使得下级政府有能力根据地方的实际信息进行政策创新,提出与上级政府的初始偏好不尽相同但却可能提高整体经济绩效的方案。

另一方面,整体绩效的提高未必总能导致所有各方均等受益。但正如制度经济学奠基人罗纳德科斯在《社会成本问题》这一经典论文中所表述的那样,当现实中存在改进整体收益水平的经济方案时,只要初始的权责界定是清楚的,利益相关的各方就可以通过谈判,由

---

[*] 席天扬,北京大学国家发展研究院。

受益的一方让渡部分利益,来补偿受损的一方。从这个意义上说,博弈只是手段,而最终目的是达成各方可以接受的,帕累托改进的改革方案。纵观四十年来中国改革开放的历程,大多数成功的改革都遵循了拓展政策的绩效空间,寻求最大共识的共赢道路。围绕改革所进行的博弈计算,可谓是公共选择理论大师布坎南和塔洛克意义上的"同意的计算"。

针对行政区划的改革这一问题,该研究提出的主要观点有二。首先,行政区怎么划,级别怎么定,不仅要算经济账,还要算政治账。比如把一个镇从区县管辖划归为市直接管辖,设置经济园区,甚至国家级新区,整体发展的速度会加快;但从原区县的角度看,无疑是受损了。区县希望能够在获得升级的同时,保留对经济园区的管辖权,这就是政治上的再分配需求。该文的第二个观点则是,这种下对上的政治诉求,能够得到来自于上级的积极响应。响应的渠道就是政策协商,由下级向上级提供新的信息、提交新的方案。作者以南方F市N区就SS镇的区划设置与上级的协商博弈为例,通过构建博弈的扩展式和基于可能政策选项的策略式,分析了可能的博弈均衡。论证逻辑清楚,论据充分,理论链条完整。

对于非行政区划研究专业的学者而言,该研究至少有两点有益的启迪。第一,很多政策创新,包括经济园区、高新区的设立是由地方发起的,是一个自下而上的政策过程。传统的组织经济学文献解释政策创新,往往是基于信息利用的角度。该研究向我们展示了,除了信息利用的经济考量外,地方政府在园区设置和区划问题上还有行政权力和政治竞争的考量。一个省直管的县级市变成了市辖区,权力变小了,对于地方来说,怎么弥补?缩水的权力要获得补偿?需要地方政府自己提。所以,把街道升级成镇、设立经济园区都是在向上级政府提出诉求——这是一个新的理论视角。第二,上下级在政策偏好和想法上的冲突,不尽然是坏事。此处隐含的一个假定是,有一些属于下级政府、有助于改善整体绩效的"地方性知识",并不为上级政府所知。由此,上级对于下级的可能存在政策偏见的否决会使

评《行政区划调整中上下级间的协商博弈及策略特征》

信息利用更有效,因为这样会迫使下级政府做功课,提出更全面合理的新方案。传统组织经济学文献讲决策权划分,一般认为在信息不对称的情况下分权和授权是好的,但若过度分权,下级可能满足于局部利益而停止创新和努力。组织经济学的一些最新理论模型也证明了这个结论。从日常工作的直觉上来说,"严师出高徒",团队的领导人严格得不近人情,反而可能逼出团队成员的潜能来。这个结论不限于行政区划问题,也不限于上下级的协商、博弈,但对于理解一切科层组织的运行逻辑有普适意义。

最后,对文中的博弈论方法略作评论。文章虽然讨论了博弈论的概念和文献,并用了扩展式和策略式的博弈,但并没有把博弈分析内化于对均衡策略的分析之中。不用文中的博弈模型,可以把逻辑说清楚吗?我认为是可以的。事实上,文中的扩展式和策略式模型,都存在唯一的(子博弈完美或纳什)均衡,从博弈理论意义上说,该模型不存在协调问题。这应该说是一个可以解决的技术性失误。比如,通过引进不完全信息,或者事前-事后的不确定性,可以在文中的假设下讨论具有多重均衡的协调博弈,其主要的分析逻辑和结论大体不变。因此,我们或许可以把文章对于协调博弈的应用看作一种创造性误读,就像很多经济学家在跨界研究政治学、社会学问题时遭遇的那样——技术性失误不影响有价值的洞见。

研究方法探析

政治学研究中的因果关系：四种不同的理解视角

左　才

腐败测量：基于腐败、反腐败与风险的视角

过　勇　宋　伟

政治学研究中的因果关系：四种不同的理解视角

左 才[*]

内容提要：社会科学研究的主要任务是探求因果关系，因果关系的本质和形态是多元的。本文综述了政治学家围绕因果关系展开的讨论，系统梳理了在政治学研究中理解和构建因果关系的四种传统和方法及其发展与应用，并分析了每种方法的优缺点。文章认为，不同的理解视角和传统不存在孰优孰劣，每种传统及其包含的逻辑都能为因果推断做出贡献，但也同时存在局限性。在对不同传统的优缺点保持自觉的前提下，不同方法的融合已经也将继续成为未来政治学因果推断中的趋势。

关键词：因果关系 因果机制 实验方法

一、引 言

因果关系是政治科学，乃至社会科学研究中追求的"圣杯"。按照科学主义的传统，因果关系是可以被观察并测量的。然而，在这个共同前提下，学者们对因果关系的本质及形态的理解存在较大差异。使不同研究方法（比如定性方法与定量方法）区别开的往往是对因果关系的不同构建和理解。对于不同的研究对象而言，因果关系的形态也有所区别，比如，充分条件更经常出现在对宏观现象（例如民主和战争）的原因分析中，而越来越多的关于政治态度和行为的原因分

---

[*] 左才，复旦大学国际关系与公共事务学院。

析开始遵循实验的逻辑。

亨利·布雷迪（Henry Brady）非常精彩地总结了理解和构建因果关系的四种逻辑和传统。[1] 在其分析的基础上，本文将系统介绍国外政治学界围绕因果关系展开的讨论，梳理每种逻辑和传统的表现形式、发展应用及优缺点，以期为国内政治学研究中的因果推断提供基础性知识储备。

二、休谟或新休谟传统

大卫·休谟和约翰·穆勒等哲学家都曾依照充分条件的逻辑来定义因果关系。X是Y的原因当且仅当X是Y发生的充分条件。这种定义自然引起了关于其他条件（比如必要非充分条件）是否是原因的讨论。休谟对因果关系的传统定义也无法处理多种原因或不同原因的组合导致某个共同结果的情况。后来的哲学家对这种定义进行了扩充，比如澳大利亚哲学家约翰·麦凯（John Mackie）将"原因"定义为 INUS 条件。[2] 电线短路（A）与木质房子（B）两个条件足以导致房子起火，汽油罐（C）与火炉（D）共同作用也足以导致房子起火。虽然 A、B、C、D 四个条件都不是房子起火这个结果的必要或充分条件，但是每一个都是导致房子起火的充分条件中的必要非充分要素。[3] 根据麦凯的定义，每一个都是原因。这种定义的优点在于它涵盖了多因一果的情况，避免了因果宿命论，使得因果概率论的逻辑也具有适用性。[4] 但是，这种定义在本质上与休谟

---

[1] Henry Brady, "Causation and Explanation in Social Sciencen", in Janet Box-Steffensmeier, Henry Brady, David Collier, eds., *The Oxford Handbook of Political Methodology*, Oxford: Oxford University Press, 2008, pp.217-270.

[2] Insufficient (I) but necessary (N) part of a condition which is itself unnecessary (U) but exclusively sufficient (S) for the effect.

[3] 房子起火的充分条件有两个，一个为 A 和 B 同时存在，另一个为 C 和 D 同时存在。

[4] 在因果关系的内涵上，主流观点都将其视为概率性的（probabilistic）而非决定性的（deterministic）关系。

的定义相同,仍然是将因果关系视为两种现象或因素的常规关联(constant conjunction)。休谟认为 X 与 Y 之间建立因果关系必须满足三个条件:(1) X 和 Y 在时间和空间上必须是邻近的;(2) X 发生在 Y 之前;(3) X 与 Y 的常规关联。[1] 但是两种现象的常规关联并无法证实两者之间存在因果联系。观察到相关性之后,研究人员仍然需要运用其他证据来检验这种关联是否是因果关系。

因果关系也可以用必要条件来定义:Y 只有在 X 存在的条件下才会发生,那么 X 就是 Y 的原因。必要条件的逻辑最早可以追溯到亚里士多德。在这种逻辑下,某个变量或条件只能是或不是必要条件,换句话说,对必要条件的测量必然是一个二分变量。后来的研究人员发展和突破了这种经典逻辑,将必要条件定义为一种概率性的连续变量,比如 99% 的观测发现某个变量是 Y 发生的必要条件,查尔斯·拉金(Charles Ragin)认为这个变量就是 Y 发生的"几乎必要条件"(almost always necessary)。关于必要条件,至少存在 5 种定义和逻辑:亚里士多德的经典两分定义、集理论(set theory)、模糊集理论(fuzzy logic sets)、微积分统计逻辑以及概率论逻辑。[2]

在政治科学中,主要是在形式理论(formal theory)和定性研究,尤其在比较历史分析中,运用必要和充分条件来探讨因果关系十分常见。民主和平理论(democracy peace theory)可以被视为在探讨和平发生的充分条件。对社会运动、民主、经济发展等前提因素的探讨也就是对这些重要的政治和经济现象发生的必要或充分条件的探索。加里·格尔茨(Gary Goertz)统计了 150 例在政治学、社会学和经济史领域以必要条件形式提出的因果假设。[3] 在格尔茨看来,针对

---

[1] Paul Holland, "Statistical and Causal Inference", *Journal of the American Statistical Association*, 1986, 81(396), pp.945-960.

[2] Gary Goertz, Harvey Starr, eds., *Necessary Conditions: Theory, Methodology and Applications*, Rowman & Littlefield Publishers, 2003, p.11.

[3] Gary Goertz, "The Substantive Importance of Necessary Condition Hypotheses", in Gary Goertz, Harvey Starr, eds., *Necessary Conditions: Theory, Methodology, and Applications*, Rowman & Littlefield Publishers, 2003, pp.76-94.

所有重要的社会和政治现象都可以以必要条件的形式提出研究假设,这被他自称为格尔茨第一定律。与其重要性不相匹配的是,政治学并没有在方法论上足够重视这种逻辑。定性比较分析(qualitative comparative analysis)是近几十年发展起来的一套系统识别和检验充分或必要条件的方法,它主要关注寻找因果解释,即"结果的原因"(cause of effects)。① 然而,即便在美国的研究生方法论课程中也鲜见讨论相关内容,更别提设置专门的课程。

三、反事实逻辑

因果关系在一定程度上都暗含着一种反事实逻辑。美国哲学家戴维·刘易斯(David Lewis)详细分析了因果关系是如何与反事实逻辑紧密相连的。② 这种反事实逻辑尤其适合用来检验以必要条件形式提出的因果假设。如果研究者假设 X 是 Y 发生的原因(必要条件),其暗含的反事实逻辑是如果 X 没有发生的话,那么 Y 也不会发生。马克斯·韦伯在评论德国历史学家爱德华·迈尔(Eduard Meyer)的《历史的理论及方法》一书中提到,虽然历史无法重来,我们无法得知,如果俾斯麦不发动 1866 年的普奥战争,历史将会被如何改变,"但是这个问题本身并不是毫无意义的,因为对它的回答触及了对事实进行历史建构的一些关键要素:如果俾斯麦的个人决定的确是原因,那么这个原因的影响到底有多大以及在历史记述中这

---

① 定性比较分析方面的主要著作包括但不限于 Charles Raign, *The Comparative Method: Moving beyond Qualitative and Quantitative Strategies*, Oakland, CA: University of California, 2014; Charles Raign, *Fuzzy-Set Social Science*, University of Chicago Press, 2000; Charles Raign, *Redesigning Social Inquiry: Fuzzy Sets and Beyond*, University of Chicago Press, 2008; Benott Rihoux, Charles Raign, eds., *Configurational Comparative Methods: Qualitative Comparative Analysis (QCA) and Related Techniques*, Thousand Oaks, CA: Sage, 2009。其他关于必要条件的研究包括 Bear Braumoeller, Gary Goertz, "The Methodology of Necessary Conditions", *American Journal of Political Science*, 2000, 44(4), pp.844-858。

② David Lewis, "Causation", *Journal of Philosophy*, 1973, 70(17), pp.556-567; David Lewis, *Counterfactuals*, Cambridge, Mass: Harvard University Press, 1973.

项个人因素应该占据什么样的地位"①。在政治学中运用反事实逻辑开展的研究大多为案例分析。②与休谟或新休谟传统相比,反事实方法不要求总是观察到因与果的关联,而只需要找到一个除了假设原因之外其余因素都相似的世界,如果在这个世界中被解释的现象的结果不同,那么就可以认为假设的原因成立。

在具体运用时,学者建议应该明确和详细地将头脑中的反事实推理展现出来,以便读者结合普遍原则等抽象知识和具体历史事实来评估因果假设的合理性。在评价反事实研究时,杰克·列维(Jack Levy)提出了三个标准:清楚性、前提的合理性以及反事实结果有条件的合理性。③

在"清楚性"方面,反事实的论述需要清楚指出,如果某个因素改变了,历史的哪些具体方面将发生变化。简单的一句"历史将会不同"由于无法被证伪,因此也没有太多用处。詹姆斯·弗尔伦(James Fearon)认为下面的反事实论述是明确清楚的:

如果欧洲当时的领袖们意识到了防守的真正作用,那么1914年的政治局面会如何?我们可以通过想象这一情形来清楚说明崇尚进攻对一战的影响……(如果意识到了防守的作用),那么所有欧洲国家首先进行战争动员的意愿可能不会那么强烈,并且每个国家在自己发起动员前对对手的备战会采取更加容忍的态度,如此一来,即使

---

① Max Weber, *Selections in Translation*, edited by W. G. Runciman, translated by E. Matthews, Cambridge: Cambridge University Press, 1906(1978), p.111.

② 主要包括但不限于 Niall Ferguson, *The Pity of War: Explaining World War I*, New York: Basic Books, 1999; Philip E. Tetlock, Aaron Belkin, eds., *Counterfactual Thought Experiments in World Politics*, Princeton: Princeton University Press, 1996; Richard Ned Lebow, "Contingency, Catalsysts, and Nonlinear Change: The Origins of World War I", in Gary Goertz, Jack Levy, eds., *Explaining War and Peace: Case Studies and Necessary Condition Counterfactuals*, New York: Routledge, 2007, pp.85-111。经济学方面的反事实研究有 Robert Fogel, Railroads *American Economic Growth: Essays in Econometric History*, Baltomore: Johns Hopkins University Press, 1964。

③ Jack Levy, "Counterfactuals and Case Studies", in Janet Box-Steffensmeier, Henry Brady, David Collier, eds., *The Oxford Handbook of Political Methodology*, Oxford: Oxford University Press, 2008, pp.633-640.

会出现动员与反动员交替螺旋上升的情况,其发展速度也会更缓慢。①

反事实因果法的主要问题在于,找到两个最接近的世界(closest possible worlds)在现实或逻辑上都较难实现。一个因素的差异或改变往往意味着(或导致)其他因素的差别或变化。在反事实论述时,这些因素之间以及它们与反事实论证的前提之间都需要保持逻辑的一致性,即共融性。② 比如,"在古巴导弹危机中,如果当时是尼克松而不是肯尼迪任美国总统,结果将会不同,尼克松会进行空袭而非海上封锁",这种反事实论述就违背了共融性。学者指出,如果当时是尼克松任总统的话,他很有可能会在"猪湾事件"中直接动用美国军队,卡斯特罗政权将被推翻,苏联不会在古巴部署攻击导弹,也就不会发生古巴导弹危机。③ 基于共融性的要求,一些学者赞同韦伯的观点,认为最好的反事实世界是对现实作出最少改动的世界,即"对历史进行最小改写"的法则。符合这一法则的反事实论述的例子是,如果乔治·布什没有赢得2000年的美国总统大选,那么美国不会发动伊拉克战争。④

在保证"清楚性"以及"前提的合理性"的同时,好的反事实论述还应该与具体的历史事实、既有的理论保持一致。⑤

---

① James Fearon, "Counterfactual and Hypothesis Testing in Political Science", *World Politics*, 1991, 43(2), p.182.

② 关于共融性(cotenability),具体参见 Nelson Goodman, *Fact, Fiction and Forecast*, Cambridge: Harvard University Press, 1983, p.15。

③ Richard Ned Lebow, Janice Gross Stein, "Back to the Past: Counterfactuals and the Cuban Missile Crisis", in Philip E. Tetlock, Aaron Belkin, eds., *Counterfactual Thought Experiments in World Politics*, Princeton: Princeton University Press, 1996, pp.119-148.

④ Jack Levy, "Counterfactuals and Case Studies", in Janet Box-Steffensmeier, Henry Brady, David Collier, eds., *The Oxford Handbook of Political Methodology*, Oxford: Oxford University Press, 2008, p.636.

⑤ 还有学者提出了另外两个评判反事实论述的标准:与已有统计归纳的一致性以及可推测性(projectability),具体参见 Philip E. Tetlock, Aaron Belkin, eds., *Counterfactual Thought Experiments in World Politics*, Princeton: Princeton University Press, 1996, pp.19-31。

四、实 验 逻 辑

与用反事实逻辑想象出一个最相似世界类似,实验方法(manipulation approach)也强调控制住其他变量来分离出某单一变量对结果的影响。但是,与反事实逻辑不同,实验强调对关键解释变量的实际干涉和人为操纵。反事实逻辑同样无法建立因果关系和排除虚假关系(spurious correlation)。① 而在实验逻辑下,人为操纵和干预关键性解释变量可以有效地辨识出原因,确立因果关系的方向和排除虚假关系。

阿伦德·李普哈特(Arend Lijphart)曾称:"实验的方法几乎是最理想的进行科学解释的方法,但不幸的是,由于实践和伦理的阻碍,它很少能被运用于政治科学中。"②实验方法在政治学中的运用从20世纪20年代萌芽,经历了70年代的急剧上升和1975年后的短暂低潮。从90年代起,实验方法开始得到迅速发展。③ 受到可行性因素的制约,实验研究的议题主要集中在政治信息传播、政治态度、政治行为、选举政治、议会政治、政府回应性、发展与治理等。④ 依据对干预的控制

---

① 虚假关系是指观察到的两个因素之间的关联是基于潜在的第三个变量引起两个因素有所联系这一假象,即两个因素都是第三个变量的结果,但是两个因素之间并不存在因果关系。
② Arend Lijphart, "Comparative Politics and the Comparative Method", *American Political Science Review*, 1971, 65(3), pp.682-693.
③ 臧雷振:《政治学研究中的实验方法——近年来的应用进展及研究议题分布》,载《国外理论动态》2016年第5期;Rose McDermott, "Experimental Methods in Political Science", *Annual Review of Political Science*, 2002, 5, pp.31-61。
④ 对政治学实验研究议题的分析和总结,参见臧雷振:《政治学研究中的实验方法——近年来的应用进展及研究议题分布》,《国外理论动态》2016年第5期;陈少威、王文芹、施养正:《公共管理研究中的实验设计——自然实验与田野实验》,《国外理论动态》2016年第5期;李强:《实验社会科学:以实验政治学的应用为例》,《清华大学学报(哲学社会科学版)》2016年第4期;David Bositis, Douglas Steinel, "A Synoptic History and Typology of Experimental Research in Political Science", *Political Behavior*, 1987, 9(3), pp.263-284; James Druckman, Donald Green, James Kuklinski, Arthur Lupia, "The Growth and Development of Experimental Research in Political Science", *American Political Science Review*, 2006, 100(4), pp.627-635; Macartan Humphreys, Jeremy Weinstein, "Field Experiments and the Political Economy of Development", *Annual Review of Political Science*, 2009, 12, pp.367-378.对自然实验研究议题的总结还可参考 Thad Dunning, *Natural Experiments in the Social Sciences*, Cambridge University Press, 2012, pp.43-48。

程度,实验研究由高到低可划分为四种类型:实验室实验、调查实验、田野实验和自然实验(natural experiment)。社会科学主要通过随机分配划分对照组与实验组来保证实验研究的关键前提,即干预前的等同性(pre-treatment equivalence)。因此,对实验研究最致命的批评就是指出其没有真正做到随机分配,比如哈罗德·戈斯内尔(Harold Gosnell)最早在芝加哥进行的有关选举投票的田野实验。

在因果关系的建立上,对干预的人为控制程度越低,对因果关系的推断以及对因果效应大小估计的系统性偏差就越大。就自然实验这类利用自然发生的、即完全随机的干扰(treatment)(比如地震等自然灾害)或是其他类随机分配(as-if random assignment)(比如非洲国家的边界)开展的研究而言,对干预的人为控制极低。自然实验实质上是观察型研究,没有人为对干预进行控制,因此没有办法排除一些无法观察到的因素对实验结果的影响,甚至无法辨识出原因。[1] 比如,在两个非洲国家观察到种族关系的差异,虽然非洲的国家边界是一个类随机的干预,但是边界本身并不是解释种族关系差异的原因。"要找到背后的原因,研究人员需要将关注焦点从方法转移到理论上来。"[2]

实验方法面临的另一个无法克服的问题是先占效应(pre-emption),即某个因素在实验前就制约了实验中被操纵的原因的影响,使得实验无法显示该原因的实际效应。比如,在不知道砒霜有毒的情况下,较早的依据对照组与实验组进行的实验得到的结果都是病人死亡,因此很容易认为砒霜对性病没有治疗效用,虽然两组病人的死因不同,对照组病人死于性病,实验组病人死于砒霜中毒。砒霜对性病的效用被砒霜的毒性所掩盖,无法通过简单的对照实验得到体现。在一个选民呈两极分布的社会,选举规则对政党数量的影响受到限制,人为改变选举规则无法准确显示出其对政党数量的影响。

---

[1] Thad Dunning, "Improving Causal Inference: Strengths and Limitations of Natural Experiments", *Political Research Quarterly*, 2008, 61(2), pp.282-293.

[2] Daniel Posner, "African Borders as Sources of Natural Experiments: Promise and Pitfalls", *Political Science Research and Methods*, 2015, 3(2), pp.409-418.

在经济发达的国家,技能培训对受训者找到工作的影响也有限,因为在这些国家,就业有许多其他的保障机制。

五、因果机制法

先占效应反映了在寻找因果关系过程中普遍存在的配对问题,即因与果到底是否能准确匹配。无论是常规关联、反事实逻辑,还是实验方法都无法彻底解决这个问题,因此催生了对因果机制的重视。

与休谟传统强调因果的常规关联不同,因果机制的角度关注原因导致结果的过程,尤其是作用力如何通过不同主体行为的互动传递出来。在因果机制的视角下,原因(X)与结果(Y)之间并不总是、也不需要存在常规关联或共变(co-vary),只要 X 的确能通过某个机制产生 Y,X 就是 Y 发生的原因。

过程追踪(process-tracing)和分析叙述(analytic narratives)这两种方法关注的核心就是因果机制。然而,在机制的定义、可观察性、普遍性、必然性以及运作层面这五个方面仍存在争论。[1]

詹姆斯·马奥尼(James Mahoney)曾总结出 24 种对机制的定义。[2] 表 8-1 列出了对机制的常见定义。约翰·耶林(John Gerring)认为将机制定义为某种效应产生的过程或路径引起的异议最少。[3] 但这似乎并没有平息争论,对于具体什么是过程或路径,学者仍有不同侧重。将机制看成一系列事件或中介变量,无法充分解释原因是"如何"导致结果的,因为事件的堆砌并不一定能解释因果

---

[1] Derek Beach, Rasmus Pedersen, *Process-Tracing Methods: Foundations and Guidelines*, The University of Michigan Press, 2013, pp.23-44; John Gerring, "Causal Mechanisms: Yes, But …", *Comparative Political Studies*, 2010, 43(2), pp.1499-1526; James Mahoney, "Beyond Correlational Analysis: Recent Innovations in Theory and Method", *Sociological Forum*, 2001, 16(3), pp.575-593.

[2] James Mahoney, "Beyond Correlational Analysis: Recent Innovations in Theory and Method", *Sociological Forum*, 2001, 16(3), pp.575-593.

[3] John Gerring, "The Mechanismic Worldview: Thinking Inside the Box", *British Journal of Political Science*, 2008, 38(1), pp.161-179.

力(causal forces)怎样以及为什么会传递到结果。而即便识别出了中介变量,仍然没有回答中介变量是如何与结果连接在一起的。因此,部分学者认为最令人满意的定义是"引起某种经常性变化的实体及活动"。德里克·比奇(Derek Beach)和拉斯马斯·佩德森(Rasmus Pedersen)以民主和平理论为例,比较了"实体-活动"定义的优势。与止步于辨识出"问责性"和"团体压力"这两个中介变量不同,"实体-活动"定义下的因果机制进一步打开了因果关系中的黑箱:反战团体向政府抗议卷入战争,民主国家的政府出于选票考虑采取安抚的外交政策予以回应,这导致了和平。实体及其行为和活动有效解释了因果力的传递。

表 8-1 不同学者对"机制"的定义

作 者	定 义
马里奥·本格(Mario Bunge)	在一个具体的系统中引起或是防止某种变化的过程
卡尔·克莱威尔、皮特·马哈莫(Peter K. Machamer)、林德利·达登(Lindley Darden)	引起某种经常性变化的实体及活动
乔恩·埃尔斯特(Jon Elster [1983;1989])	机制通过揭开"黑箱"并且展示"机器内部的齿轮"来提供解释;机制提供了连续的和相邻的因果链条或者是因果之间的有意连接
埃尔斯特(1998;1999)	机制是经常发生和容易被识别的因果模式;这种因果模式通常在未知的条件下被触发或者产生中间媒介的影响
皮特·赫德斯特洛姆(Peter Hedström)、理查德·斯威德伯格(Richard Swedberg)	明确的、抽象的、基于行动的关于一个事件是如何经常性地导致一类结果的解释
丹尼尔·利特尔(Daniel Little)	一系列受类定律因果规律支配的事件
亚瑟·斯汀康比(Arthur L. Stinchcombe)	能提供某个更高层理论构成要素的知识的科学推理

续 表

作 者	定 义
戴维·瓦尔德纳(David Waldner)	一个由于具有某种不变的特性而有能力改变其环境的实体。在特定背景下,这个实体传递出力量、信息、或是含义
KKV(1994)、亚历山大·乔治(Alexander L. George)、安德鲁·本尼特(Andrew Bennett)	X影响Y的中介变量

注:前七个定义摘自 Peter Hedström, "Studying Mechanisms to Strengthen Causal Inferences in Qualitative Research", in Janet Box‐Steffensmeier, Henry Brady, David Collier, eds., *The Oxford Handbook of Political Methodology*, Oxford: Oxford University Press, 2008, p.322;瓦尔德纳的定义摘自 David Waldner, "What are Mechanisms and What are They Good For?", *APSA QMMR Newsletter*, 2010, 8(2), pp.30‐34;最后一个定义摘自 Derek Beach, Rasmus Pedersen, *Process‐Tracing Methods: Foundations and Guidelines*, The University of Michigan Press, 2013, pp.34‐37。

"实体-活动"定义自然衍生出因果机制是否只存在于微观层面的争论。部分学者认为,因果机制都是微观的,不存在纯粹的宏观机制。① 这与因果解释必须有微观基础(micro‐level foundation)的观点相一致。但是,即便主张因果解释必须有微观基础,也不意味着否定宏观结构因素的解释力,而只是强调在进行宏观结构性解释时,需要佐以两类信息:一是结构因素如何影响个人的微观层面;二是若干个人的行为如何聚合起来导致宏观结构层面的结果。② 因此,实用的中间观点更可取,因果机制不仅存在于微观层面,也可以存在于宏观层面,同时还存在于微观层面与宏观层面之间的连接中。③

因果机制的优势在于提供解释。用耶林的话来说,这个优势导

---

① 持这种观点的学者包括 Alexander L. George, Andrew Bennett, *Case Studies and Theory Development in the Social Sciences*, Cambridge: MIT Press, 2005, p.137;Peter Hedström, Richard Swedberg (eds.), *Social Mechanisms: An Analytical Approach to Social Theory*, Cambridge: Cambridge University Press, 1998, pp.22‐25。

② Daniel Little, "Causal Explanation in the Social Sciences", *Southern Journal of Philosophy*, 1996, 34(S1), pp.31‐56.

③ Peter Hedström, Richard Swedberg (eds.), *Social Mechanisms: An Analytical Approach to Social Theory*, Cambridge: Cambridge University Press, 1998, p.22.

致了社会科学研究对因果机制的痴迷。学者日益重视在研究中提出和检验因果机制,并强调将因果机制研究与定量方法、形式理论结合起来。① 但因果机制研究同样面临挑战。耶林认为,某个原因与结果之间经常存在多个机制,并且机制之间往往存在复杂的相互作用,因此较难将不同机制区分开来。其次,机制研究中更常包含一些难以被操作化的、模糊的和抽象的概念。在耶林看来,探索和检验因果机制在社会科学研究中是重要的和值得称赞的,但却不是必不可少的。②

六、结　语

究竟什么是因果关系(causality)? 上述四种传统从不同的角度进行了回答。对因果关系的考察有的侧重寻找结果的原因(causes of effects),有的偏重甄别和测量原因的影响(effects of causes)。在追求后者的定量分析中,对因果关系的理解综合了休谟传统中的"共变"和"相关"以及反事实逻辑和实验方法中的"控制住其他因素"(Ceteris Paribus)。有政治学家尝试调和这些不同的视角,建立一个统一的理解框架。比如,马奥尼认为在定量分析中有显著效应的自变量其实就是新休谟传统下的 INUS 原因。③ 耶林则提出,原因能够提高某个事件(果)发生的概率,这样的定义为重构因果关系提供了一个"普遍的语义土壤",但他同时也强调因果关系是多元的。④

---

① Peter Hedström, "Studing Mechanisms to Strengthen Causal Inferences in Qualitative Research", in Janet Box‐Steffensmeier, Henry Brady, David Collier, eds., *The Oxford Handbook of Political Methodology*, Oxford: Oxford University Press, 2008, pp. 319‐338; Robert H. Bates, Avner Greif, Margaret Levi, Jean‐Laurent Rosenthal, Barry R. Weingast, *Analytic Narratives*, Princeton University Press, 1998.

② John Gerring, "Causal Mechanisms: Yes, But …", *Comparative Political Studies*, 2010, 43(2), pp.1499-1526.

③ James Mahoney, "Toward a Unified Theory of Causality", *Comparative Political Studies*, 2008, 41(4/5), pp.412-436.

④ John Gerring, "Causation: A Unified Framework for the Social Sciences", *Journal of Theoretical Politics*, 2005, 17(2), pp.163-198.

每种理解因果关系的传统都有其优点和问题,虽然不同的传统往往导致迥异的分析结论,比如对车祸原因的分析,常规关联传统强调醉驾是车祸的原因,而实验操纵逻辑更多关注行车路线选择对车祸的影响,但两者都为我们理解车祸原因贡献了新的知识。在对不同传统的弊端保持自觉的前提下,学者呼吁混合使用不同方法,比如在因果解释上具有优势的因果机制法与在确立因果关系方向上具有优势的实验逻辑的融合。

［本文原载于《国外理论动态》2017年第1期。］

腐败测量：基于腐败、反腐败与风险的视角

过 勇 宋 伟*

内容摘要：腐败测量是一个重要的理论命题，也是社会各界关注的焦点。如何建立科学的腐败测量指标体系是目前腐败问题理论研究的热点，也是反腐败机构十分关注的问题。研究通过对国内外已有研究成果的梳理，结合国际组织和国内外一些政府的实践探索，论证了腐败测量的理论背景，分析了其中涉及的关键问题，提出从腐败状况、反腐败绩效、腐败风险三个维度测量腐败的框架，在此基础上论证了腐败测量指标体系设计的总体思路，构建了具有系统性的指标体系，为腐败测量提供新的理论和实践工具。

关键词：腐败测量 腐败状况 反腐败绩效 腐败风险

一、问题的提出

腐败是当代中国面临的突出问题之一。随着中国改革的不断深化和经济结构的不断调整，腐败发生了加剧、演变的过程[①]。从国内看，腐败问题始终位居中国居民最关注社会问题的前列。从国际上看，腐败成为一些西方国家和学者攻击中国共产党执政地位的重要

---

* 过勇，清华大学公共管理学院；宋伟，北京科技大学廉政研究中心。

[①] A. Wedeman, *Double Paradox: Rapid Growth and Rising Corruption in China*, New York: Cornel University Press, 2012.

借口之一,例如美国学者章家敦(Chang Gordon)[①]、吉雷(Bruce Gilley)[②]都曾提出一党执政必然导致腐败的言论。然而从学术研究的角度看,这些看法和观点都没有理论支撑。不仅如此,由于缺乏系统性研究,人们对于腐败现象的认知仍然具有局限性,甚至产生了很多误区[③]。例如,腐败是经济增长的润滑剂?反腐败影响经济增长?民主是治愈腐败的良方?中国是世界上腐败最严重的国家之一?对于这些问题的回答,社会上还存在着一些模糊甚至错误的观点。

腐败认识误区的产生源于人们缺乏有效的工具评价腐败发生的情况,在腐败问题研究中腐败状况评价是一个最基本的研究命题[④]。通常人们对腐败形势的分析都是通过经验感知,但是这种知觉印象与腐败真实状况之间往往存在或大或小的误差,这使得人们很容易产生对腐败状况的误判[⑤]。因此,在腐败问题研究中,逐渐出现了运用定量方法评价腐败状况的趋势。事实上,自20世纪90年代以来,世界范围内已经涌现出了大量有关腐败测量的研究成果和政策尝试,为人们认识腐败问题提供了新的途径[⑥]。例如,世界银行(Word Bank)建立的腐败控制指数(Corruption Control Index)、世界经济论坛(World Economic Forum)在《全球竞争力报告》中设置的非法支付和贿赂指标(Irregular Payments and Bribes)、瑞士洛桑国际管理学院(International Institute for Management Development)建立的

[①] C. Gordon,"Halfway to China's Collapse", *Far Eastern Economic Review*, 2006, 169(6), pp.25-28.

[②] B. Gilley, *China's Democratic Future: How it Will Happen and Where Happen and Where It Will Lead*. New York: Columbia University Press, 2004.

[③] D. Kaufmann, S. Wei, "Does 'Grease Money' Speed Up the Wheels of Commerce?", *NBER Working Paper*, 1999, No.7093.

[④] P. Heywood, "Political Corruption: Problems and Perspectives", *Political Studies*, 1997, 45(3), pp.417-435.

[⑤] L. Carmelo, J. Arana, J. de Leon, "Correcting for Scale Perception Bias in Measuring Corruption: An Application to Chile and Spain", *Social Indicators Research*, 2013, 114(3), pp.977-995.

[⑥] S. Knack,"Measuring Corruption in Eastern Europe and Central Asia: A Critique of the Cross-Country Indicators", *World Bank Policy Research Working Paper*, 2006, 3968(6), p.49.

腐败评价指标、政治经济风险咨询公司(Political and Economic Risk Consultancy)建立的公共部门腐败感知评价指数(PERC Report on Corruption),这些腐败测量指数都是用定量的方法对不同国家和地区的腐败状况进行评价,而由反腐败非政府组织透明国际(Transparency International)开发的清廉指数(Corruption Perception Index),自1995年发布以来更是引起了世界范围内的广泛关注。

腐败测量已经成为人们认识腐败问题的重要手段①。艾略特(Kimberly Ann Ellio)②认为对腐败的定量分析不但是有益的,而且是有效的。阿帕萨(Carmen R. Apaza)③认为世界银行推出的腐败控制指数在评估政府廉洁方面发挥了重要作用。对腐败测量中影响力最大的清廉指数,学者们更是进行了深入的探讨:西尼尔(Ian Senior)④认为清廉指数是目前可查的对腐败进行国别比较的最有价值的数据;安德森(Staffan Andersson)和海伍德(Paul M. Heywood)⑤认为清廉指数无论在促进腐败问题学术研究方面,还是在推动反腐败举措的实施方面,都具有举足轻重的地位和作用。然而,也有一些学者指出了当前腐败测量研究的局限性:当捷夫(Dilyan Donchev)和乌伊海伊(Gergely Ujhelyi)⑥针对腐败测量数据

---

① S. K. Ivković, "To Serve and Collect: Measuring Police Corruption", *Journal of Criminal Law & Criminolgy*, 2003, 93, pp. 593-649; N. Heller, "Defining and Measuring Corruption: From Where Have We Come, Where Are We Now, and What Matters for the Future?" *Revista del Clad Reforma Y Democracia*, 2009, 45, p.5.

② 金伯利·A.艾略特:《腐败与全球经济》,刘勇、李宪等译,北京出版社2000年版。

③ C. R. Apaza, "Measuring Governance and Corruption through the Worldwide Governance Indicators: Critiques, Responses, and Ongoing Scholarly Discussion", *Political Science & Politics*, 2009, 42(1), pp.139-143.

④ I. Senior, *Corruption — The World's Big C: Cases, Causes, Consequences, Cures*, London: Institute of Economic Affairs, 2006.

⑤ S. Andersson, P. M. Heywood, "The Politics of Perception: Use and Abuse of Transparency Internationals Approach to Measuring Corruption", *Political Studies*, 2009, 57(4), pp.746-767.

⑥ D. Donchev, G. Ujhelyi, "What Do Corruption Indices Measure?", *Economics & Politics*, 2014, 26(2), pp.309-331.

更多来自于主观调查的状况指出,真实的腐败情况和感知是有差距的,个体的年龄、受教育水平、职业等因素都会影响其对腐败的感知,进而影响对腐败程度的评价。

中国学者对国际上一些主要的腐败测量指标及方法也进行了深入分析。胡鞍钢和过勇[1]认为国际上广泛应用的透明国际清廉指数、世界银行的腐败控制指数等都属于"主观指标",都是通过问卷调查或访谈方式了解人们对腐败状况的评价,评价结果之间存在相互一致性。过勇[2]归纳了国内外学术界测量腐败主要采用的三类方法,除了主观调查法和案件统计法,重点探讨了案件统计分析法,此外,中国学者也尝试建立不同的腐败测量指标体系,例如:何增科[3]提出建立区域腐败状况评价体系以及部门和行业腐败状况评价体系;倪星[4]以政府部门活动的输入、过程、输出和结果四个步骤,围绕人员投入、廉政教育、政府行政效能、违法违纪情况、腐败状况印象等方面构建了惩治和预防腐败体系评价指标。

值得关注的是,在世界银行、透明国际等国际组织的影响下,一些国家和地区的政府开始尝试运用不同的方法开展腐败测量。韩国首尔市政府开发了一套"反腐败指数"(Anti-corruption Index),用来评估市政府各行政单位的廉洁程度。[5] 中国香港廉政公署通过问卷调查方式,广泛收集不同社会群体的反腐败认知态度,推动香港廉政建设和反腐败工作改进。[6] 从中国内地部分地区的实践看,河南省纪委提出了以工作作风、依法行政、廉洁从政、廉政效能四个维度为一

---

[1] 胡鞍钢、过勇:《国际组织对各国腐败状况的评价体系概述》,《政治学研究》2001年第4期。

[2] Y. Guo, "Corruption in Transitional China: An Empirical Analysis", *The China Quarterly*, 2008, 194(6), pp.349-364.

[3] 何增科:《腐败与治理状况的测量、评估、诊断和预警初探》,《毛泽东邓小平理论研究》2008年第11期。

[4] 倪星:《惩治与预防腐败体系的评价机制研究》,中山大学出版社2012年版。

[5] 余致力:《廉政与治理》,智胜文化事业有限公司2011版。

[6] 参见中国香港廉政公署网站,http://www.icac.org.hk/tchomeindex.html。

级指标的评价指标体系①。杭州市纪委开展了一项腐败与治理状况的测量、评估、诊断和预警研究,综合运用问卷和访谈形式进行腐败评估②。广州市"廉洁广州"建设领导小组构建了以廉洁清明政治、廉洁诚信市场、廉洁文化、廉洁公平社会、廉洁城区建设总况五个维度为一级指标的评价指标体系③。

总体来看,学者们对腐败测量方法的分析具有重要的理论价值,国内外多个地区在实践层面的探索也具有重要的借鉴意义。但是,现有的理论成果和实践也都不可避免地存在一定的局限性,例如指标体系设计缺乏区分度、指标不易度量等问题都不同程度地制约了测量结果的科学性④。在目前的腐败测量研究与应用中,通常是通过问卷调查、查办案件数量统计等方式对腐败状况进行评价⑤,然而,这种方式极容易将腐败与反腐败状况混为一谈,从而将腐败问题分析变得更加复杂。为了能够研究探索更加有效的腐败测量工具,本文将提出一个新的理论框架,力图提高腐败测量的准确性和真实性。

二、腐败测量问题的理论探讨

(一)腐败是否可以测量?

腐败作为一种复杂的社会现象是否可以被测量?这是腐败测量研究需要回答的首要问题⑥。事实上,腐败能否被测量的关键在于用

---

① 胡杨:《社会廉政评价:经验与趋势》,《郑州大学学报(哲学社会科学版)》2009年第2期。
② 倪星:《惩治与预防腐败体系的评价机制研究》,中山大学出版社2012年版。
③ 汤南:《打造廉洁之城》,《中国监察》2012年第21期。
④ K. Ko, A. Samajdar, "Evaluation of International Corruption Indexes: Should We Believe Them or Not?", *Social Science Journal*, 2010, 47(3), pp.508-540.
⑤ D. Kaufmann, A. Kraay, M. Mastruzzi, *Measuring corruption: Myths and realities*, Washington D. C.: World Bank Institute, 2016.
⑥ S. Andersson, P. M. Heywood, "The Politics of Perception: Use and Abuse of Transparency Internationals Approach to Measuring Corruption", *Political Studies*, 2009, 57(4), pp.746-767.

什么方法可以实现腐败的量化评估。尽管随着社会科学定量研究的不断发展,人们尝试运用各种方法和指标对腐败进行测量,但是人们对于腐败问题能否被测量仍然存在着很多困惑与质疑[1]。在社会科学研究中,通过主观调查将研究目标量化,进而形成评价结果是一个基本的通行方法。目前国际上各类腐败测量指数大多采用的是这类方法,以期望实现腐败测量的目的[2]。在腐败问题主观调查中,清廉感知、反腐败满意度、腐败容忍度、参与反腐败意愿度等成为重要的测量指标。在随后的研究发展中,被调查者的经历也成为主观调查的重要内容,例如行贿经历、被索贿经历、听说腐败的经历等,研究者认为经历相对于感知更能够准确地反映腐败状况[3]。然而,由于主观调查具有天然的缺陷,调查者由于受到各种不可控因素的影响而产生的主观偏差无法避免,因此调查结果在解释力方面就容易被质疑。所以,我们是否可以尝试将主观调查与客观统计结合在一起,提高腐败问题的可度量性,提出更具说服力的腐败测量指标?这正是本研究试图解决的一个重要问题。

表9-1 西方学者认为腐败测量的五个主要目的

序号	主要目的
1	对行政部门传达警告信息,致使行政部门采取行动
2	引起社会关注、讨论和教育大众,期望带动民间的参与达到集体行动的目的
3	建立一个比较的基础,以衡量现在与未来的改变,或衡量不同部门的差异,界定改革的顺序

---

[1] D. Donchev, G. Ujhelyi, "What Do Corruption Indices Measure?", *Economics & Politics*, 2014, 26(2), pp.309-331.

[2] J. Bahk, "The Anti-corruption Index: A Cornerstone of Controlling Corruption", in M. Holzer, H. Y. Kim, eds., *Building Good Governance: Reform in Seoul*. Newark NJ: National Center for Public Productivity, Rutgers University, 2012.

[3] 倪星、孙宗锋:《政府反腐败力度与公众清廉感知:差异与解释》,《政治学研究》2015年第1期。

续　表

序号	主　要　目　的
4	透明证据的展现,将腐败议题的争议去政治化
5	测量腐败可以提供社会一个发声的机会和强化地方自主,使民众能更加积极地参与反腐败行动

资料来源：Bahk，2012。

（二）腐败是否可以真实测量？

腐败是一种典型的信息不对称行为[1]。在腐败分子被揭露之前,腐败行为很难被觉察和发现。因此,西方学者认为从理论上来说,要清楚地了解一个国家或地区腐败实际发生的真实情况几乎是不可能的。这种信息不对称的存在给腐败测量带来了极大困难[2]。信息不对称可以从两个角度进行划分,一个是内容上信息不对称,另一个是时间上信息不对称。对腐败行为来说,同时存在信息不对称的内容和时间。在研究中可以进一步对腐败测量中存在的信息不对称进行分类,一类是隐秘性信息不对称,另一类是敏感性信息不对称[3]。隐秘性信息不对称是指腐败实际发生情况和被揭露出来情况之间的信息不对称,它由腐败行为本身特点所决定,在腐败行为暴露之前,人们难以知道究竟有多少腐败存在。隐秘性信息不对称属于腐败信息的自然属性,几乎没有办法能够解决。敏感性信息不对称指的是被发现的腐败信息和能够被用于评估研究信息之间的不对称[4]。由于

---

[1] D. Treisman, "The Causes of Corruption: A Cross — National Study", *The Journal of Public Economics*, 2000, 76, pp.399-457.

[2] M. Villoria, F. Jimenez, "How Much Corruption Is There in Spain? Methodological Problems in Measuring Corruption (2004-2010)", *Revista de Estudios Politicos*, 2012, 156, pp.13-47.

[3] Y. Guo, "Corruption in Transitional China: An Empirical Analysis", *The China Quarterly*, 2008, 194(3), pp.349-364.

[4] I. Chatterjee, R. Ray, "Does the Evidence on Corruption Depend on How It Is Measured? Results from a Cross-country Study on Micro Data Sets", *Applied Economics*, 2011, 44(25), pp.3215-3227.

腐败与政治因素紧密相关,腐败信息往往被视为具有高度敏感性,这是腐败信息的社会属性。隐秘性和敏感性信息不对称是腐败测量研究最大的困难之一。

(三) 腐败如何才能被正确测量?

以往腐败测量的研究和讨论往往容易陷入一个误区,就是以案件统计结果来分析腐败程度及其变化形势。例如,有很多学者通过案件统计来评估腐败程度[①],并根据案件数据的变动来分析腐败程度的变化。然而对于一个地区来说,查办的腐败案件增多了说明这个地区变得更加腐败,还是更加廉洁了?事实上,案件统计数量主要反映的是腐败被查处情况,体现的是反腐败工作的成效,无法直接反映腐败状况的实际变化。如果在查办这些案件的过程中,新增的腐败数量低于已经查办出来的腐败数量,则腐败程度在下降;反之腐败程度则在上升。由于腐败隐秘性的特征,我们在不知道同期新增腐败数量变化的情况下,无法根据查办腐败案件数量的变动而判断腐败程度的变化情况。

三、基于腐败、反腐败和腐败风险的测量框架

(一) 腐败测量的三个维度

通过对腐败测量理论问题的分析可以看出,对腐败进行评估是一件相当困难的事情。在已有的腐败测量研究中,很多成果由于忽视了信息不对称,将腐败与反腐败问题置于一个评估体系中,从而得出了一些难以解释清楚的结论[②]。为此,本文提出一个以腐败状况、反腐败绩效、腐败风险三个维度为主的腐败测量体系,这是一个具有系统性的理

---

① 王传利:《1990年至1999年中国社会的腐败频度分析》,《政治学研究》2001年第1期;周淑真、聂平平:《改革开放以来我国腐败状况透视和反腐败战略思路的变迁》,《探索》2009年第1期。

② D. Donchev, G. Ujhelyi, "What Do Corruption Indices Measure?", *Economics & Politics*, 2014, 26(2), pp.309-331.

论框架,能够更加全面地反映一个国家或地区腐败与反腐败的整体状况。

无论从理论还是实践角度看,腐败与反腐败是既具有联系,又有明显界限的两个不同评价客体。具体来看,一个地区的腐败状况与反腐败绩效之间存在紧密关系,但是两者之间却不是简单笼统的对应关系。从长期看,腐败与反腐败存在一定正相关关系,一般比较廉洁的地区,其反腐败绩效水平通常比较高。但是从短期看,腐败与反腐败并不一定呈现正相关。例如,我们不能认为某个地区在一段时期内腐败案件多发,反腐败绩效水平就低,有时正是因为反腐败力度加大,才使得腐败都被揭露出来;同样,我们也不能认为腐败案件低发的地区,反腐败绩效水平就一定高,有时可能是因为这个地区在历史发展过程中始终比较廉洁[1]。如此看来,我们既不能用反腐败绩效水平直接评价腐败状况,也不能用腐败状况直接评价反腐败工作。如果不将两者区分,腐败测量的结果就陷入无法解释的悖论当中。

在腐败与反腐败评价基础上,还应对腐败风险进行评价。潜在的腐败风险很可能由于各种原因没有在现阶段显现出来,但会影响地区未来的廉洁水平。腐败风险是腐败行为发生的不确定性,其形成过程是治理水平低下和制度漏洞不断积聚的结果,同时腐败的信息不对称性对腐败风险的生成也具有一定作用[2]。腐败风险评估在很大程度上是对治理水平的评价,因为腐败与治理就像"一个硬币的两面"[3],治理愈落后的地区,其腐败滋生的风险愈大[4]。可见,治理水平低下是腐败产生的隐患,通过治理水平测量对腐败风险进行评估和预判,

---

[1] 胡杨:《社会廉政评价:经验与趋势》,《郑州大学学报(哲学社会科学版)》2009年第2期。

[2] 庄德水:《防止利益冲突视角下的廉政风险防控机制创新研究》,《中共天津市委党校学报》2013年第2期。

[3] 世界银行:《增长的质量》,中国财经出版社2001年版。

[4] N. Agrawall, I. Khurana, "Promoting Transparency to Combat Corruption and Ensure Good Governance", *Proceedings of 2010 International Conference on Humanities, Historical and Social Sciences*, 2010; T. Põlajeva, "Governance Power Impact on Corruption and the Business Environment-Determining Factors", *7th International Scientific Conference Business and Management*, 2012.

腐败测量：基于腐败、反腐败与风险的视角

进而及时采取有效的防控措施,可以大大降低腐败发生的可能,确保潜在腐败风险不转化为实际的腐败行为①。

综上所述,本文提出从腐败状况、反腐败绩效、腐败风险三个维度进行腐败测量,这能够更全面地反映地区腐败治理水平。这三个维度作为子系统不是孤立地存在,每个维度在整体评价目标中处于不同位置。具体来看,腐败状况是对已经发生的腐败感知及其变化的评价,属于过去时评价;反腐败绩效是对当前反腐败工作有效性的评价,属于进行时评价;腐败风险是未来发生腐败可能性的评价,属于将来时评价。在腐败测量中,三个维度从不同的角度反映腐败和反腐败的总体水平,但是在具体应用中并不合成为一个结果。三个评估维度构成的整体评价体系可以在很大程度上提高腐败测量的科学性、真实性,有效降低隐秘性和敏感性信息不对称带来的问题,从

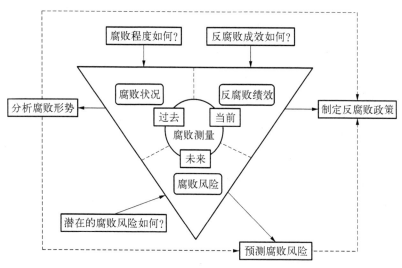

图 9-1　腐败测量的三个维度

资料来源：作者自制。

---

① M. Hooghe, E. Quintelier, "Political Participation in European Countries: The Effect of Authoritarian Rule, Corruption, Lack of Good Governance and Economic Downturn", *Comparative European Politics*, 2014, 2(2), pp.209-232.

而对腐败程度做出更加客观的判断,并制定更加有效的反腐败政策。

(二) 腐败测量指标体系设计的思路

1. 主观与客观指标相结合

在充分借鉴国内外腐败测量方法的基础上,本文提出主观与客观指标相结合的指标体系设计思路。具体来说,主观指标是那些不可能并难以直接度量或计数取值而只能凭人们的感受、评价确定其量的指标。客观指标是指反映客观社会现象的指标,一般都通过统计指标表现出来。主观与客观指标是同一评价目标在相同维度的不同表现,主观、客观之间既有联系又有区别,在腐败测量过程中不能只强调客观指标而忽视主观指标,也不能过于强调主观感受而忽视客观效果[1]。因此,在腐败测量指标体系中,一方面需要用人们对于腐败程度感知、反腐败满意度等主观指标予以评估,另一方面还需要通过查办案件数量、反腐败人员投入等客观指标来评估。

2. 指标体系的四个层面

投入产出分析是研究事物平衡关系的一种现代评价方法,尽管腐败测量的评价目标更加复杂一些,但是我们仍然可以在投入与产出的基本思路下进行指标设计。本文将评估指标分为四个层面:投入、机制、结果、效果[2]。由于腐败评估的复杂性,这四个层面在具体设计中并不是平均分布在二级指标和三级指标体系中,而是对指标层次的一种表征。投入层面主要指反腐败人员、财政或法律制度建设的投入状况。然而,在反腐败过程中仅仅加大投入是不够的,还必须要建立有效的反腐败机制。在理想状态下,有了良好的机制,就能够使系统对外界变化自动地迅速作出反应,调整原定的策略和措施,实现优化目标。在此基础上,反腐败投入的结果可以从两个方面来衡量,一方面是客观结果,另一方面是主观效果。结果与效果并不相

---

[1] 余致力:《廉政与治理》,智胜文化事业有限公司 2011 版。
[2] Y. Guo, W. Cheng, "Developing a City Governance Index: Based on Surveys in Five Major Chinese Cities", *Social Indicators Research*, 2012, 109, pp.305-316.

同,如果某一个维度的结果看起来很好,但是公众对其效果的评价并不高,那么反腐败在这一方面的效果显然也是难以令人满意的[①]。

3. 评估治理主体

腐败测量主体应实现多维性。对于中国而言,评估主体不仅包括纪检监察机关、检察机关等反腐败机构,还包括其他党政机关、企业单位和公众。党政机关掌握着主要的公共权力,他们的腐败和反腐败状况的认知态度在很大程度上影响着社会的廉洁风气。企业单位在经济建设领域具有特殊而重要的地位,也是腐败易发多发领域,因此了解企业单位对腐败状况的评价是国际上比较常用的方法[②]。公众是反腐败的重要依靠力量,我们必须充分重视公众在反腐败中所能够发挥的作用,公众对反腐败的满意度、参与反腐败的意愿度以及对反腐败的信心度等评估指标是衡量反腐败工作成效的关键性指标。

四、腐败测量指标体系构建

(一)腐败状况评估指标体系

腐败状况如何?这是人们谈到腐败提出的首要问题。早期的腐败状况评估主要基于被调查者的印象感知,后来一些评估开始强调亲身经历[③]。然而,仅依靠被调查者对腐败的印象和经历也不能够全面反映一个地区的腐败状况。腐败是减少还是增多了?腐败类型是

[①] 倪星、孙宗锋:《政府反腐败力度与公众清廉感知:差异与解释》,《政治学研究》2015年第1期。

[②] 何增科:《理解国家治理及其现代化》,《马克思主义与现实》2014年第1期。

[③] 参见 A. P. L. Liu, "The Politics of Corruption in the People's Republic of China", *American Political Science Review*, 1983, 77, pp. 602-623; A. J. Heidenheimer, "Perspectives on the Perception of Corruption", in A. J. Heidenheimer, M. Johnston, V. T. Le Vine, eds., *Political Corruption: A Hand Book*, New Jersey and London: Transaction Publishers, 1993; S. Andersson, P. M. Heywood, "The Politics of Perception: Use and Abuse of Transparency Internationals Approach to Measuring Corruption", *Political Studies*, 2009, 57(4), pp.746-767.

否发生了内在变化？这些问题都是对腐败状况进行评估的重要依据。为此,本文提出腐败状况主要可以从以下五个方面进行评估：(1) 腐败印象：对腐败状况的总体印象感知；(2) 腐败经历：被调查者直接或间接接触腐败的经历；(3) 腐败变化：腐败变化的趋势判断；(4) 腐败结构：腐败类型的结构变化,反映腐败严重程度；(5) 腐败危害：腐败给地区发展带来的负面影响,以及人们对腐败危害性的认识。从五个方面的内在逻辑来看,腐败印象是主观感知,腐败经历是经验感知；而腐败变化是时间维度的比较,腐败结构是类型维度的比较；最后从腐败危害的方面进行评价。这五个方面从微观到宏观,从表层感知到深层影响。

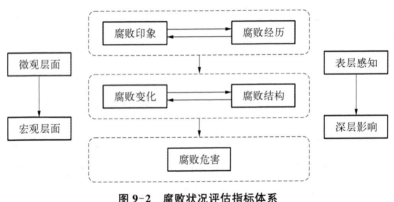

图 9-2　腐败状况评估指标体系

资料来源：作者自制。

(二) 反腐败绩效评估指标体系

科学评估反腐败绩效是提高反腐败工作的重要途径。不同地区对反腐败工作的重视程度、努力程度都存在一定的差异,评估的结果应当能够反映出这些差异①。反腐败绩效主要可以从以下七个方面进行评估：(1) 反腐败投入：反映反腐败人员、财政或法律制度建设

---

① 邓雪琳：《新中国成立以来中国共产党反腐廉政绩效评价的变迁与效应》,《领导科学》2011 年第 14 期。

的投入状况；(2)工作机制：反映反腐败工作程序、规则的有机联系和有效运转的状况；(3)廉洁教育：反映开展廉洁教育宣传活动情况；(4)惩治腐败：反映在办案方面的投入和案件查办情况；(5)预防腐败：反映在制度建立方面开展工作的情况；(6)权力监督：反映通过多种方式开展监督工作的情况；(7)反腐败成效：反映公众的满意度、信心度等方面的情况。从这七个方面的内在逻辑来看，反腐败投入和工作机制属于反腐败外在投入和内在运行机制层面；廉洁教育、惩治腐败、预防腐败、权力监督属于反腐败工作职能层面；反腐败成效属于工作成效层面。这几个层面由工作设置到职能履行，再到工作成效，能够在很大程度上反映反腐败工作的基本规律。

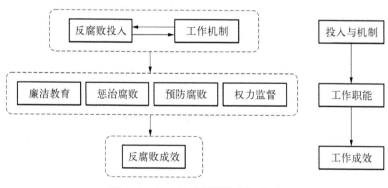

图 9-3 反腐败绩效评估指标体系

资料来源：作者自制。

(三) 腐败风险评估指标体系

腐败风险评估对于加强制度建设，提高腐败预防水平具有重要的推动作用。腐败风险评估主要着眼于未来，主要可以从以下六个方面进行评估：(1)公共服务：反映公共服务能力综合水平；(2)行政管理：反映行政管理规范化水平；(3)制度规范：反映制度建立的完善情况和制度落实执行情况；(4)信息公开：反映政府在各方面信息公开的程度；(5)社会公平：反映社会公平和稳定的情况；

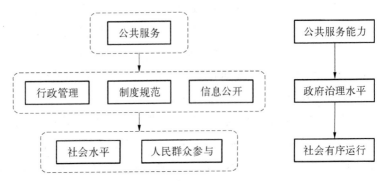

图9-4 腐败风险评估指标体系

资料来源：作者自制。

（6）公众参与：反映公众在反腐败方面的参与情况。从这六个方面的内在逻辑来看，公共服务能力是政府的核心职责，通常来说公共服务能力越高，寻租空间越低，腐败风险就越低；行政管理、制度规范、信息公开与政府治理水平紧密相关，政府治理水平与腐败风险存在着逆向关系。社会公平和公众参与决定着社会有序运行，与腐败风险同样存在逆向关系，这几个方面由政府服务到政府治理，再到社会有序运行，符合政府和社会运行中识别和分析腐败风险的一般规律。

（四）腐败测量指标体系

腐败测量评估指标体系可以分三个级别，其中一级指标为3个维度，二级指标为18个方面，三级指标为68项指标。每项指标的具体设计如下。

表9-2 腐败测量指标体系

一级指标	二级指标	三级指标	指标性质	指标层次
A 腐败状况	A_1 腐败印象	A_{11} 腐败状况的总体印象	主观	效果
		A_{12} 不同层级党政机关的腐败印象	主观	效果
		A_{13} 不同领域和部门的腐败印象	主观	效果

续　表

一级指标	二级指标	三级指标	指标性质	指标层次
A 腐败状况	A_2 腐败经历	A_{21} 过去1年受访人直接接触贿赂行为的经历	客观	结果
		A_{22} 过去1年受访人听说过贿赂行为的经历	客观	结果
	A_3 腐败变化	A_{31} 与3年前相比所在地区腐败状况的变化情况	主观	效果
		A_{32} 纪检监察机关接受信访举报数量的变化率	客观	结果
	A_4 腐败结构	A_{41} 贪污贿赂、挪用公款、集体私分和巨额财产来源不明案件占检察院立案侦查案件总数的比例	客观	结果
		A_{42} 查处违反中央八项规定精神问题数量的变化率	客观	结果
	A_5 腐败危害	A_{51} 受访者认为腐败对地区经济发展的影响	主观	效果
		A_{52} 受访者认为腐败对地区社会公平的影响	主观	效果
B 反腐败绩效	B_1 反腐败投入	B_{11} 单位人口的纪检监察干部数量	客观	投入
		B_{12} 纪检监察机关经费占地方财政支出比例	客观	投入
		B_{13} 纪检监察机关立规指数	客观	投入
	B_2 工作机制	B_{21} 纪检监察机关在党政机关中受重视程度	主观	机制
		B_{22} 反腐败协调小组发挥作用情况	主观	机制
		B_{23} 纪检监察机关查办案件移交检察机关的比例	客观	机制
		B_{24} 审计部门向司法机关和纪检监察机关移交线索的数量	客观	机制

续　表

一级指标	二级指标	三级指标	指标性质	指标层次
B 反腐败绩效	B_3 惩治腐败	B_{31} 办案人员占地区纪检监察机关人数的比例	客观	投入
		B_{32} 纪检监察机关立案查办案件占有效信访举报总数的比例	客观	机制
		B_{33} 大案要案占全部查办案件的比例	客观	结果
		B_{34} 纪检监察机关立案案件涉案人追究刑事责任的比例	客观	结果
		B_{35} 纪检监察机关的权威性	主观	效果
	B_4 权力监督	B_{41} 领导干部个人事项报告被抽查核实的比例	客观	机制
		B_{42} 党政机关工作人员直接参与过各级巡视部门个别谈话和座谈会的比例	客观	机制
		B_{43} 人大政协提案中关于反腐倡廉提案所占的比例	客观	机制
		B_{44} "三重一大"决策责任追究制度的有效性	主观	机制
		B_{45} 公众认为社会监督对反腐败发挥作用的程度	主观	效果
	B_5 预防腐败	B_{51} 党政机关对党风廉政建设责任制的重视程度	主观	投入
		B_{52} 党政机关工作人员有过直接参与廉政风险防控工作经历的人数占党政机关工作人员总数的比例	客观	机制
		B_{53} 开展制度廉洁性评估后修改项数占参评项数的比例	客观	机制
		B_{54} 非公企业设立纪检组织的比例	客观	机制
		B_{55} 公众对预防腐败工作有效性的认可程度	主观	效果

续 表

一级指标	二级指标	三级指标	指标性质	指标层次
B 反腐败绩效	B_6 廉洁教育	B_{61} 过去1年参加过3次及以上廉洁教育集体活动的党政机关工作人员所占的比例	客观	投入
		B_{62} 过去1年受访者接触过廉洁教育宣传活动的比例	客观	机制
		B_{63} 党政机关工作人员对廉洁教育活动的满意度	主观	效果
		B_{64} 公众对纪检监察机关举报电话或网站的知晓率	客观	结果
	B_7 反腐败成效	B_{71} 公众对反腐败工作的满意度	主观	效果
		B_{72} 公众对未来反腐败工作的信心度	主观	效果
		B_{73} 公众对举报身边腐败行为的意愿度	主观	效果
		B_{74} 公众对腐败行为的容忍度	主观	效果
		B_{75} 党政机关工作人员廉洁从政的意愿度	主观	效果
C 腐败风险	C_1 公共服务	C_{11} 每千人口医疗卫生机构床位数	客观	投入
		C_{12} 中小学平均每个教师负担学生数	客观	投入
		C_{13} 地区行政服务中心窗口数量	客观	投入
		C_{14} 公众对政府公共服务（医疗、教育等）方面的满意度	主观	效果
	C_2 行政管理	C_{21} 过去5年取消行政审批项目的平均量	客观	投入
		C_{22} 行政审批中电子监察的覆盖率	客观	机制
		C_{23} 行政诉讼案件的败诉案件数量变化率	客观	结果
		C_{24} 公众对政府行政部门办事效率的满意度	主观	效果

247

续表

一级指标	二级指标	三级指标	指标性质	指标层次
C 腐败风险	C_3 制度规范	C_{31} 公共资源交易中公开招投标的比例	客观	机制
		C_{32} 国有产权进场交易率	客观	机制
		C_{33} 农村集体资产资源电子化交易的比例	客观	机制
		C_{34} 行政执法自由裁量权监督水平	主观	机制
		C_{35} 行政执法有效投诉率	客观	结果
		C_{36} 公众对政府部门依法办事的认可度	主观	效果
	C_4 信息公开	C_{41} 政府信息依申请公开件数的变化率	客观	机制
		C_{42} 政府部门公开"三公"经费的比例	客观	机制
		C_{43} 纪检监察机关召开新闻发布会的频率	客观	机制
		C_{44} 公众认为政府能够做到信息公开的程度	主观	效果
	C_5 社会公平	C_{51} 基本社会保险覆盖率	客观	投入
		C_{52} 城镇登记失业率	客观	投入
		C_{53} 发生群体性事件次数	客观	结果
		C_{54} 公众对社会公平公正的认可度	主观	效果
	C_6 公众参与	C_{61} 政府网站访问量的同比变化率	客观	机制
		C_{62} 纪检监察机关接受信访举报案件中实名举报的比例	客观	结果
		C_{63} 公众认为参与公共事务渠道健全和畅通的程度	主观	效果
		C_{64} 公众认为其意见受到政府重视的程度	主观	效果

资料来源：作者自制。

五、研究结论

本文通过对腐败测量已有成果的系统梳理和借鉴,分析了腐败测量研究中的理论问题,在此基础上提出了一个新的理论框架,即从腐败状况、反腐败绩效和腐败风险三个维度进行腐败测量,基于主观和客观指标相结合的思路,从投入、机制、结果、效果四个层面对指标进行设计,构建了包括 68 个三级指标在内的腐败测量指标体系。本文提出的腐败测量指标体系突破了已有成果对腐败、反腐败评估不加区分的理论缺陷,弥补了缺乏对腐败风险评估的不足,从系统性视角构建了一个新的腐败测量工具。不可否认的是,尽管本文试图通过严谨的论证过程提高各项指标的科学性,但由于腐败测量具有一些不可避免的困境,这些困境仍然没有在本文研究中得到最有效的克服。此外,本文构建的腐败测量指标体系还有待于通过因子分析检验和实证检验,来进一步优化指标体系和检验指标应用的有效性和可操作性,这也是本研究所存在的局限性,是我们进一步研究努力的方向。

[本文原载于《公共行政评论》2016 年第 3 期。]

图书在版编目(CIP)数据

中国政治科学年度评论.2015—2016/陈周旺,耿曙,唐朗诗主编.—上海：复旦大学出版社,2019.8
ISBN 978-7-309-14490-1

Ⅰ.①中… Ⅱ.①陈…②耿…③唐… Ⅲ.①政治学-评论-中国-2015-2016 Ⅳ.①D609.9

中国版本图书馆 CIP 数据核字(2019)第 154784 号

中国政治科学年度评论：2015—2016
陈周旺　耿　曙　唐朗诗　主编
责任编辑/夏　蒙　邬红伟

复旦大学出版社有限公司出版发行
上海市国权路 579 号　邮编：200433
网址：fupnet@fudanpress.com　http://www.fudanpress.com
门市零售：86-21-65642857　团体订购：86-21-65118853
外埠邮购：86-21-65109143
江苏凤凰数码印务有限公司

开本 890×1240　1/32　印张 8.125　字数 207 千
2019 年 8 月第 1 版第 1 次印刷

ISBN 978-7-309-14490-1/D·998
定价：38.00 元

如有印装质量问题，请向复旦大学出版社有限公司发行部调换。
版权所有　侵权必究